学力格差是正策の国際比較

志水宏吉・山田哲也 編
Shimizu Kokichi　Yamada Tetsuya

学力格差是正策の国際比較

岩波書店

目　次

序　章　学力格差是正というテーマ　………志水宏吉…… 1
1　本書のねらい　1
2　学力問題のグローバル・コンテクスト　2
3　学力問題のナショナル・コンテクスト　7
4　私たちの共同研究プロジェクト　10
5　分析の視点と本書の構成　17

第1章　アメリカ──企業型経営の成果と代償　………米川英樹　21
　　　　　　　　　　　　　　　　　　　　　　　　　深堀聰子
1　はじめに　22
2　学力格差問題をめぐる米国の教育の特徴と動向　22
3　学力と学力格差の実態　28
4　ノースカロライナ州とニューヨーク市における
　　学力格差是正策の実際　32
5　ノースカロライナ州──平均的な州における 2002〜2013 年　35
6　ニューヨーク市──「実験場」における 2002〜2013 年　42
7　学力格差是正策の効果はあったのか　50

第2章　オーストラリア　………………………………山田哲也　55
　　　──先住民の社会的包摂をめざす取り組みにみる　志田未来
　　　　学力格差是正策の特徴
1　はじめに──「公正な社会」の実現をめざすオーストラリア　56
2　学力格差をめぐる問題の構図　58
3　「多重の困難」を抱えたマイノリティの
　　社会的包摂の試み　62
4　先住民の格差是正策は学校現場にどのように
　　受け止められているのか　72
5　オーストラリアの格差是正策の現状と課題　84

第3章　イギリス　　　　　　　　　　　　　ハヤシザキカズヒコ……89
　　　　　　　　　　　　　　　　　　　　　　岩　槻　知　也
　　──擬似市場化のなかの格差是正

1　イギリスの教育と資格試験の概要　90
2　格差問題の構成と実態　92
3　労働党から連立政権へ　95
4　ロンドン・ニューハム区の格差是正策　103
5　格差是正の効果とゆくえ　114

第4章　フランス　　　　　　　　　　　　　大　前　敦　巳……121
　　　　　　　　　　　　　　　　　　　　　　園　山　大　祐
　　──学力二極化に対する共和国の挑戦

1　「共和国の学校」としての公共性　122
2　2000年以降の教育政策動向　124
3　優先教育による格差是正策のはじまり　128
4　2005年秋の暴動を受けて　130
5　第6次優先教育の特徴　134
6　優先教育政策の課題　135
7　学力格差是正策の成果と課題　141

第5章　ドイツ　　　　　　　　　　　　　　布　川　あゆみ……149
　　　　　　　　　　　　　　　　　　　　　　森　田　英　嗣
　　──格差是正に向けた連邦・州・学校における
　　　　多様な取り組み

1　はじめに　150
2　ドイツの教育の特色　151
3　ドイツで起きた「PISAショック」とは──何が問題とされたのか　153
4　学力格差是正に向けて──連邦レベルの対応　156
5　バイエルンとベルリンとの比較に見る教育改革の背景的特徴　161
6　学力格差是正策の中身──ベルリンの事例に即して　167
7　結論──学力格差是正策の効果の源泉　173

第6章　日　本——「確かな学力向上」政策の実相 …………高田一宏／鈴木　勇……181

1　学力政策の概要　182
2　政策の動向　183
3　自治体の学力政策と教育現場の対応　192
4　学力格差是正策の今後　204

終　章　学力格差是正策の現状と課題 ……………山田哲也……213

1　本書をつらぬく五つの問い　213
2　誰の格差が問題とされているのか？　213
3　構造変革の難しさと漸進的な改善の可能性　217
4　学力格差是正策にみられる特徴と「効果のある」取り組み　219
5　学校現場の自律性をめぐる問題　225
6　「学力」そのものを問い直す必要性　226
7　おわりに　230

序　章
学力格差是正というテーマ
†

志水宏吉

1　本書のねらい

　「子どもたちの間の学力格差をどう縮小するか」、この問いをめぐって本書は展開される。
　21世紀に入り、各国教育界の最重要のイシューとなっているのが「学力」である。
　1990年代後半のイギリスにおいて、労働党のブレアが首相になった際に採用されたスローガンが「教育、教育、教育」であったことは記憶に新しい。「ニューレイバー」と呼ばれたブレア政権の最重要課題は、「教育」だとされたのである。そして、実際に採用された政策の具体的中身は、「学力、学力、学力」と表現しうるものであった。「第三の道」と形容されたニューレイバーの政策路線では、「社会経済的にきびしい層の学力を底上げすること」が重要な戦略ポイントと位置づけられ、多額の予算がその目標に向けて投下された。
　日本においても、21世紀の声を聞く頃に、いわゆる「学力低下論争」が勃発した。皮切りになったのは、『分数ができない大学生』(1999)と題された、高偏差値大学の教員たちによる「告発」の書である。それから間もなく2000年から実施されるようになったPISA調査(Programme for International Student Assessment：生徒の学習到達度調査)の結果が公表されるにいたって、日本の教育は「ゆとり路線」から「たしかな学力向上路線」へと舵を切ることになる。そして、2007年より全国学力・学習状況調査(通称・全国学力テスト)が毎年実施されるようになった。政権が自民党から民主党へ、そして再び自民党へと移り変わる

なかでも、文部科学省の学力重視のスタンスは不変である。

21世紀に入り、教育界は「学力をめぐるグローバル競争」の時代に突入しているといってよい。その中心的な社会的装置となっているのが、OECDが実施しているPISA調査である。国による温度差はあるものの、いずれの参加国も3年に一度実施されるPISAの結果の影響を受けざるをえない。すなわち、多少の例外はあろうが、PISAで少しでも良好な結果を収めるために、各国の教育行政担当者は教育政策の立案・修正の努力を積み重ねている。

その際の焦点となるのが、「学力格差の是正」というテーマである。なぜなら、格差を是正することなく、言い換えるなら学力低位グループの底上げを図ることなく、国民全体の学力向上を達成することは実質的に不可能だからである。

本書では、そうした状況をふまえたうえで、日本をふくむ六つの先進国(アメリカ・オーストラリア・イギリス・フランス・ドイツ)の、近年の学力格差是正策の内容・成果・課題を、3年間(2011〜13年)にわたって実施したフィールド調査で収集した各種のデータ・素材をもとに考察・検討する。

以下この序章では、次のような手順で、1章以降で展開される各国別のレポートを読んでいただくうえでの前提となる情報の提示を行っておきたい。まず、2節・3節では、学力問題にかかわるグローバルな文脈とナショナルな文脈を、それぞれ簡潔に整理しておく。そのうえで4節では、私たちの研究グループが行ってきた共同研究の概要について述べ、5節では本書における分析の視点と全体の構成を提示する。

2　学力問題のグローバル・コンテクスト

先にイギリスの事例を引いた。「社会経済的にきびしい層の学力の底上げ」を重視したブレアの教育改革には前史がある。保守党サッチャー政権・メージャー政権下での、新自由主義的な手法の導入による徹底した学力向上路線である。

大英帝国の没落を危惧したサッチャーは、1980年代に国家建て直しのため各種の改革を断行した。なかでも、景気浮揚・国際競争力復活のための目玉と

されたのが、1988年教育改革法にもとづく抜本的な教育改革であった。その詳細な中身は他書(志水、1994など)に譲るが、端的に言うならそれは、教育の場への市場原理の導入を骨子とするものであった。教育の場に「弱肉強食」の原則を導き入れることによって、システム全体のパフォーマンスを上げる(具体的に言うなら、学力水準を向上させる)ことを、それは目指した。その目論見はかなりの程度成功したと言えるが、その「成功」は多くの代償を伴うものであった。すなわち、サッチャー改革によってイギリスの教育風土は激変した。それは教師の専門職性を重んじる「のんびり」したものから、競争主義・成果主義を基軸とする「せちがらい」ものへと変容を遂げたのである。その後のブレア路線は、市場原理のメリット(パフォーマンスの向上)を生かしながら、そのデメリット(格差の拡大)を極小化しようと試みたものであると、評価することもできる。

　ほぼ同時期に、大西洋を隔てたアメリカ合衆国でも同様の事態が生じていた。よく知られた文書に、レーガン政権下の1983年に出された『危機に立つ国家』という報告書がある(中島、2002)。これは、アメリカ国内での各種の学力テスト結果の経年的な下降や、国際学力テストにおける結果のふるわなさを根拠に、アメリカの教育水準低下の危機を指摘したものであった。その頃使われた言葉に「トヨタ・ショック」というものがある。かつてアメリカが絶対的な優位に立っていた産業・科学・技術といった側面で日本に遅れをとるようになったという危機感が、その言葉に表現されている。アメリカの教育の「卓越性」を取り戻すために、主として高校レベルでの学力水準の向上を導くための施策が、それ以降順次採られるようになる。

　当時のアメリカに恐れられた日本の状況はどうか。1980年代から90年代にいたるまで、日本国内では、今とは異なり、「学力低下」が問題とされることはなく、欧米とはベクトルを異にする「ゆとり教育路線」が文部省によって採られていた。概して、国際学力テストの結果は世界でもトップレベルにあるとされ、それまでの「詰め込み教育」の是正が図られていたのである。今日からすると、隔世の感がある。

　しかし、さらに歴史をさかのぼるなら、日本でも「学力低下」が大いに問題となった時期があった。それは、1950年代後半から60年代前半にかけての時

期である。戦後の民主的教育改革によって日本の子どもたちが勉強しなくなり、基礎学力の水準が落ち込みを見せているという議論がなされたのである。その背景には、アメリカとソ連の軍拡・宇宙開発競争があった。日本の科学技術・産業の振興のためには、国民の学力水準の向上が不可欠とされた。日本では、1956年から65年にかけて小・中・高校生に対する全国学力テストが実施された経緯がある。その事実は、こうした当時の学力低下をめぐる議論と当然のごとく密接に結びついている。

　総括的に言うなら、国際的にも、国内的にも、子どもたちの学力水準が問題とされるときには、ほぼ例外なくそれは、経済的な競争力との関連で議論がなされると言って間違いはない。つまり、「学力が問題になるのは経済問題との関連においてである」というのが、世界の歴史が教えるところなのである。

　21世紀の学力問題には、さらに新しい次元が付け加わっていると見ることができるだろう。それは、「グローバル化」の次元である。グローバル化は、人・モノ・カネ・情報が国境のカベを超えて縦横無尽に行きかうようになる趨勢に言及する用語である。そのもとで「国民教育」のための機関として成立・発展してきた各国の公教育システムは、グローバル化に対応するための「体質改善」を余儀なくされている。今や各国の労働市場は国境によって閉ざされているものではなくなり、各種の教育資格や学歴の国際標準化が進められつつある。同時に、各国のカリキュラムや伝達される知識内容の見直しが進んでおり、「獲得した知識の量」ではなく、「常に変化する環境にうまく対応できる個人の能力・資質」が重視される学力観が主流になりつつある。

　社会学者のM・カーノイは、グローバル化が教育改革にもたらす影響を、三つの方向性を持つものとして整理している（カーノイ、2014）。その三つとは、「競争力を基本とする政策」「財政を基本とする政策」「平等を基本とする政策」である。第一に「競争力」をキーワードとする改革の流れは、労働力の質を改善することを通した経済生産性の向上を目指すもので、「地方分権化」「スタンダードの設定」「教育資源管理の向上」「教員採用・訓練の改善」等をそのモーメントとする。第二の「財政」をキーワードとする改革は教育への公共支出の削減と民間部門の振興を図るもので、「基礎教育部門への投資の拡大」「中等・

高等教育の民営化」「生徒一人あたりの経費の削減」等を内容とする。そして第三の「平等」を理念とする改革のスタンスは、質の高い教育へのアクセスを平等化することを目標とするもので、低所得者層、女性や農村部に暮らす人々、特別の教育を必要とする人々等への資源配分を手厚くしようという志向性を持つ。

　では、この三者の関係はどのようなものであるだろうか。たとえば、第一と第二の流れの関係は、両者が相補的な場合(ex. 民間活力の導入による教育財政のスリム化)、逆に相反する場合(ex. 競争力を高めるための教育予算の拡充)、あるいは一部が接合する場合(ex. 高等教育予算の拡大と初中等教育費のスリム化)などを考えることができる。また、第一と第三の流れに関しては、両者が順接的な場合(競争力を高めるためにマイノリティ教育へのテコ入れを図る)と順接しない場合(困窮層へのサポートが後回しにされ、トップ層を引き伸ばす方策が重視される)の両方が考えられるだろう。

　カーノイ自身は、グローバル化のもとでは、第三のタイプの改革は功を奏しにくいと見る。なぜなら、第一にグローバル化は高い知識・スキルを持つ者を優遇しがちであり、平等を基本とする政策と競争力を基本とする政策がうまく両立することが困難であるため、そして第二に、多くの国で財政を基本とする改革が主流になっており、それが教育サービスの提供における不平等を増進してしまいがちになるためである。

　さて、学力の問題をこのようなグローバルな視座から考えようとするとき、忘れてはならないのが、先にもふれた、3年おきにOECDによって実施されているPISAと呼ばれる国際比較学力テストの存在である。その参加国(地域)の数は、32(2000年)→41(2003年)→57(2006年)→65(2009・2012年)とうなぎのぼりである。初期の時点においては、まだPISAに対する各国の「温度差」はかなりあったように思われるが、私たちがこの調査結果をまとめようとしている2014年末の時点では、少なくとも私たちが調査対象とした6カ国においては、押しなべてどの国もPISAの成績を押し上げようとしているように見受けられる。たとえて言うなら、4年に一度のオリンピックで各国がメダル獲得数を競い合うのと同様の構図が、そこに観察できるのである。

　PISAがこれほどまでに注目を集めるようになったのは、それが子どもたち

の学力の「世界標準」として流通するようになったからである。そこに実施主体である OECD の経営戦略を見て取ることも可能であろう。OECD は Organisation for Economic Co-operation and Development の略称であり、日本語では「経済協力開発機構」と訳される国際機関である。その名称からも明らかなように、OECD はその本来の性格からして、経済との関連で教育を捉える傾向が強い。途上国に対しては教育を経済成長の手段として捉え、先進国に対しては世界の知識経済化との関連で教育の重要性を強調する。自由貿易と競争を重視する新自由主義をいかにして最も効率的に推し進めるかという技術的関心に、近年はより重点を置いているという指摘もなされている(浜野、2008)。いずれにしても、事実として、PISA 型学力は、今日の世界において「共通通貨」としての機能を発揮しつつあると言って過言ではない。

PISA に対しては、次のような批判が投げかけられることがある。

> グローバルな教育言説の世界において、あまりに PISA の比重が大きくなるのは危険である。なぜならそれは、これまでに類例のないような世界規模での教育の標準化をもたらすおそれがあるからだ。そこでは、経済的効率性という錦の御旗に学校がより緊密に結びつけられることになり、生徒たちの自立的な思考と市民的な参加に向けての準備をするという大事な役割を犠牲にせざるをえないからである。(Meyer & Benevot, 2013, 拙訳)

わかりやすく言うなら、あまりに PISA の影響力が広がることによって、ペーパーテストで測られる学力のみが強調され、人間性や社会性を涵養するという学校の重要な役割が蔑ろにされてしまうかもしれないという危惧である。この点については議論の分かれるところであろうが、そうした方向に向けてのグローバル・トレンドが存在することはたしかである。

もちろん、PISA がすべてではない。言うまでもないことだが、各国の学力政策は PISA の点数を引き上げるためだけに存在しているわけではない。それは、それぞれの歴史・文化・社会状況等に深く根差した教育政策の一部を担っているのであり、PISA は 2000 年以降、子どもたちの学力・教育達成にかかわる各国固有の課題や問題性に対応すべく成立している諸々の手立て・仕組みの

なかに投げ込まれる形で、独自の影響を及ぼしはじめているのである。

3　学力問題のナショナル・コンテクスト

　次節で見るように、私たちが「学力」をめぐる国際比較研究プロジェクトに着手して6年あまり(2008年度～)の月日が流れている。各国のケースの詳細は1章以降の本編にゆずるとして、この序章で改めて確認しておきたいことが三点ある。

　一点めは、各国の学力政策は刻々と変化しているということである。特に、政治状況とのからみが大きい。その代表例が日本の事例である。日本では、2009年に民主党鳩山政権が成立した。それまでの日本は、1990年代前半のある一時期を除いて、ほぼ自民党が政権を握る政治的には安定した状況が続いた。教育の世界も同様に、他の国々に比べれば、政策的な「振れ幅」は相対的に小さなものだったと言える。

　子どもたちの学力格差問題についての関心を有していた私たちは、民主党政権が成立したとき、「何かが大きく変わるかもしれない」という期待を持った。実際に、「子ども手当」の創設や「高校授業料無償化」など、諸家庭の経済格差を緩和するためのいくつかの手立ては採られた(大内、2010)。しかしながら、小・中学生の学力格差の克服というテーマを考えたとき、その課題に対してめぼしい対策が採られたかというと、これといってめぼしい対策は採られなかったというのが正直なところである。

　そして、2012年12月に自民党第二次安倍政権がスタートすることになる。自他ともに「タカ派」と認める安倍晋三首相は、教師に対する管理統制の強化や道徳の教科化に代表されるような新保守主義的な教育改革に熱心なようである。安倍政権のもとで2013年6月には「子どもの貧困対策法」が成立したが、「貧困」対策に対する姿勢は民主党政権時代よりも後退したと判断され、子どもたちの学力格差の縮小につながるような体系的な施策はいまだに打ち出されないでいる(佐藤・勝野、2013)。

　明確な学力格差是正策をほとんど打ち出さない政治状況があるにもかかわらず、日本の子どもたち(PISA調査の対象は全国の15歳児＝高1の生徒たち)の学力

表1　各国の政権交代の流れ（太字は2008年以降の変化）

日	～自民党（安倍・福田・麻生）→**2009.9**民主党（鳩山）→**2012.12**自民党（安倍）
米	～共和党（ブッシュ）→**2009.1**民主党（オバマ）
英	～労働党（ブレア・ブラウン）→**2010.5**保守連合（キャメロン）
豪	～自由党（ハワード）→2007.11労働党（ラッド）→**2013.9**保守連合（アボット）
独	～社民党（シュレーダー）→2005.11保守連合（メルケル）
仏	～共和国連合（シラク）→2007.5国民運動連合（サルコジ）→**2012.5**社会党（オランド）

格差は、次節で見るように、近年かなり縮小しているように見受けられる。それはなぜか。解答の一端は、本書6章で与えられることになるだろう。

表1は、近年における各国の政権交代の様子をまとめたものである。

表から明らかなように、私たちの調査期間中に、ドイツを除くすべての国で政権交代が起こっていることがわかる。特に、日本・オーストラリア・フランスでは、ここ数年の間（2011～13年度）に変化が生じている。「革新系」から「保守系」へ（日本・オーストラリア）、逆に「保守系」から「革新系」へ（フランス）とベクトルは異なるものの、私たちが各国の現地調査で見聞したのは、政治の動向からリアルタイムでの影響を受けた教育界・学校現場の状況であった。リアルタイムの変化を的確に描写・記述するのは困難な学術的作業であるが、各チームのメンバーはそのむずかしい課題に正面から取り組んでいる。本書の各章では、各国のホットな状況をクールに切り取る知的営為が試みられているとご理解いただきたい。

そしてここで確認しておきたい二つめのポイントは、各国の「学力問題」、とりわけ「学力格差問題」は、各国の事情に応じてそれぞれの特徴があるという点である。たとえば日本では、今日の学力格差問題は、主として階層問題として語られている。すなわち「貧困」の問題、あるいは「持てる者」と「持たざる者」の経済格差の問題が、学力格差を引き起こす主因と見られている。しかしながら、たとえばフランスやドイツといった大陸ヨーロッパの国々では、1章以降で見るように、学力格差は主として「移民」問題の文脈から語られることが多い。さらにオーストラリアでは、「先住民」の問題が最優先課題として位置づいているという現状がある。

日本では、経済格差が学力格差を生むという見方が支配的であり、そうした状況のもとで現状としては深刻であるに違いない、「ニューカマー」と呼ばれ

る新来外国人たちの低学力問題は、クローズアップして語られることは少ない。本調査の対象には入ってこないが、そうした事情は他の東アジア諸国でもほぼ同様だと考えてよいだろう。そもそも「学力格差」という語が想起させるイメージは国によってさまざまであるという認識は、1章以降の記述を理解していただくうえで不可欠であると考える。

　第三に、各国の学力格差是正政策のあり方を適切に理解するためには、その国の諸制度が有する独自の「経路依存性」を十分にふまえなければならないという点を指摘しておきたい。経路依存性とは、現存する制度が、合理性や効率性といった要因ではなく、初期条件や歴史的諸要因によって決定されるという特徴に言及する用語である。よく引かれるのが、タイプライターやキーボードのQWERTYという配列である。今では普遍的に用いられるこの文字配列は、タイプライターの発明初期にたまたま考案されたものであり、そうである必然性はほとんどないと言いうる。

　たとえばフランスには「共和国原理」というものがあり、この考え方が教育制度のあり方を決めるうえで非常に大きな役割を果たしている。宗教が公教育から厳密に切り離されているのも、また、外国にルーツを持つ子どもたちの教育が決して特別視されないのも、フランス建国の歴史のなかで生まれてきた共和国原理の影響である。ドーヴァー海峡を隔てた向かいの国であるイギリスでは、対照的に、公教育の基盤には宗教(具体的にはキリスト教)があるとされ、特定の外国人集住コミュニティでは彼らのための公立学校(イスラム学校やユダヤ人学校)の設置が可能であるとされていたりする。両者の間にあるきわめて大きな差異を理解するためには、両国の異なる歴史の発展に思いをいたすほかない。

　各国の諸制度、そして現時点における諸社会政策のバリエーションは、経路依存性の考え方なくしては理解しえない。各国の学力格差是正政策についても然りである。アメリカの比較教育学者ワイズマンは、同様の事態を、別の角度から以下のような言葉で表現している。

　　各国がPISAにどのように対応しようとしているかという問いに対する
　　答えは、一つの方向への収斂(convergence)でもなく、それぞれ別個のもの

(divergence)というわけでもない。それに対しては、「異種同形体」(isomorphism)の比喩が最もあてはまる。(Wiseman, 2013, p. 312)

「異種同形体」とはもともと生物学・化学の用語であり、「起源は異なるが、形が同じである」ことをさす言葉である。ワイズマンは、PISA への各国の政策的対応として共通するポイントに以下の三つをあげる。すなわち、「教員の質の向上」「スタンダードにもとづくアカウンタビリティシステムの構築」「公正な教育の追求」。PISA における「順位」によって力点は異なるものの、この三つのポイントは、必ず各国の政策論議に登場する。そして、各国独自の歴史性や制度・慣行の特徴に応じて、質の異なる学力政策が各国で展開されることになる。

4　私たちの共同研究プロジェクト

本書は、今から 3 年前に刊行された本(志水宏吉・鈴木勇編著『学力政策の比較社会学【国際編】』明石書店、2012 年)を発展させたものとして作成された。その本は、私が研究代表をつとめる科研費研究プロジェクト(「学力政策の比較社会学研究——公正と効率性の確保の視点から」(2008～10 年度、基盤研究(A)課題番号 20243037))における研究活動の成果として刊行されたものである。

その研究プロジェクト(以下、「第一次プロジェクト」と称する)では八つの国・地域(イングランド・スコットランド・フィンランド・フランス・ドイツ・アメリカ・オーストラリア・ブラジル)における、21 世紀に入って以降の学力政策を社会学的な観点から分析・検討した。その結果明らかになったのは、多くの国で、各国の教育目標を達成するために、競争原理や成果主義の導入を内実とする新自由主義的手法を積極的に用いているという事実であった。その結論は、以下に示す二つの図に表現されていると言ってよい。

まず、図 1 は、八つの調査対象国・地域の教育政策における、新自由主義的要素の強さを図式的に示したものである。図中の記号は、それぞれの調査対象国に対応している(ENG＝イングランド、SCO＝スコットランド、FI＝フィンランド、FR＝フランス、DE＝ドイツ、US＝アメリカ、AT＝オーストラリア、BR＝ブラジル)。

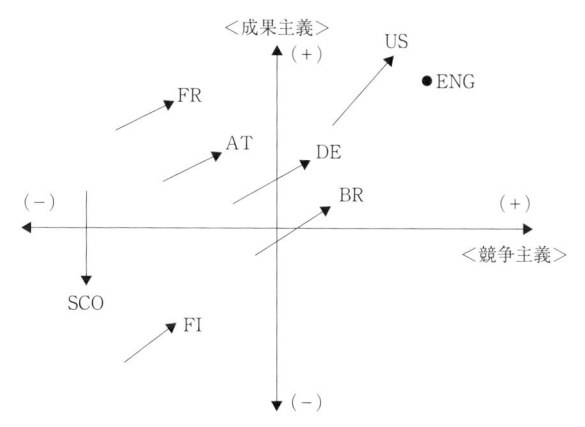

図1 教育政策における新自由主義的要素の強さの変化(2000年→2010年)

　X軸は教育政策における「競争主義」の、Y軸は同じく「成果主義」の強さをそれぞれ表す。また、矢印の始点は「2000年」の時点でのその国のスタンスを、矢印の終点は「2010年」のそれを指示する。すなわち、矢印が長ければ長いほど、その10年の間にその国の教育政策の方針に変化があったことを意味するのである。

　図を眺めてみると、イングランド(ENG)とスコットランド(SCO)という「イギリス」を構成する二つの「地域」を除くすべての国において、矢印が「右肩上がり」になっていることがわかる。すなわち、多くの国では、2000年からの10年間の時期には、その教育政策が押しなべて新自由主義的な色彩をより強く帯びる(＝より競争主義的・成果主義的なものに編成される)ようになったということである。特にその傾向は、アメリカ(US)、ドイツ(DE)、ブラジル(BR)などの国々で顕著であった。また、通常は新自由主義とは対極に位置すると考えられているフィンランド(FI)のような国でも、新自由主義的な方向に教育政策は若干なりともシフトしたようである。図のなかでイングランドに変化が見られないのは、もともとサッチャー元首相以降のイングランドこそが新自由主義の「権化」とでも言うべき位置を保っていたからである。他方、唯一他国と異なる動きを示しているのが、先日(2014年9月)独立へ向けての国民投票を実施したスコットランドである。スコットランドでは、「目のうえのたんこぶ」とも言える兄貴分のイングランドの改革を横目に、それとは対照的な性格を有

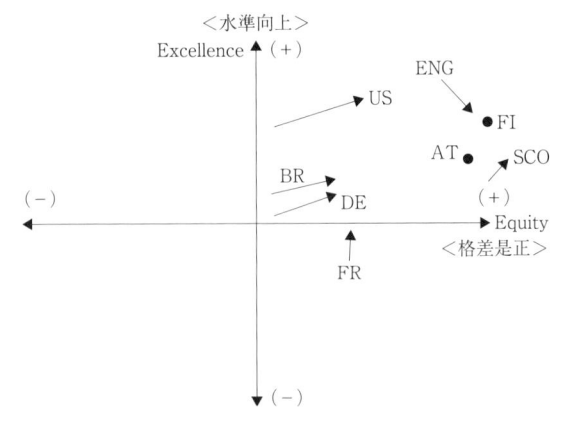

図2 学力政策の重点の変化(2000年→2010年)

する教育政策をこの間推し進めてきたという経緯がある。

　続く図2は、各国の学力政策の重点の歴史的変化を追ったものである。各国の教育政策は多かれ少なかれ新自由主義的色彩を帯びるようになってきていたが、その学力政策にはかなりのバリエーションが見られた。その特徴を「格差是正」と「水準向上」という二つの軸で把握しようと試みたのが、図2である。教育社会学の分野では、ある教育システムのパフォーマンスを評価する際に、「公正」と「卓越性」という二つの指標を用いることが多い。「公正」とは「すべての子どもに十分な教育を保障すること」、「卓越性」とは「教育の質をできうるかぎり高めること」を意味する。これを学力政策という文脈に引きつけて言うなら、「公正」とは「社会諸集団間での学力格差をできるかぎり縮小すること」、一方の「卓越性」とは「子どもたち全体の学力水準をできるだけ向上させること」と位置づけ直すことができよう。矢印の意味は先ほどの図1と同様である。

　図の最も下にあるフランス(FR)をふくめ、すべての国が第一象限に位置づくようになってきているという状況を確認することができる。すなわち、21世紀に入っての各国の学力政策は、押しなべて「学力向上」のみならず、「格差是正」にも力点を置くようになってきているということである。特に、イングランド、アメリカ、スコットランド、ブラジル、ドイツなどの国々では、この10年間、学力格差是正に向けての取り組みを一層強化するようになってきて

いることが図から読み取れる(図には表現されていないが、それとは対照的に日本では、「学力向上」の取り組みがさかんになされる一方で、不思議なほど学力の「格差是正」という主題が政策課題として大きく取り上げられることはなかった)。

こうした私たち自身の先行研究の成果をふまえ、次のステップとして、私たちは「学力格差の是正」というテーマに焦点をしぼって、さらなる調査研究を継続しようと試みた。具体的には、私を研究代表とする新たな科研費を獲得し(「学力格差是正政策の国際比較」(2011～13年度、基盤研究(A)課題番号23243084))、以下のような問題群にアプローチすることにした(以下、本書のベースになっているこのプロジェクトを「第二次プロジェクト」と称する)。

① 各国で、どのような集団間格差が政策の焦点となっているか。
② 各種の学力格差の実態はどのようなものか。
③ 学力格差を克服するための政策・手段にはいかなるものがあるか。
④ それにより、教育現場にどのような変化が生じつつあるか。
⑤ 各国の学力格差是正策の成果と課題は、どのように整理できるか。

第二次プロジェクトの対象国として設定したのは、6カ国である(日本、アメリカ、オーストラリア、イギリス、ドイツ、フランス)。前回調査からは、ブラジル・フィンランド・スコットランドの3カ国・地域を省き、新たに日本を組み込んだ。このような選択を行ったのは、第一に、対象国の歴史・社会的な「共通性」を確保し、データの「比較可能性」を増大させるため、第二に、調査チームのリソースを限定された国に集中するためである。なお、前プロジェクトでは、「イングランド」と「スコットランド」を別立てで扱ったが、今回のプロジェクトは対象を「イングランド」にしぼっているため、「イギリス」としてそれを表記するものとする(すなわち、本書における「イギリス」とは実質的には「イングランド」のことで、「スコットランド」はふくまれない)。

さて、対象となった六つの国には、「西側先進国」という共通性がある。資本主義体制の成熟が見られる「先進国」では、さまざまな社会的格差を縮小・克服するための制度的手立てがすでに採られてきており、時々の政権もその課題を等閑視するわけにはいかないという事情が共通に存在する。

そのうえで、対象6カ国には、基本的な国の成り立ちにおいて以下のようなコントラストを見出すことができる。

1)「ヨーロッパ」(英・独・仏)　対　「その他」(日・米・豪)
2)「アングロサクソン系」(英・米・豪)　対　「その他」(独・仏・日)
3)「連邦国家」(米・豪・独)　対　「その他」(日・英・仏)
4)「移民国家」(米・豪)　対　「その他」(日・英・独・仏)

　第一に、6カ国は「ヨーロッパ」の3カ国とそれ以外の大陸に位置づく3カ国に分けることができる。第二に、「アングロサクソン系」と一括できる3カ国とそれ以外の民族をルーツに持つ3カ国に区別することができる。第三に、州の権限が強く、国の権限が相対的に弱いと考えられる三つの「連邦国家」と中央政府が強い権限を持つその他の三つの国に区分することができる。そして第四に、アメリカ・オーストラリアという「移民国家」としての成り立ちを持つ二つの国とそうではない四つの国に識別することができる。データの整理・解釈にあたっては、上のような国家の成り立ち・特性との関連づけを心がけるようにした。
　各国について3〜6人からなる調査チームを編成し、2011〜13年度にかけて毎年1週間〜10日間にわたる現地調査を1〜2地域で実施した。最初から意図したわけではなかったが、結果的に私たちが対象とした地域は、ほぼ各国の「大都市圏」に位置する場所となった。したがって、私たちが報告する現地調査の結果も、おおむね大都市部の現状としての性格を強く有することになる。各国毎回の渡航メンバーは2〜4人、最終年度(2013年度)においては、各国において特定の学校でのインテンシブな参与観察調査を実施した。
　本書は、この第二次プロジェクトの成果をまとめたものである。

　ここで参考までに、対象となった6カ国のPISA調査の結果を整理しておくことにしたい。
　表2は、「読解力」テストの結果(初回の2000年調査から第5回にあたる2012年調査まで)をまとめたものである。「レベル5以上」が最も高得点をとったグル

表2 6カ国のPISA調査の結果(読解力)

	年	レベル1以下	レベル2	レベル3	レベル4	レベル5以上	平均
アメリカ	2000	17.9	21.0	27.4	21.5	12.2	504
	2003	19.4	22.7	27.8	20.8	9.3	495
	2006	――	――	――	――	――	――
	2009	17.7	24.4	27.6	20.6	9.9	500
	2012	16.7	24.9	30.5	20.1	7.9	498
オーストラリア	2000	12.4	19.0	25.7	25.3	17.6	528
	2003	11.8	18.3	28.4	26.9	14.6	525
	2006	13.4	21.0	30.1	24.9	10.6	513
	2009	14.3	20.4	28.5	24.1	12.8	515
	2012	14.2	21.6	29.1	23.3	11.7	512
イギリス	2000	12.8	19.6	27.5	24.4	15.6	523
	2003	――	――	――	――	――	――
	2006	19.0	22.7	28.7	20.5	9.0	495
	2009	18.5	24.9	28.8	19.8	8.0	494
	2012	16.7	23.5	29.9	21.3	8.8	499
ドイツ	2000	22.6	22.3	26.8	19.4	8.8	484
	2003	22.3	19.8	26.3	21.9	9.6	491
	2006	20.1	20.3	27.3	22.5	9.9	495
	2009	18.7	22.2	28.8	22.8	7.6	497
	2012	14.5	22.1	29.9	24.9	9.0	508
フランス	2000	15.2	22.0	30.6	23.7	8.5	505
	2003	17.5	22.8	29.7	22.7	7.4	496
	2006	21.8	21.3	27.9	21.8	7.3	488
	2009	19.7	21.1	27.2	22.4	9.6	496
	2012	18.9	18.9	26.3	23.0	12.9	505
日　本	2000	10.0	18.0	33.3	28.8	9.9	522
	2003	19.0	20.9	27.2	23.2	9.7	498
	2006	18.4	22.0	28.7	21.5	9.4	498
	2009	13.6	17.8	25.9	25.0	16.3	502
	2012	9.7	16.6	26.7	28.4	18.5	538

注) イギリスの2003年，アメリカの2006年は，データの不備により結果が公表されていない．数字は%．

ープの比率であり、逆に「レベル1以下」は日常生活にも支障をきたすような点数しかとれなかった低得点グループの比率を示す。「平均」は「偏差値」のような値として算出されたものだとご理解いただきたい。

　各国のトレンドを簡単に示すと以下のようになる。
○アメリカ：一貫して平均前後（右端のスコアが500ポイントあたり）の結果となっている。低位層（レベル1以下）の割合はやや減少傾向にあるが、高位層（レベル5以上）の比率も低下傾向にある。
○オーストラリア：最初の2回（2000・2003）の結果はきわめて良好だったが、2006年以降ややスコアが低下した。それに合わせ、高位層の減少、低位層の増加という趨勢が認められる。
○イギリス：初回（2000）は523ポイントとかなりよかったが、それ以降は低迷気味。国内的には「結果は出ている」と言われているが、国際的に見ればそれは誤りである。
○ドイツ：初回の結果がよくなく（484ポイント）、いわゆる「PISAショック」を招いた。それ以降は徐々に結果が向上し、直近（2012）では史上最高の508ポイントとなった。特に、低位層の減少が顕著である。
○フランス：日本と同様に途中で「落ち込み」の傾向があったが、最近2回は向上している。特に今回（2012）では505ポイントと初回に並ぶ好成績を収め、高位層の増加が顕著。
○日本：2003・2006年と大きく落ち込んだが、V字回復の傾向にあり、直近（2012）では、538ポイントという最高の成績を記録した。低位層の減少・高位層の増加ともに目立つ。

　2000年の時点では、読解力の得点は、高い方からオーストラリア・イギリス・日本・フランス・アメリカ・ドイツの順であったが、2012年になるとその序列は、日本・オーストラリア・ドイツ・フランス・イギリス・アメリカと大きく変動している。上昇組の代表格は日本とドイツである。他方で、イギリスやアメリカといったアングロサクソン諸国の結果はふるわなくなっている傾向にある。いずれにせよそこには、各国の学力格差是正策の「質」と「量」とが寄与していることは間違いがない。

5　分析の視点と本書の構成

　本書の主題は、「学力格差の縮小・是正」にある。

　これは直接的には、第一次プロジェクトにおける知見の整理を行うプロセスのなかでたどりついた方針であった。海外調査を積み重ねるなかで明らかになったのは、ほとんどの国で「新自由主義的な色彩の強い学力政策が採られていたこと」であったが、同時に調査にあたった私たちが驚かされたのは、そうであるにもかかわらず、「格差の是正という教育の平等や公正にかかわるトピックが政策課題の上位に掲げられていた」ことであった。

　先に見たカーノイの議論をふまえて言うなら、「競争力や財政を基本とする政策」が主流を占めるなかで、「平等を基本とする政策」が無視されることなく、国に応じた違いこそあれ、大切な要素として顧みられていたという事実である。おそらくそこには、次のような事情が関与しているものと思われる。すなわち、グローバル化の進展は不可避的に新自由主義的アプローチの興隆を招くが、それだけではかつてのイギリスのサッチャー時代のような殺伐とした状況（＝「弱肉強食」の世界）がもたらされやすいため、政権を担う担当者たちにとっては「うまくない」。そこで一定のバランスを確保するために、「平等を基本とする政策」が採られるのだと解釈できるわけである。ただし、そのバランスのとり方は、国によって大きく異なるだろう。その具体的な内容については、1章以降の記述にゆだねることとしたい。

　他方、個人的な事情ということになるが、「学力格差の縮小」というテーマは、この10年あまりにわたって、私自身の最も中心的な研究課題であった。2001年度に実施した学力実態調査において、私たちが見出したのが子どもたちの学力の「2こぶラクダ化」という現象であった。当時言われていた「学力低下」の真の姿は「学力格差の拡大」であったということになる。それ以来私は、学力格差を克服するための学校の取り組みに焦点化した実践的研究を積み重ねてきた（「効果のある学校」研究）。

　PISAの結果（とりわけ2003年の第2回調査および2006年の第3回調査のもの）からの、日本の子どもたちの「学力格差の拡大」という問題は憂慮されるべきも

のだという認識を私たちは有していたが、2012年に実施された第5回のPISA調査では、日本の子どもたちの数値は劇的に改善されることとなった。平均点が急激に上昇するのみならず、低得点層の出現率も「激減」と言ってよいほどの低下を見せていたのである。さらに、2013年に私たち自身が実施した調査においても、小中学生の学力格差は10年ほど前と比べて縮小傾向にあることが明らかになった(志水他、2014)。

　第一次プロジェクトの成果をまとめた前著(志水・鈴木、2012)の時点では、なぜそのような逆説的結果(＝日本では明示的な学力格差是正政策が採られていないにもかかわらず、実際の子どもたちの学力格差はここ数年とみに縮小する傾向にある)が生じるのかについては、確たる考察を行うことはできなかった。今回は、本書6章においてその「謎」に迫ることにしたい。

　以下本書では、英語表記でのアルファベット順に、アメリカ(1章)、オーストラリア(2章)、イギリス(3章)、フランス(4章)、ドイツ(5章)、日本(6章)の順に、学力格差是正の現在の姿について記述し、比較社会学的な視座からの整理を行ってみたい。そしてそれに続く終章では、各国からの報告をふまえたうえで、「学力格差是正」というテーマについての理論的検討を試みてみたい。

　1〜6章をまとめるにあたっては、各章の著者に、以下の諸点に必ずふれるように要望した。前節で提示した五つの問いに重なる部分が大きいが、改めて提示しておきたい。

0. 教育の概要(イントロダクション)。
1. 各国で「学力」がどう位置づけられているか(政策全体のなかで／教育界のなかで)。
2. 各国で「学力格差」がどう問題視されているか(ナショナル・リージョナルな政策／現場の取り組み)。
3. 学力格差是正策の中身はどうなっているか。
4. 学力格差是正策の効果はある(あった)と言えるか。
5. 上記の1〜4を、各国の担当としてどのように教育社会学的に評価するか。

さらに、各章の担当者には、1)各国の国内でのバリエーションについても目配りをすること、2)現場の動きを伝えるために、フィールドからの報告部分を付け加えること(全体の3割以内)という注文をさせてもらった。

参考文献

マーティン・カーノイ(2014):『グローバリゼーションと教育改革』東信堂。(Carnoy, M. 1999, *Globalization and Educational Reform*.)
浜野隆(2008):「学力調査のグローバル化と教育改革」、日本教育政策学会『日本教育政策学会年報』第15号、21-37頁。
Meyer, H. & Benavot, A. 2013, 'Introduction', in Meyer, H. & Benavot, A. (eds.), *PISA, Power, and Policy*, Symposium Books, pp. 7-26.
中島章夫(2002):「「学力向上」を国家教育目標として」、教科教育研究所『CS研レポート』Vol. 46、2-13頁。
岡部恒治・戸瀬信之・西村和雄(1999):『分数ができない大学生』東洋経済新報社。
大内裕和(2010):『民主党は日本の教育をどう変える』岩波ブックレット。
佐藤学・勝野正章(2013)『安倍政権で教育はどう変わるか』岩波ブックレット。
志水宏吉(1994):『変わりゆくイギリスの学校』東洋館出版社。
志水宏吉・伊佐夏実・知念渉・芝野淳一(2014):『調査報告「学力格差」の実態』岩波ブックレット。
志水宏吉・鈴木勇編著(2012):『学力政策の比較社会学【国際編】』明石書店。
Wiseman, A. W. 2013, 'Policy Responses to PISA in Comparative Perspective', in Meyer, H. & Benavot, A. (eds.), *PISA, Power and Policy*, Symposium Books, pp. 303-322.

第1章

アメリカ
企業型経営の成果と代償

†

米川英樹・深堀聰子

ニューヨーク市立セントラル・パーク・イースト第二小学校に展示された生徒の作品．2012年12月11日訪問．撮影者＝岡邑衛．

1　はじめに

　本章では、アメリカ合衆国(以下、米国)の学力格差問題について、G・W・ブッシュ大統領共和党政権(2001〜2009年)およびB・オバマ大統領民主党政権の第1期(2009〜2013年)における教育政策とそのインパクトに焦点をあてて検討する。はじめに、米国の学力格差問題を理解するために捉えておくべき教育の特徴と政策動向を概観したうえで、米国における学力および学力格差の実態について整理する。次に、米国の学力格差是正策を立体的に捉える試みとして、2地点における取組に焦点をあて、その成果と課題を明らかにする。第一の地点は、米国各州のなかで平均的な規模と財力を持ち、連邦政府の指針を比較的順接的に受入れてきたノースカロライナ州、第二の地点は、圧倒的な規模と財力によって教育改革の実験場としての役割を果たしてきたニューヨーク市である。最後に、米国の学力格差問題の検討から導かれる日本への示唆を明らかにする。

2　学力格差問題をめぐる米国の教育の特徴と動向

(1)　二つの特徴——教育ニーズへの応答性と地方分権制

　米国の学力格差問題を理解するためには、日本と大きく異なる二つの教育の特徴について確認しておく必要がある。第一の特徴は、平等観の違いである。「平等な措置」が重視されてきた日本では、とりわけ義務教育段階では、児童生徒を何らかの基準で識別して、特別な措置を講ずることに対して極めて慎重な姿勢がとられてきた。対照的に米国では、児童生徒の多様な教育ニーズへの応答性と「機会の平等」が重視されており、教育の各段階において、児童生徒一人ひとりの能力を最大限に伸ばすために最適の環境を提供することが目指されてきた。いわゆる「才能児」への特別な措置が「特別支援」の枠組みのなかで提供されてきたのも、恵まれない児童生徒に手厚い措置を講ずる「補償教育」が積極的に展開されてきたのも、公教育の文脈のなかで個人の「選択」が尊重されてきたのも、こうした「機会の平等」を重視する考え方に依拠してい

る。

　第二の特徴は、教育行政の地方分権制である。米国では、「憲法にもとづいて合衆国に委任されておらず、州に対して禁止されていない権限は、各州とその人民に留保」されている(修正条項第10条)。そして合衆国憲法における「教育」に関する規定は、「公共の福祉」(第1条8節1項条項)に含まれる範囲に留められているため、連邦政府の教育役割は、社会経済的に不利な状況にある個人に対して、「教育の機会均等」を保障することに限定されており、教育に関する基本的権限と責任は、州政府が保有することとされている。したがって米国では、各州政府がそれぞれの責任のもとに公教育制度を構築し、その在り方を規定する法令・規則を制定している。

　なお、各州政府は地方学区(以下、学区)という教育行政単位を設け、公立学校の設置と管理運営に係る権限を委譲し、その財源となる教育課税権も与えている。財政基盤を伴う公立学校のローカル・コントロールは、米国の学校が伝統的に保護者や地域住民によって設立・維持されてきた歴史的経緯によるが (Urban and Wagoner, 2000)、学区の単位で地域住民の意向を反映した教育を展開することを可能にするものであり、児童生徒の多様な教育ニーズへの応答性を重視する教育理念と、多様な人種・民族から構成される多文化社会アメリカの実態に整合的な仕組みといえよう。しかしながらそれは、米国教育行政を多様で複雑なものにしてきた。

　連邦政府・州政府・学区の教育役割を、教育予算の観点から捉えてみよう。2011年度一般歳入における、公立初等・中等学校の教育関連予算の総額は5991億ドルで、財源の内訳は連邦12.3％、州44.4％、学区43.3％だった。本稿で注目するノースカロライナ州の予算額は144億ドル、内訳は連邦14.2％、州52.0％、学区33.8％と、相対的に州政府の財力が強い。それに対して、ニューヨーク市の予算額はノースカロライナ州の1.6倍の227億ドル、内訳は連邦13.8％、州37.9％、学区が48.3％と相対的に学区の財力が強い(U. S. Census Bureau, 2013)。

　予算の細目から、連邦政府・州政府・学区が担う教育責任の中身に迫ってみよう。連邦政府の教育補助金は、社会経済的に不利な状況にある個人に対して「教育の機会均等」を保障することを目的とした直轄事業(先住民教育、ヘッドス

タート、才能教育等)への「直接補助金」、および州政府を通して学区に支給される「定式補助金」(初等中等教育法タイトルⅠ事業、障害を持つ人の教育法事業、給食事業、パーキンズ職業教育法事業等)として計上されている。教育の責任主体である州政府の教育補助金の大半を占めるのは、学区に支給される「一律補助金」、および学区収入の格差是正を目的とする平衡補助金等の「定式補助金」である。これに加えて、州教育事業(補償教育、特別支援教育、職業プログラム等)に「特定補助金」が計上されている。公立学校の設置と管理運営を委託された学区の教育予算は、財産税を中心とする課税、および連邦・州政府補助金から構成される。

　こうした予算の構造が明らかにする通り、公立学校の日常的な教育活動は、教育課税権を持つ学区の裁量で展開されており、州政府はそれを下支えし、連邦政府はイニシアティブを通して誘導する役割を担っている。ところがこの仕組みは、税収入の多寡によって学区が州・連邦補助金に頼らなければならない程度に差異をもたらし、学区教育政策の自律性を規定してきた。富裕層が多く盤石な財政基盤を持つ学区は、州・連邦政府の指針から比較的独立した政策路線を採れるのに対して、低所得層の多い学区では、補助金を獲得するために州・連邦政府に順接的な政策路線を採らなくてはならない構図が定着している。

(2) 連邦イニシアティブとしての学力格差是正

　本書で注目する学力格差の問題は、米国では伝統的に、社会経済的格差とその背景にある人種・民族問題と結びつけて焦点化され、連邦政府の「補償教育(compensatory education)」事業として推進されてきた。補償教育とは、L・ジョンソン大統領が1964年の一般教書のなかで宣言した「貧困とのたたかい(War on Poverty)」の一環として法制化され、推進されてきた事業である。人間の能力が社会経済的地位にかかわらず等しく分布しているならば、実在する社会経済的地位による学力格差は、各グループが置かれた環境の格差、すなわち「貧困の文化」に起因するものであると考えなければならない。したがって、こうした格差を解消するためには、社会経済的に不利な状況に置かれた個人に対して、環境条件の劣悪さに比例して教育条件を傾斜的に配分する必要があるという考え方にもとづいている。代表的取組としては、連邦直轄事業としてのヘッ

ドスタート(Head Start)や、連邦政府から州政府を通して定式補助金として学区に支給される初等中等教育法タイトルⅠ事業(Title I)が挙げられる。

　ヘッドスタートとは、連邦政府の定める「貧困層」の幼児と保護者に対して、特別な子育て支援を提供するプログラムである。親の子育てや社会生活を支援することを通して、家庭の教育力向上と親世代の社会的包摂を促すとともに、幼児の認知・情動・身体に総合的に働きかけて発達を促すことを通して、学校レディネスと社会適応力を高めることが目指されている。究極的には、「貧困のサイクル」を断ち切り、貧困層の親子を自助が可能な市民に育成することを目指す、リハビリ措置とみることもできる。ヘッドスタートは、1965年より中断することなく実施され、2011年には75億5963万ドルの予算のもとに、幼児96.4万人とその保護者に提供された。

　初等中等教育法タイトルⅠ事業とは、1965年に成立した初等中等教育法の第1章に記載されている連邦政府の教育支援事業であり、社会経済的に不利な状況にある児童生徒の学力向上を目的としている。学校の低所得層の児童生徒数が学区平均もしくは全学児童生徒数の35%を超えた場合、その学校はタイトルⅠ学校に認定され、低所得層の児童生徒をターゲットとしたプログラムに補助金を活用することができる。また低所得層の児童生徒が4割を超えた場合、全学(school-wide)タイトルⅠ学校として、全学児童生徒を対象としたプログラムに補助金を活用することができる。2010年度には、66,646校(全国の初等中等学校の67.4%)がタイトルⅠ学校、48,990校(同49.5%)が全学タイトルⅠ学校に認定され、読解や数学の補習授業、特別な就学前教育プログラム、放課後プログラム、夏季プログラム等を提供した。「教育の機会均等」を保障する連邦政府の役割を象徴する本事業は、開始以来、超党派的な支持を得て継続的に実施されてきた(National Center for Education Statistics(NCES), 2012a)。

(3) 強まる連邦政府のインパクト

　このように、公立学校の日常的な教育活動は学区が展開し、学力格差是正については連邦イニシアティブにもとづいて推進してきた伝統的構図に、近年変化が生じてきている。この変化は、連邦政府によって「すべて」の児童生徒の学力問題が政策課題として取り上げられ、州知事等によって組織的対応がとら

れてきたことによる。

　R・レーガン政権のT・H・ベル連邦教育長官諮問機関によって1983年に刊行された報告書『危機に立つ国家』において、米国の教育の「凡庸さ」がきびしく指摘されて以降、いずれの政権でも、教育改革が優先課題として呼びかけられてきた。そして1989年にG・H・W・ブッシュ大統領が全米の州知事を招いて開催した「教育サミット(Education Summit)」において、米国社会の安定的発展にとって教育の改善が不可欠であることが確認されて以降は、州知事等が主体となった教育改革が手がけられてきた。たとえば、全米知事協会(National Governors Association)と財界によって呼びかけられた「全米教育サミット(National Education Summit)」の1996年第1回会合では、公立学校の教育水準の引き上げが協議され、2005年第5回会合では、高校卒業水準の引き上げを目指す「米国ディプロマ・プロジェクト(American Diploma Project)」が立ち上げられた。また、2010年には全米知事協会と教育長会議(Council of Chief State School Officers)の呼びかけによって、「共通コア州スタンダーズ(Common Core State Standards)」の策定も実現した。

　共通コア州スタンダーズとは、各州教育スタンダードの参照基準となる枠組みであり、高校生が卒業して大学に進学したり、職業に就いたりするためには、どのような知識や能力を身に付けていることが期待されるか(college career ready)という観点から、小学校から高校まで(K-12：キンダーガーテンから第12学年までの13年間)の教育内容が連続性と整合性をもって位置付けられている。知識の断片的な理解にとどまらず、総合的な活用力を育成することに重点が置かれている点に特徴があり、2013年までに45州とワシントンDCによって採択された(Common Core State Standards Initiative, 2014)。

　このように、州知事等の間で学校教育を通して保障すべき学力についての議論が「カリキュラム」の観点から展開されるなかで、各州に「共通テスト」の導入を要請したのは連邦政府だった。G・W・ブッシュ大統領による2002年改訂・初等中等教育法「どの子も置き去りにしない(No Child Left Behind：NCLB)法」は、各州・学区に対する連邦補助金支給の根拠法として、第3〜8学年の「すべて」の児童生徒に対して州教育スタンダードにもとづく州共通テストを実施し、その結果によって学校を評価することを各州に義務付ける法律

である。そして2014年までに、すべての児童生徒が「優秀(advanced)」「習熟(proficient)」「初歩(basic)」の3段階のうち、「優秀」または「習熟」に到達していることを要求するとともに、目標達成に向けた「適正年次進捗度(Adequate Yearly Progress：AYP)」を定め、改善が見られない学力不振校には、閉校をふくむ罰則措置を課すものである。

このNCLB法の成立によって、各州・学区は、タイトルⅠ事業補助金を受給する要件として、州共通テストにもとづく学校評価を実施することを余儀なくされたため、教育に関する連邦政府のインパクトは著しく強まったということができる。さらに、2008年のいわゆる「リーマンショック」を発端とする経済不況は、各州・学区に対する連邦政府の教育介入を一層強化する方向に作用した。「変革」を標榜し、教育改革を主要施策に掲げて2009年に就任したB・オバマ大統領は、教育政策の基本路線ではG・W・ブッシュ大統領を踏襲する立場をとった。そして、景気刺激策として発令した「米国再生再投資法(American Recovery Reinvestment Act：ARRA)」にもとづいて、経済復興事業7000億ドル(約70兆円)のうち1000億ドルを教育分野に財政出動し、解雇、一時帰休に直面している教職員等の人件費等を補填するための「州財政安定資金(State Fiscal Stabilization Fund)」を配分した。しかしながら、各州がこの配分を受けるためには、その要件として、教育評価システムの導入、児童生徒の学習状況に関するデータ収集・分析体制の整備、教育スタンダードを高める取組の推進等を約束しなければならなかった。

さらに、教育改革を遂行するための競争的補助金「頂点への競争(Race to the Top：RTTT)」では、申請書の評価基準(配点)として、①学力の向上と格差是正に向けた州の教育改革方針と行動計画の策定(125点)、②共通スタンダードおよびそれにもとづく共通テストの開発・実施(70点)、③教育指導を支援するデータシステムの開発(47点)、④教員と校長の(成果にもとづく)力量形成(138点)、⑤学力不振校の抜本的改善(50点)、⑥一般選択項目(チャーター・スクール等の革新的学校の支援等)(55点)が示された(USDOE (U. S. Department of Education) 2009)。3回にわたるRTTT公募には46州とワシントンD.C.が応募し、最終的に18州とワシントンD.C.に総額約40億ドルが配分された。結局、採択されたのは応募した州の半数に満たなかったわけであるが、たとえば州共通テストの成

績を教員評価の基準に採用することを禁止する州法の改正、チャーター・スクール設置認可の上限撤廃など、応募するために余儀なくされた改変を通して、どの州も連邦指針に大きく歩み寄ることとなった(村上、2013)。

RTTTでは、教育評価の改善に向けた州連携事業にも3.5億ドルが配分された。その背景には、NCLB法の「適正年次進捗度(AYP)」要件を満たさなければならないプレッシャーから、州共通テストの難易度を不当に引き下げる州が出現している問題があった。2010年には、全米知事協会と教育長会議の呼びかけによって、共通コア州スタンダーズが策定されたことは前述した通りであるが、この共通コア州スタンダーズにもとづいてテスト開発を試みる二つのコンソーシアム、すなわちPARCC (Partnership for Assessment of Readiness for College and Careers)およびSmarter Balanced (Smarter Balanced Assessment Consortium)が採択された。NCLB法の下で開発された州共通テストは、第一義的に連邦政府のアカウンタビリティ要請に応える道具としての役割を担ってきたため、学力概念を狭く規定し、カリキュラムに著しい偏りをもたらしてきたことが批判されている(Ravitch, 2011)。両コンソーシアムでは、この反省点を踏まえ、知識や能力の総合的な「活用力」の育成に重点を置く新しいタイプのテストの開発が目指されており、2013年よりパイロット実施が手掛けられているが、その成果を判断するには時期尚早といえよう。

3 学力と学力格差の実態

(1) 学力指標によって異なる傾向

2000年代を通して、米国の学力は向上したのだろうか。注目する指標によって、傾向は異なっている(図1参照)。知識の「活用力」等に重点が置かれているOECD生徒の学習到達度調査(PISA)では、米国の15歳児の得点は不安定に上下しており、全体的な傾向を読み取ることは難しい。それに対して、「教育課程の習得度」に重点が置かれているIEA国際数学・理科教育動向調査(TIMSS)や連邦教育省全米学力調査(NAEP)では、第8学年(13/14歳児)生徒の得点は緩やかに上昇している。この結果は、次のように解釈することができるかもしれない。すなわち、PISAとTIMSS/NAEPでは測定しようとしている学力

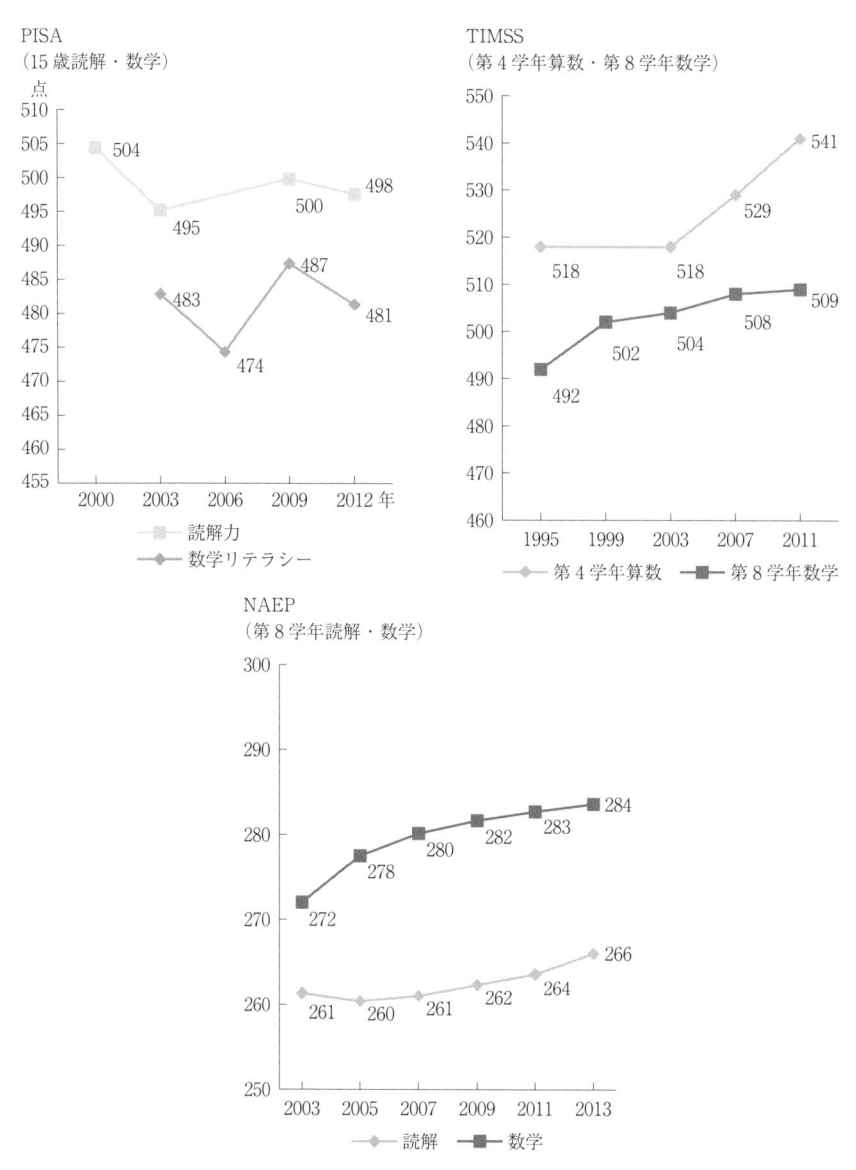

図1 米国の児童生徒の学力の推移(2000年代を中心に)
出典：NCES, *International Data Explorer*(*TIMSS & PISA*); *NAEP Data Explorer* を用いて作成.
注）以下については，データが欠損している．PISA 数学リテラシー 2000 年，読解力 2006 年．
　TIMSS 第4学年算数 1999 年．

の種類が異なっており、2000年代を通して実施されてきた教育改革の成果は、教育訓練によって比較的成果が上がりやすい「教育課程の習得度」では僅かに認めることができるかもしれないが、知識や能力の「活用力」では確認することができない。このことは、「活用力」を重視する共通コア州スタンダーズへの移行が目指されるなかで、教育改革で直ちに目覚ましい成果を上げることはあまり期待できないことを示唆している。

(2) 学力格差——人種・民族グループ間格差の是正

前述した通り米国では、学力格差の問題は「補償教育」の枠組みのなかで、社会経済的に不利な状況にある児童生徒がどれほどキャッチアップしたかという観点から評価されてきた。図2は全米学力調査(NAEP)の第8学年数学のテスト得点の分布を「人種・民族グループ別」に整理したものであるが、この結果の公表様式が示唆する通り、米国では「人種・民族グループ間に格差が存在すること」「人種・民族グループ内に分散があること」が所与の条件とみなされており、最終的には「人種・民族グループ間で、平均点と分散の在り方が等しくなること」が目指されている。

しかしながら、社会経済的な格差が縮小しているということはできない。全米学力調査の第8学年読解および数学の得点の推移を「人種・民族グループ・昼食費減免措置資格別」(図3)に比較すると、いずれのグループも緩やかに上昇しているものの、グループ間の差異が著しく縮小しているわけではないことがわかる。依然として、白人の中・高所得層(昼食費減免措置資格なし)は圧倒的に優位であり、黒人とヒスパニックの低所得層(資格あり)は低位にある。ただし、黒人とヒスパニックの中・高所得層の学力は、白人の低所得層に迫り、ヒスパニックは追い抜く傾向にあることも見て取ることができる。

なお、社会経済的に不利な状況にある人種・民族グループとして先住民の動向もモニターされているが、人口全体に占める比率が低率(1.2%・2013年)であるため、紙幅の制約上、本稿では割愛する。

標準に達していない，標準，優れている，大変優れている

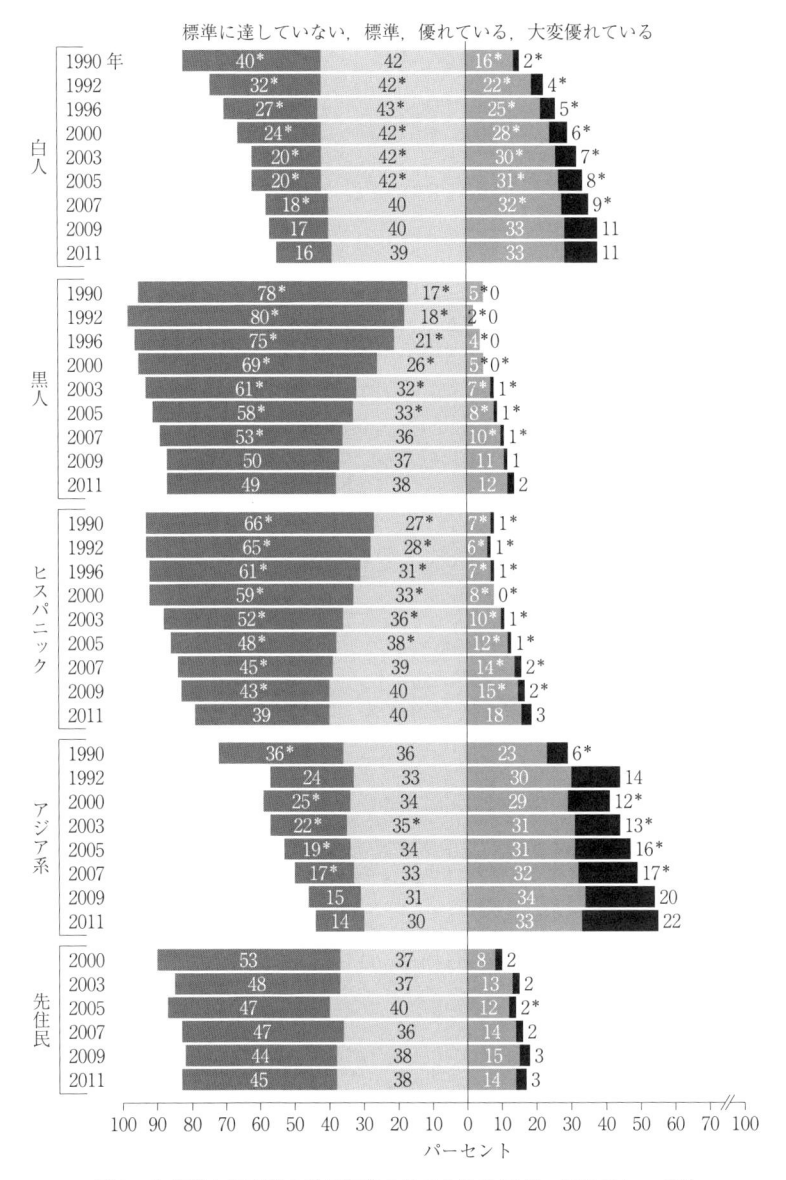

	年	標準に達していない	標準	優れている	大変優れている
白人	1990	40*	42	16*	2*
	1992	32*	42*	22*	4*
	1996	27*	43*	25*	5*
	2000	24*	42*	28*	6*
	2003	20*	42*	30*	7*
	2005	20*	42*	31*	8*
	2007	18*	40	32*	9*
	2009	17	40	33	11
	2011	16	39	33	11
黒人	1990	78*	17*	5*	0
	1992	80*	18*	2*	0
	1996	75*	21*	4*	0
	2000	69*	26*	5*	0*
	2003	61*	32*	7*	1*
	2005	58*	33*	8*	1*
	2007	53*	36	10*	1*
	2009	50	37	11	1
	2011	49	38	12	2
ヒスパニック	1990	66*	27*	7*	1*
	1992	65*	28*	6*	1*
	1996	61*	31*	7*	1*
	2000	59*	33*	8*	0*
	2003	52*	36*	10*	1*
	2005	48*	38*	12*	1*
	2007	45*	39	14*	2*
	2009	43*	40	15*	2*
	2011	39	40	18	3
アジア系	1990	36*	36	23	6*
	1992	24	33	30	14
	2000	25*	34	29	12*
	2003	22*	35	31	13*
	2005	19*	34	31	16*
	2007	17*	33	32	17*
	2009	15	31	34	20
	2011	14	30	33	22
先住民	2000	53	37	8	2
	2003	48	37	13	2
	2005	47	40	12	2*
	2007	47	36	14	2
	2009	44	38	15	3
	2011	45	38	14	3

100 90 80 70 60 50 40 30 20 10 0 10 20 30 40 50 60 70 100
パーセント

図2 全米学力調査第8学年数学のテスト結果（人種・民族グループ別）
出典：NCES, 2011, p.41.

注）＊は同カテゴリの生徒の比率が2011年と比べて有意（p＜.05）に異なっていることを示す．

第8学年読解(全米) 第8学年数学(全米)

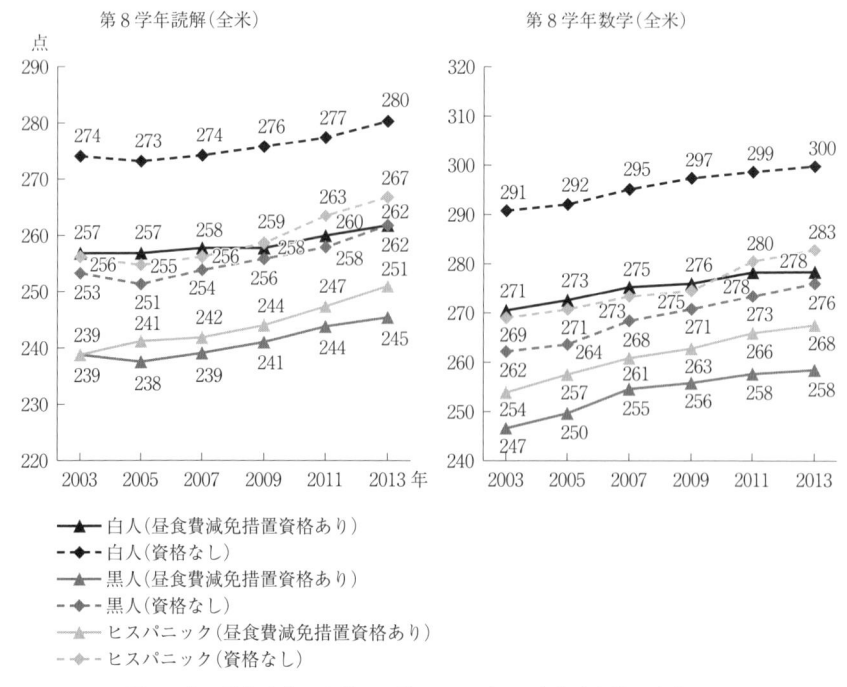

図3 第8学年生徒の人種・民族グループ・昼食費減免措置資格別の読解・数学得点の推移(NAEP)
出典：NCES, *NAEP Data Explorer* を用いて作成.

4 ノースカロライナ州とニューヨーク市における学力格差是正策の実際

二つの地点の特徴

　米国の学力格差問題をめぐるこうした枠組みを踏まえて、本稿で注目する2地点の実際に着目してみよう。前述した通り、公立の初等・中等学校関連予算の内訳では、ノースカロライナ州は州政府、ニューヨーク市では学区が相対的に大きな財力を有している。このことは、公立学校の教育活動に対する主たる権限が、ノースカロライナでは州政府、ニューヨーク市では学区にあることを意味している。

表1 ノースカロライナ州とニューヨーク市の公立初等・中等学校の基本属性

	児童生徒数 (公立学校) (万人)(2011)	学校数 (公立 K-12) (2010)	予算 (億ドル) (2011)	人種民族 (白人%) (2010)	昼食費減免措置 (%) (2010)
ノースカロライナ州	149	2,567 校 (115 学区)	144	53.2	50.3
ニューヨーク市	110	1,665 校 (1 学区)	227	14.5	80.5
米国全体	4,964	98,817 校 (13,588 学区)	5,991	52.4	48.1

出典：NCES, 2012b, Table 36, 45, 46, 100, 113.; U. S. Census Bureau, 2013, Table 1, 15.

　表1に示す通り、公立初等・中等学校の基本属性を米国全体と比較してみると、一般に学力不振の危機要因とみなされている人種・民族構成(白人比率)でも、所得水準(昼食費減免措置を受ける児童生徒の比率)でも、ノースカロライナ州は平均的な州であるのに対して、ニューヨーク市は著しく困難な状況を抱えていることがわかる。両地点における学力の推移を整理しておこう。いずれにおいても、全米学力調査第8学年の得点は全米的な傾向と同様に緩やかに上昇しており、読解では2009年以前と2013年、数学では2005年以前と2013年では統計的に有意($p<.05$)な伸びが認められる(NCES, 2013)。

　得点の推移を「人種民族グループ・昼食費減免措置資格別」(図4)に比較すると、ノースカロライナ州では、ヒスパニックの中・高所得層は白人の低所得層を読解と数学の学力で追い抜き、ヒスパニックの低所得層も漸近してきていることがわかる。それに対してニューヨーク市では、昼食費減免措置資格にかかわらず、白人が優位な状況が続いている。ただし、ニューヨーク市と同様に多くの教育的困難を抱える都市部調査(21学区が参加)によると、ニューヨーク市では昼食費減免措置資格者の比較的多くが「優れている」「大変優れている」成績を収めており、その比率が読解(21%)では上位3位、数学(21%)では上位4位という比較的優れた結果だった(NYCDOE (New York City Department of Education), 2013)。

34

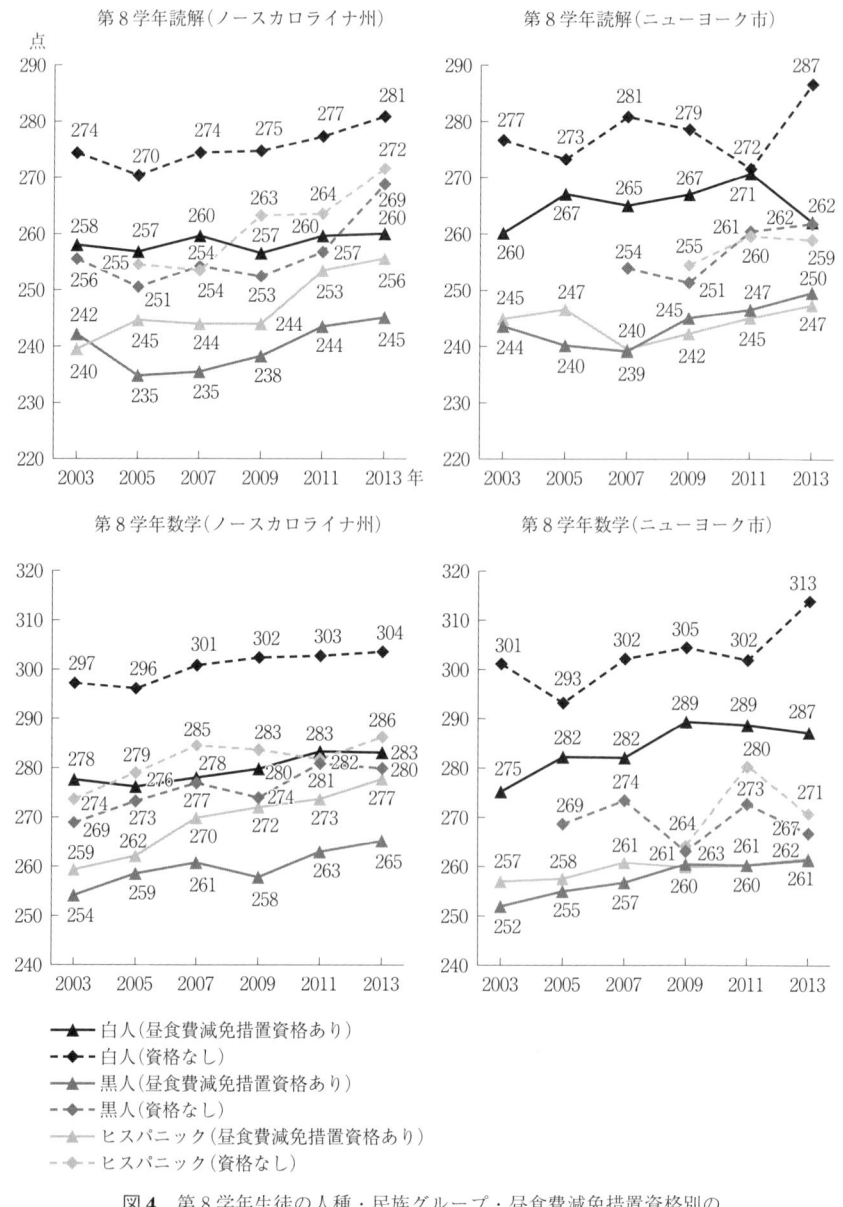

第8学年読解（ノースカロライナ州）／第8学年読解（ニューヨーク市）

第8学年数学（ノースカロライナ州）／第8学年数学（ニューヨーク市）

凡例：
- 白人（昼食費減免措置資格あり）
- 白人（資格なし）
- 黒人（昼食費減免措置資格あり）
- 黒人（資格なし）
- ヒスパニック（昼食費減免措置資格あり）
- ヒスパニック（資格なし）

図4　第8学年生徒の人種・民族グループ・昼食費減免措置資格別の読解・数学得点の推移（NAEP）
出典：NCES, *NAEP Data Explorer* を用いて作成．

5 ノースカロライナ州——平均的な州における2002〜2013年

(1) 2002年より前の状況

　家具作り、綿花栽培、タバコ産業以外に大きな産業はなく、人口100万人以上の都市も存在しないノースカロライナ州には、米国の伝統的なコミュニティが残っている。教育政策では、連邦政府の指針を比較的肯定的に受入れ、州の教育政策として展開する傾向が強い「優等生」的な州でもある。

　1980年代のノースカロライナ州は、全米平均はもとより、南東部の平均よりも学力水準の低い州であった。しかし、全米で教育知事として知られるJ・ハントの教育改革を契機に、2000年代以降は社会経済的条件のきびしい住民が多い南部州であるにもかかわらず、全米学力調査第8学年の読解では全米水準、数学では全米平均を上回るようになった。同知事は、1983年に上梓された『危機に立つ国家』を契機に、テキサス州やケンタッキー州などに続き、経済界や市民団体と協働して、それまで各学区に任せてきたカリキュラムに介入して標準化を進めた。90年代に全米的に進められた「スタンダードに基づく改革(Standards-based Education Reform)」の一環といえよう。このときの一連の新しい教育政策の核心は、「公教育ABCs(The ABCs of Public Education)」という政策枠組みで、1996年から実施された。その内容は、(A)アカウンタビリティの重視、(B)基礎教科の重視、(C)意思決定の学校現場化であった(Public Schools of North Carolina, 2006)。

　特に(A)アカウンタビリティについては、納税者から子どもたちの学力向上が強く期待されているとし、教育評価が積極的に実施されてきた。すなわち、1995年に読解と算数・数学の州共通テスト(第3〜8学年)、作文の評価(第4〜7学年)、コンピュータスキルの評価(第8学年)、2007年には理科の州共通テスト(第5〜8学年)が導入された。高校レベルでも、数学、国語、科学、社会科の細分化された10の教科でコース終了後にテストによる評価がなされている。

　読解と算数・数学テストの結果を評価するために、ノースカロライナ州では、独自の学力成長モデルが開発されてきた。それは、あたかも幼児の身長や体重の標準値をもとに成長の程度を予測するように、学力成長曲線を学年別に予測

し、児童生徒や学年コーホートの学力成長のベンチマークとするものである。ハント知事は、予想を超えて学力が成長した学校の教員全員にボーナスを与えるメリット・ペイも導入した。ボーナスの支給については賛否が分かれたものの、児童生徒の成績の「成長」にもとづいて学校を評価するシステムは納得性の高いものとして受け止められた。その後、ボーナスは次第に減額され、結局は廃止されるのであるが、学力が伸長した学校を顕彰する州独自の制度は残っていく。

(2) NCLB法にもとづく学力不振校への支援と罰則措置

このように州独自の「スタンダードにもとづく改革」が推進されるなかで、ノースカロライナ州は、NCLB法にもとづく連邦政府の介入を受けることとなった。NCLB法は、州教育スタンダードにもとづく州共通テストの導入と、テスト結果にもとづく学校評価を義務付けるものであった。この連邦指針に「優等生」としてしたがったノースカロライナ州において、NCLB法はどのように展開し、いかなる成果と課題が浮き彫りになったのだろうか。

NCLB法には目標の実現に向けた「飴」と「鞭」が用意されている。「飴」にあたるのが、前述した初等中等教育法タイトルⅠ事業に対する補助金である。私たちが訪れたノースカロライナ州のある学校では、年間約8万ドルの補助金を受け取っていた。補助金の使途は各学校に任されているが、多くの学校では、タイトルⅠティーチャーとよばれる教員の雇用、コンピュータ教材の購入、教員の研修等にあてられている。

「鞭」にあたるのは、アカウンタビリティ要件が果たせない学力不振校に対するきびしい罰則措置である。ノースカロライナ州ニューハノーバー郡の社会経済的困難地域にあるディー・シー・バーゴ中学校（D. C. Virgo Middle School）は、適正年次進捗度を下回る低いパフォーマンスが続き、第一段階の「学校改善」措置（生徒に学校選択の機会を提供することや補習教育サービスの提供）、第二段階の「是正」措置（スタッフの配置換え、新しいカリキュラムの導入、学校の管理権限の縮小、外部専門家の任命、学年暦・学校日の延長、学校内部組織の再編）がなされても改善しなかったため、第三段階の「学校再編」に位置づけられ、2011年に閉鎖された。1年後の2012年に校長と教員は総入れ替えされ、名前もディ

ー・シー・バーゴ準備アカデミー（D. C. Virgo Preparatory Academy）と改名され、まったく新しい学校として再出発した。学校評議会には新たに教育専門家である大学教員が加わり、郡の教育委員会のスタッフとともに構想を練った。そして学校の目的とカリキュラムも新規に整備され、生徒全員にタブレットを配布し、それを用いたICT教育を核に学力向上を目指す学校に生まれ変わろうとしていた。また、地域住民に対する説明会もたびたび開かれ、地域の理解と支援が得られる配慮も行われた。

　こうしたNCLB法の枠組みに対応すべく、ノースカロライナ州では、すべての児童生徒が2014年までに州共通テストで「優秀」または「習熟」に到達できるように、他の州と同様に3年単位の適正年次進捗度（AYP）の計画が立てられた。具体的には、読解テストで「優秀」「習熟」に到達する生徒比率の目標値を2007～2009年には43.2％、2010～2012年には71.6％、2014年には100％と定めた。このシステムは、生徒や学年コーホートの学力成長曲線を予測して、ベンチマークに照らして取組を評価する従来のシステムとは異なり、3年ごとに目標のハードルが高まっていく過酷なシステムであり、多くの教員を苦しめることとなった。

　なお、NCLB法では州共通テストの結果を州、学区、学校の各レベルについて人種・民族、所得、障害、言語等のサブグループごとに公表することが義務づけられており、しかも各グループに所属する95％以上がテストに参加していなければならないとされている。そして、すべてのサブグループで適正年次進捗度を上回ることが求められている。しかしながら、学力に困難を抱える児童生徒は複数のサブグループに属していることが多いため、適正年次進捗度を二重三重に引き下げることになり、学校評価の結果に過度に影響を及ぼしていることが明らかになった。この構造的不備はNCLB法の課題として認識され、2012年の大統領令によるNCLB法回避措置（NCLB Waivers）が制定されて学力不振校への罰則措置の適用免除が可能になった際に、サブグループ一律の目標設定が柔軟化され、問題は解消されることになった。

　NCLB法は、どのように受け止められてきたのだろうか。初めに、ノースカロライナ州東部のブルンズウィック郡の教育委員会の担当者の反応からみてみよう。NCLB法の効用として、それぞれのコミュニティの学校改善に対する関

心が高まったこと、非白人生徒や経済的に恵まれない家庭の子どもたちの学力への関心が飛躍的に高まったことが異口同音に語られた。ただし、大学進学適正試験(SAT)の点数が上昇しているわけではなく、学力向上の効果については疑念が持たれていた。また、教育予算が削られていくなかで、放課後の補習サービス等を充実させる余裕がないこと、「要改善」校に通う児童生徒を保護者が他校に転校させようとしても、近隣の学校も「要改善」校化しているため、実質的に受入れ先がない問題点も指摘された(2010年9月28日訪問)。

　学校現場の反応として、多くの校長や教員は、学力データ導入の意義は認めるが、アカウンタビリティ圧力が強すぎるため、ともすれば学力データ指標である読解と算数・数学に教育が偏り、他の教科がなおざりになる課題が認識されていた。ニューハノーバー郡のリランド中学校(Leland Middle School)の教員は、これまでは教育実践の良否を感覚で語っていたのに対して、NCLB法以降はデータで語れるようになったと肯定的に捉えていた(2010年9月28日訪問)。しかしながら、同郡のキャッスル・ヘイン小学校(Castle Hayne Elementary School)の教員は、NCLB法にもとづく州共通テストでは、あまりにもスキルに焦点があてられ、深いレベルの読解や批判的・創造的能力など幅の広い能力への関心が弱いこと、特にトップクラスの子どもの潜在能力を伸ばすことについて深刻な問題があることを指摘している(2010年9月27日訪問)。

　また、同郡のレイチェル・フリーマン小学校(Rachel Freeman School of Engineering)の校長は、自分の学校が従来の州評価基準(ABCプラン)では州共通テストで児童生徒の学力成長が大きい「よい学校」と評価されていたが、NCLB法の適正年次進捗度の水準に達することができず「要改善」校とされてしまったため、州と連邦の評価方法のギャップに悩む時期が数年続いたという(2009年9月28日訪問)。この問題は、前述したNCLB法回避措置によって、州の評価方法に統一することが可能になったことで解消された。一方、リランド中学校の校長は、数年続いていた「要改善」状況を打破するために、手に負えない反抗的な子ども10人以上を近隣のオルタナティブ・スクールに転校させ、教員評価をきびしく行うことによって、学校全体のパフォーマンスを劇的に改善することに成功したが、教員との関係に大きな亀裂が生じたことを語ってくれた(2009年9月28日訪問)。

教員組合はNCLB法をどのように受け止めているのだろうか。全米教育協会(National Education Association of the United States：NEA)傘下のノースカロライナ教育者協会(North Carolina Association of Educators：NCAE)副委員長E・ロドニー氏は、NCLB法の精神に賛意を表しつつ、運用面と資金面の問題を指摘する。また、州共通テストだけではなく、授業の成績や教師の主観も勘案した複合的な評価にすべきこと、州のABCプランにもとづく評価は肯定できること等を言明した。もっとも、教員評価を給与に連動させることを前提とするRTTTに対しては、辛辣な批判を行った(2010年9月29日訪問)。

(3) RTTTの成果と教員評価をめぐる葛藤

ノースカロライナ州は、前述した六つの評価基準にもとづく選考の結果、4億ドルのRTTT補助金を獲得した。その行動計画書には、共通コア州スタンダーズに対応したカリキュラムの実施に向けて、1年目には「各地域の研修担当教職員2200名に対する研修の提供」「学力不振校の支援」「クラウドベースの指導改善システムの開発」、2年目には「教員および校長の新しい評価制度の実現」、3年目にはこれらの取組を学区レベルで浸透させることを掲げている。その進捗状況は、他州に比べて順調に執行されていると評価されているが、これは90年代に構築した「ABCプラン」が根付いている結果といえよう。

ノースカロライナ州は、獲得したRTTT補助金の半分を各学区に配分し、半分を州で受取っている。学校では学区から配分された補助金を授業時間の拡大、新たな教員の配置、指導研究チームの開発、コミュニティとの連携などに用いている。

「学力不振校の支援」で何が行われたのかみてみよう。ノースカロライナ州では、学力不振校(Turning Around North Carolina's Lowest-Achieving Schools：TALAS)は「優秀」「習熟」が6割未満の小中学校、および卒業率が6割未満の高校として定義され、州全体の2567校のうち5％にあたる計118校が指定された。これらの学校に対する州の支援としては、「学区改善コーチ派遣」「介入・支援システムの確立」「卒業支援コーチや学習支援チューターの活用」「データの活用」「保護者やコミュニティとの連携」「大学との協働」などが挙げられる。このうち、卒業支援コーチとは、学校に来ない児童生徒を家庭に行って連れて

来たり、対象となる子どもの詳細にわたる情報をもとに、学業面、生活面で支援を行ったりする教員である。学区によっては、この卒業支援コーチがリーダーとなって担任や校長を加えたチームを組織し、児童生徒を「問題なし」「気をつける必要があるが電話等での対応可能」「チームでの対応が必要」の3グループに分け、対応の必要な子どもたちに対して昼食時に補習をしたり、マイノリティの女性に対して自尊感情を高める取組を行ったりしている。RTTT補助金導入後の2009年から2012年にかけて、ノースカロライナ州の学力不振校は118校から108校に減少し、「優秀」「習熟」が6割未満の学校は111校から69校に減少している。また、ノースカロライナ州でも最もきびしい地域であるハリファックス郡の14校では、「優秀」「習熟」レベルの児童生徒の比率は37.2％から47％、高校卒業率も55％から76％に上昇している。学区教育委員会から学校に、校長経験などを持つ卒業支援コーチ、読解コーチ、算数・数学コーチなどを多く送り込んだ成果であるという。

　「教員評価」についてみると、ノースカロライナ州では、RTTTが導入される1年前の2008年に、非営利の教育調査組織McREL（コロラド州デンバー市）をパートナーとして、NCEES（North Carolina Educator Evaluation System）とよばれる新しい教員評価が作成されていた（高橋、2012）。能力開発型システムであるNCEESでは、「リーダーシップの発揮」「児童生徒の多様性が尊重される環境作り」「教授内容の知識」「児童生徒の学習の促進」「実践の省察」の五つの基準が設定されていたが、RTTT補助金獲得の要件である「校長と教師の成果評価による力量形成」事項がふくまれていないことが指摘され、2011年に「児童生徒の成長にどれだけ教員が貢献したか」という六つ目の基準が加えられた。この教員評価は給与と連動しているが、「学力成果」の比重が教員評価全体の2分の1に達する州もみられるなかで、6分の1に留められているノースカロライナ州のシステムを、かなり抑制的と評価する声も教育関係者の間から挙がっていた。

　児童生徒の成長を教員評価の基準とすることに対しては、技術的課題と実効性の課題が指摘されている。技術的課題とは、欠席や転学によって生じる欠損値をふくんだ児童生徒の経年データを教員の現在の評価にどう結びつけるか、理科や社会の評価をどのようにするのか、音楽・美術・体育などのテストのな

い教科の教員評価をどのように行うかという問題であり、ポートフォリオ評価を組み込んだ評価のあり方が検討されている。実効性の課題とは、評価制度ができたとしても、運用面で徹底しない可能性があるという問題である。たとえば、教員が赴任したがらない貧困地域や都市から地理的に離れた地域の学校では理科や数学の教員が払底しているが、努力して教員を集めたとしても、教員評価が徹底して低い結果になった場合、転出してしまう可能性が高い。また、教員評価を給与に連動させる考え方は、報酬によって教員が動かされることになり、本当に子どもを育てようとする志の高い教員に対しては失礼なシステムであると感じている教員も多い。このような教員評価システムは、協働を前提とする学校の組織文化に打撃をあたえ、成果は教員個人のパフォーマンスによって得られるものであるとする個人主義的な考え方を助長するとして、教員組合からも批判されている。

　州が受取ったRTTT補助金の半分と学区へ配分された資金の大きな部分は、システムの構築に支出されている。学区ではその一部をデジタル教材の購入や児童生徒データシステムの構築に用いている。州では州・学区の情報インフラの統合に多大な資金を投じている。さらに州共通テストのオンライン実施に対する準備にもあてられている。このようにみると、RTTT補助金の多大な部分は、ICT企業へ流れているといえよう。このことに対する批判は、教員組合や多くの教員から出されている。

　ノースカロライナ州では、2013年の州知事選挙で共和党の新たな知事が誕生し、2018年までに現在雇用されている終身雇用教員の75％の終身雇用権(テニュア)を廃止するという政策が打ち出された結果、大きな政治的葛藤が生じている(Charlotte Observer, 2014年5月27日)。この大きな変動の背景には、正規の教員免許状、学士号、教科適性を有する「優秀教員(Highly Qualified Teachers：HQTs)」を主要教科に配置することを求めるNCLB法の規定にもとづいて、終身雇用権を持つ現職教員の身分の見直しが、RTTT補助金獲得に向けた準備作業のなかで実行されていた経緯がある。

6 ニューヨーク市——「実験場」における 2002～2013 年

(1) 2002 年改革前夜のニューヨーク市

　全米最大の学区であるニューヨーク市は、いつの時代にも教育改革の「実験場」として、全米の注目を浴びてきた。とりわけ、2002 年に通信会社社長で大富豪の M・ブルームバーグが市長に就任してからの 12 年間には、連邦レベルでも強い影響力を持つゲイツ財団やカーネギー財団を始めとする慈善団体からの巨額の寄付金を背景に、強力な市長統制の下で、いわば連邦イニシアティブを先取りした企業型の改革が断行された。その指揮をとったブルームバーグ市長は、教員組合と一部のリベラル派から厳しい批判を受けながらも、歴代市長のなかで最も人気の高い市長として、3 期にわたって市民から支持されてきた。その背景を理解するために、改革前夜の市の状況を概観してみよう。

　世界的な不況に見舞われた 1920 年代末から 1940 年代は、ニューヨーク市公立学校システムの黄金時代と呼ばれている。経済不況への対策として支給された巨額の連邦補助金による学校の新設と教員の増員、雇用喪失による優秀な人材の教職流入、移民の減少による公立学校の教育課題の軽減によって、学力水準は全米平均を上回るようになり、特に公立エリート・ハイスクールの優秀性が全米的に称賛されるようになった (Ravitch, 2000)。ブルームバーグ市長のもとで教育長を務めた J・クラインも、この輝かしい時代の名残をとどめる 1950 年代に、同市の公立学校で学んだ一人である。

　ところが、その後の南部黒人とプエルトリコ人の大量移住によって、公立学校は児童生徒数の増加、文化摩擦、学力不振の問題に見舞われるようになった。多様化する児童生徒のニーズに公立学校システムが適切に対応できていないと主張する保護者の訴えに応えて、1966 年に手がけられた実験学区における教育の民衆統制の取組 (黒人の生徒が通う学校をその地域の住民と保護者が学区教育委員会の統制を離れて自主的に管理運営しようとする動き) が失敗に終わると、32 のコミュニティ学区から構成される新体制が敷かれ、コミュニティ学区教育委員会に初等・中等学校の管理運営の権限が委譲された。ただし、ニューヨーク市 (学区) のレベルにも教育委員会が維持され、法令・規則に違反したコミュニテ

ィ学区教育委員会を廃止したり、委員を罷免したりすることをふくむ強力な権限が教育長に与えられた。教育長の権限は、1996年の法改正でさらに拡大され、コミュニティ学区教育長の任免、学力不振校の学校長の任免もふくむものとなった。

　このように、32コミュニティ学区という分権的な行政単位を保ちながらも、強力な権限を持つ教育長による集権体制がとられていた改革前夜のニューヨーク市公立学校システムでは、ますます多様化する児童生徒のニーズに対応できない状況が手つかずのまま、学力不振の問題が恒常化していった。制度的対応が停滞するなかで、この深刻な事態に立ち向かおうとしたのは、一部の教育者や保護者であった。1970年代には、学区の法令・規則の適用の免除を申請できる「学校単位の選択(School Based Option)」制度を利用して、公立学校のなかに選択制の「学校のなかの学校」を設置する草の根の動きが広がった。D・マイヤー校長率いる第4コミュニティ学区のセントラル・パーク・イースト中等学校(Central Park East Middle School)(選択制)では、生徒一人ひとりが尊重される親密な学習環境を実現することを通して、学校全体としての学力向上に成功した。その実績は高く評価され、学区規模で学校選択制が導入される礎となった(Teske, et. al., 2000)。

　1990年代には、特色ある選択制の学校の設置と管理運営に、民間組織が参画する取組が、ニューヨーク市によって手がけられた。市は財団から獲得した寄付金を利用して民間組織の教育支援を組み込んだ新しいタイプの小規模校の設置に取り組み、徐々に増設していった。この時期に構築された市と民間組織のパートナーシップ関係が、ブルームバーグ時代の取組を下支えしていることを見過ごすことはできない。さらに、1998年にはニューヨーク州チャーター・スクール法が成立したことによって、州・学区の法令・規則の適用を免除された、公費によって運営される特色のある選択制のチャーター・スクールも登場した。人種統合を目的として導入された特色ある学校としてのマグネット・スクール、英語能力が不十分な新しい移民、10代の親、ホームレス等の「危機的状況にある」児童生徒に特別の教育措置を講ずるオルタナティブ・スクール等も合わせると、改革前夜のニューヨーク市には、かなり多彩な学校の選択肢が準備されていたといえる。

こうした特色ある選択制の学校が拡大するには、共通テストの導入によるアカウンタビリティ指標の確立が不可欠の要件であったことを強調しておく必要がある。学校の自由裁量権の拡大と引き換えに、市は学校に対して、教育の成果を挙証することを一貫して要求してきた。ニューヨーク州は、NCLB法に先立つ1996年に州カリキュラム基準を策定して州共通テストを導入したが、ニューヨーク市では、特色ある選択制の小規模校を推進していく要件としてもアカウンタビリティが重視されてきたのである。

(2) 2002年改革——公立学校システムの企業型経営

　ブルームバーグ氏が第108代ニューヨーク市長に就任したのは、米国同時多発テロ直後の2002年元旦だった。新市長は教育長に弁護士のJ・クラインを任命し、公立学校システムの経営に着手した。ブルームバーグ・クライン体制が志向する、現場への権限委譲(規制緩和)とアウトカム(学力向上)による管理にもとづく企業型経営は、NCLB法で目指されてきた、学校の自由裁量権の拡大とアカウンタビリティ要請の強化と理念を同じくしている。その意味で、ニューヨーク市教育改革は、NCLB法を一層鮮明な形で遂行するものと位置付けることができよう。ここでは、その特徴を整理してみよう。

　ブルームバーグ市長は、児童生徒の学力向上という目標に向けた行動計画(Children First)を打ち立てて、トップダウン型の教育行政組織への再編に取り組んだ。第一に、2002年に州法改正を受けて7人制から13人制に改正された学区教育委員会を、権限を持たない教育長の諮問機関「教育政策パネル(Panel for Educational Policy)」に改めた。第二に、32コミュニティ学区を10地域に再編統合し、各地域の初等・中等学校を監督する地域教育長を指導主事の直属、地域財務担当者を行政主事の直属とすることで、教育行政の効率化と経費削減を図った。32コミュニティ学区教育委員会は、権限を持たない教育長の諮問機関「地域教育カウンシル(Community School Council)」に改め、保護者の意見を吸い上げる装置と位置付けた。第三に、学校長を各学校の最高責任者として位置付け、教育リーダーシップを育成するための研修制度(Leadership Academy)を開設した。

　こうした「効率的」な経営体制のもとで、学力向上目標に向けて成果が上が

らない学校に対しては、教育委員会から技術支援が提供される。しかしながら、それでも改善が見込めない場合には、廃校をふくめた罰則措置が取られる。その判断を行う資産計画担当副教育長(Deputy Chancellor of Portfolio Planning) M・スターンバーグ氏は次のように語った。「学校は特定の地域の資産(asset)なのではなく、学区全体の資産である。うまくいっていない学校は改善したり廃止したりして、資源を有効に活用するのが学区全体の利益になる」(2012年12月12日訪問)。

　ブルームバーグ・クライン体制の教育政策の特徴は、高校改革に最も鮮明に見ることができる。高校卒業水準の引き上げが全米的なアジェンダとなるなかで、高校を4年間で卒業する比率は49.1％、州高校卒業資格(Regents Diploma)を得て卒業する比率は33.7％(2002年)というニューヨーク市の実態は、早急に改善すべき喫緊の課題とみなされ、特色ある選択制の小規模校の設置という、1990年代に実験済みの手法で高校教育の組織的改善に取り組んだのである。米国の高校は一般に、「学業」「一般」「職業」トラックをふくむ進路多様型コンプリヘンシブ・ハイスクールとして編成されており、生徒数が4学年で2000人を超える大規模校も珍しくない。しかしながら、生徒属性が著しく多様なニューヨーク市では、大規模校では生徒一人ひとりの教育ニーズに十分に応えることはできない。そうした問題意識から、財団等の寄付金を利用して、高校生に州卒業試験5科目に合格させ、州卒業資格を持って卒業させることを目指す「新世紀ハイスクール(New Century High Schools)」の創設が手がけられた。1学年100名程度の親密な学習環境を構築することで生徒の教育ニーズにきめ細かく対応するとともに、地域の大学、社会教育施設、企業、地域支援センターなどの民間組織との教育パートナーシップにもとづいて、生徒にとって魅力的な教育方法を準備する方針がとられた。そのために、高校と民間組織の連携をコーディネートするとともに、カリキュラム開発や生徒データ管理システム開発等の教育支援を行う民間仲介組織(たとえば、New Visions for Public Schools)が配置された。高校側の発意を前提とするこの取組は、初年度の2002年に開設された17校から、2007年には242校へと急速に拡大した。

　こうした取組は功を奏したのだろうか。図5で人種・民族グループ別の高校卒業率の推移に注目すると、2000年代を通じて、ニューヨーク市の高校卒業

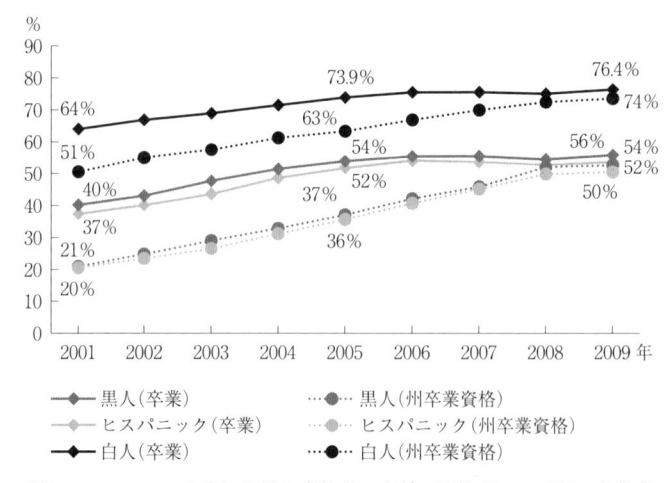

図5 ニューヨーク市における高校生の人種・民族グループ別の卒業率
（州卒業資格あり・なし）
出典：NYCDOE, 2014b にもとづいて作成.

率は緩やかに上昇している。このことで人種民族間の教育格差が縮小したわけではないが、特筆すべきはどのグループでも、高校生が州卒業資格を持って卒業するようになってきている点である。ニューヨーク市では卒業に必要な44単位を取得すると高校を「卒業」することができるが、州高校卒業資格試験にも合格しなければ「州高校卒業資格」を取得することはできない（5教科の試験55点以上で「一般」、科学（物理と生物）・数学・外国語の試験65点以上で「上級」）（NYCDOE, 2014a）。したがって、2000年代を通じて、ニューヨーク市の高校生は大学に進学できる資格を獲得するようになったということができる。このことは、高卒後のライフ・チャンスの観点からは、極めて重要な成果であったといえよう。

　ニューヨーク市は、新世紀ハイスクールの成功を高く評価し、2007年からは学区全体で組織的に取り組む方針に転換した。すべての高校に民間の連携支援組織（Partnership Support Organization）と契約するための予算を配分し、利用を義務付けた。さらに、既存の大規模校のうち学力不振校については、複数の小規模校に解体・転換する取組が展開されている。そのなかには、ニューヨーク市公教育システムの黄金時代を飾った伝統あるハイスクールもふくまれており、

地域社会に強い衝撃を与えている。当然ながら、必ずしも高校側の発意にもとづかない大規模な取組の効果は一様ではなく、その成果と課題は今後見極める必要がある(Rogers, 2009)。

(3) RTTTの成果と教員評価をめぐる葛藤

ニューヨーク市版 NCLB 法といっても過言ではないブルームバーグ市長の企業型経営は、12年間にわたって市民に基本的に支持されてきたものの、賛否両論をふくんできたのも事実である。ニューヨーク州が獲得した RTTT 連邦補助金をめぐる教育現場の反応を、共通コア州スタンダーズおよび教員評価制度の導入に焦点を当てて検討してみよう。

ニューヨーク州は、RTTT 補助金に申請するにあたり、「共通コア州スタンダーズおよび PARCC テストの採用」「IRIS(Instructional Reporting and Improvement System)教育データシステムの開発」「APPR(Teacher and Principal Annual Professional Performance Review)の導入」「学力不振校の抜本的改善」を柱とする行動計画書を提出し、非常に高い評価を得て、7億ドルの補助金を獲得した。

まず、「共通コア州スタンダーズおよび PARCC テストの採用」についてみてみよう。ニューヨーク市では、2014年度からの共通コア州スタンダーズの導入に先駆けて 2010 年より、教育委員会のホームページを通して積極的に情報提供してきた。基準の中身と理念についての説明、導入に伴う指導方法の変化、英語能力が不十分な児童生徒のための補助教材、教員研修機会の提供等に関する情報が、わかりやすく示されている。先述した New Visions を始めとする民間の連携支援組織では、指導方法に関する研修プログラムも提供されている。

共通コア州スタンダーズの導入を、教育現場は概ね好意的に受け止めていた。たとえば、児童の 77.9% が黒人・ヒスパニック系、全員が昼食費減免措置を受けているセントラル・パーク・イースト第二小学校(Central Park East II Elementary School)(2012年12月11日訪問)(**本章扉写真**)の校長は、共通コア州スタンダーズについて「より深く、広いアイディアで設計されている」と評価し、算数については基準に沿った授業研究を実施する一方で、従来から力を入れてきた英語リテラシーについては、これまで通りの指導体制を踏襲する判断を下し

ていた。また、生徒の98％がヒスパニック系、93％が給食費減免措置を受けているデュアル・ランゲージ中等学校(Dual Language Middle School)(2012年12月14日、2013年5月13～16日訪問)の校長は、2013年に試験的に実施された新テストについて、「私たちは3年間共通コア州スタンダーズをみてきたから、何がテストに出るかはわかっていたし、児童生徒たちもよく準備できていたと信じている」と語った。同校の教員も、新テストが「生徒にかなり多くのことを期待し、時間が足りない生徒もいたようだったが、素晴らしい内容だった」と高く評価している。

一方、共通テスト自体を否定する立場から、共通コア州スタンダーズを批判する声も聞かれた。中間層の家庭が比較的多い地域にあり(児童生徒の給食費減免率は66％)、専門性の高い教員(3割以上が修士号以上)と保護者の連携のもとに、創造性や自主性を重視した教育を展開するアース・スクール小学校(The Earth School)(2013年5月10日訪問)の校長は、物語よりも説明文を重視する共通コア州スタンダーズを「小さい子どもの創造性や好奇心を育てるようなものになっていない」と否定し、「NCLB法もRTTTも、テストの点数だけで子どもたちを評価している」と批判した。2013年に試験的に実施された新テストでは、同校で対象となった児童の約3分の1が受験拒否したことから、共通テストに否定的な考え方は、児童や保護者にも共有されているとみることができる。

つぎに、「APPRの導入」についてみてみよう。APPRは、ニューヨーク州の知事、教育長、教員組合(New York State United Teachers)の間で2012年2月に合意された教員評価の枠組みであり、従来の教員評価を2段階から4段階に細分化するとともに、評価基準を、授業観察(60％)、州共通テストの成績(20％)、州が認可するなかから学区が定めるその他の学力テストの成績(20％)と規定するものであった。教員組合のC・イアヌッジー代表は、APPRを学力テストの結果に過度な比重を置くものではなく、教員評価の目的が教員の力量形成であることを確認するものであると評価している。ニューヨーク市の教員組合(United Federation of Teachers)のM・マルグルー代表も、不服申し立ての手続きを盛り込むことを条件に、州の方針にもとづく市の教員評価制度の策定について、市長と協議に入ることに合意した(Governor's Press Office, 2012)。

州政府は、こうした合意を踏まえて、各学区に対して、2013年1月を期限

に、APPR に沿った教員評価制度を策定するよう要請し、ほぼすべての学区がこれに応じた。ところが、ニューヨーク市では、教員による不服申し立ての条件をめぐってブルームバーグ市長とマルグルー組合代表の間で交渉が決裂し、州政府の設定した期日までに市が制度案を提出することができなかったことから、州政府から配分を受ける予定であった RTTT 補助金 2 億ドルおよび学力不振校改善のための州補助金 2.5 億ドルを放棄することとなった。

こうした事態に対して、ニューヨーク市立大学ハンター校教育学部長で、ニューヨーク州の前教育長(2009～2011年)の D・スタイナー氏(2012年12月14日訪問)は、組合の立場をきびしく批判した。そして、ニューヨーク市の 7.5 万人の公立学校教員のうち、数名の不適格教員を教育現場から退けるために、何年もの時間と労力が費やされている現状を指摘し、新しい教員評価制度はこの手続きに客観的資料を与えるものであって、大多数の教員を苦しめるものではないと説明した。

対照的に、ニューヨーク大学教授(教育史)の D・ラビッチ氏(2012年12月10日訪問)は、州共通テストが実施されているのは読解・数学・理科などの一部の教科に限られているにもかかわらず全教員の評価に利用されること、前年度の児童生徒集団と今年度の児童生徒集団は一致しないにもかかわらず学力の伸びが問題にされていること等の制度設計上の問題点を指摘した(Ravitch, 2011)。

教育現場の教員からは、この新しい教員評価制度が、意図せぬ弊害をもたらす危険が指摘された。たとえば、前述したデュアル・ランゲージ中等学校の校長は、学校選択制がとられている既存の制度的枠組みの下では、深刻な学力困難を抱える児童生徒が多数を占める学校と、それほどでもない学校に分かれてきているのが現状であり、児童生徒の成績で教員が評価されるようになると、前者に勤める教員は適切な評価を得られず不利益を被る可能性があると訴えた。前述したアース・スクール小学校の校長も、教育活動の成果のほんの一部を捉えるに過ぎないテストの成績で教員を評価することが、教員に不当なプレッシャーを与えることを危惧した。また、同校の教員は、新しい制度では、障害を持った子どもたち等のために働くことの意義が見過ごされてしまうのではないかと問いかけた。

結局、ブルームバーグ市長の任期満了退任(2013年12月)後の 2014年9月に、

ニューヨーク市の教育評価制度案は州政府に承認された。この教員評価制度では、評価指標として児童生徒の学力テストの結果ではなくルーブリック（評価の観点と水準を明記した表）を採用することが「暫定的」に承認されたが、そうした方法の妥当性と信頼性を今後慎重に吟味する必要性が指摘された。

7　学力格差是正策の効果はあったのか

（1）ノースカロライナ州とニューヨーク市の事例から導かれる全体像

　近年の米国における学力格差是正策は、2002 年の NCLB 法から 2009 年の RTTT へと展開し、2012 年の NCLB 法回避措置に象徴される試行錯誤の段階に入っている。これら連邦政府による教育政策が縦糸であるとすれば、各州・学区のそれへの対応や独自政策は横糸であり、これらが相俟って全体像を形作っている。本章ではノースカロライナ州とニューヨーク市という、特徴がまったく異なる 2 地域を選ぶことによって、米国の学力格差是正策を立体的に明らかにしようとした。

　連邦政府は、「飴」と「鞭」を伴う強力な政策誘導型の補助金を用いて共通コア州スタンダーズと教員評価システム等の導入を促し、学力向上と格差是正を目指してきた。その取組は賛否両論をふくむ教育論争を喚起し、学校現場を大きく変容させてきた。しかしながら、全米規模で著しい効果をもたらしてきたかというと、必ずしもそうとはいえない。先に述べたように、2000 年代を通した米国の学力傾向は、注目する指標によって異なっており、知識の活用力に重点が置かれている PISA の得点は不安定に上下しており、教育課程の習得度に重点が置かれている TIMSS/NAEP の得点は緩やかな上昇傾向にある（図1）。

　全米規模で比較可能な全米学力調査にもとづいて学力格差の動向に注目してみると、白人の中・高所得層の学力は依然として圧倒的に優位であり、黒人やヒスパニックの低所得層の学力はこれまでと同様に低位にあるものの、黒人やヒスパニックの中・高所得層は白人の低所得層に迫り、追い抜く傾向を見て取ることができる（図3）。そして、同様の傾向をノースカロライナ州でも確認することができる（図4）。現地調査からは、RTTT 補助金による卒業支援コーチの導入と学力不振校の激減、とりわけ経済的困難を抱えたハリファックス郡に

おける効用を確かめることができた。ニューヨーク市では、白人の低所得層の学力が比較的高く、黒人やヒスパニックの中・高所得層が追いついていない状況がみられるが、黒人やヒスパニックの低所得層の高校生が大学進学に有利な州卒業資格を持って高校を卒業できるようになってきている点は、同市で進められていた高校教育改革の重要な成果とみることができよう(図5)。

総じて、学力格差是正策の横糸である各州・学区の独自政策では部分的成果がみられるが、縦糸である連邦政府の施策の効果は緩やかな程度に留まり、全体として目覚ましい結果が出ているとは言い難い。しかしながら、これら一連の改革はまったく意味がなかったのかというと、私たちはそう思っているわけではない。何よりも、これまで社会経済的に不利な状況にある児童生徒の「補償教育」の枠組みで捉えられてきた学力問題が、すべての子どもの問題として、連邦・州・学区の各レベルにおいて、政策課題の中心に据えられるようになったのはNCLB法以降のことと思われる。また、子どものパフォーマンスに対して学校や教員は責任を負っており、成果が出たかどうかによって、その力量が評価されるべきであるとする考え方が普及したことによって、ともすれば子どもに何を提供したのかというインプットのみを重視した学校や教員の自己満足的な考え方に反省をも促したことは評価できよう。さらに、学校教育を改善するための客観的情報の重要性についての認識が高まったことによって、教育データとその測定技術の高度化、特に、児童生徒の「伸び」に焦点を当てる学力成長の評価方法の開発が進展し、今後も成果が期待される。

(2) 日本への示唆

米国におけるNCLB法やRTTT等の一連の教育政策は、顕在的にも潜在的にも複数のねらいを持っている。子どもたちの学力向上による米国の競争力の強化、人種や文化や経済力による学力格差の是正による機会と結果の平等化、州間の学力や達成基準の標準化による連邦政府のガバナンスの改善、成果主義とそのベースとなるデータによる効率的な政策決定・浸透の容易化等々がその内容として挙げられよう。

これら一連の教育施策は、州共通テストを基礎的データとしている。また、それぞれの州や学区では、年に1度の州共通テストに加えて、独自の方法で児

童生徒の学力をモニターし、それをデータベースに加えていくことも多い。教育指導の面では、それらのデータの詳細な分析を行うことによって、子どもたちはどの教科のどの部分でいつ行き詰まったのか、それらの問題の傾向はどうか、ということが瞬時にわかるシステムを構築しようとしている。他方、学校施策の面では、児童生徒の学力のモニタリングと学力成長のベンチマーキングを行い、成果があがった学校や学区には報償を、成果があがらなかった場合は制裁を与えるものである。資源の潤沢な投入という「飴」と厳しい制裁措置である「鞭」を用いるこれら一連の施策は、工場生産の品質管理や企業型経営システムに類似している。言い換えると、米国の教育は、巨大な情報産業に向かって進んでいるように思われる。

しかし精緻なデータの集積とその分析にもとづく意思決定には、効率性というメリットがあると同時に、大きな代償が払われていることにも注意しなければならない。すなわち、測定しやすい学力の側面に注目することによって、意欲や好奇心などの測定し難い学力の側面をなおざりにしてしまう可能性を無視できないからである。また、子どもが学習する真の喜びは、テスト結果で褒められるなどの外的報酬ではなく、学ぶこと自体になければならないとする考え方も大切にしなければならない。このことは、教員の評価についてもいえよう。このような成果主義と企業型経営は、米国の教育をどのような方向に導くかを注視しなければならない。なぜなら、学校で扱うのは製品ではなく、主体性を持った人間であるからである。イリノイ州で高校の校長や郡の教育委員長をつとめた経験を持つR・デュフォーはNCLB法を批判し、「教えることから学ぶことへ」「賞罰を与えるための評価から情報とやる気を生み出すための評価へ」「孤立から協働へ」「外部での研修から日々の仕事に着目した学習へ」といった学校の組織文化の変革こそ必要であると述べている(DuFour, R. et al, 2008)。この指摘は、今日の米国の教育の課題と解決の方向性を適切に示しているように思われる。大規模な共通テストにもとづく生徒、学校、学区、州、さらには教員の評価が教育のすべてを支配するものになれば、それぞれ地域環境の違う学校の教育を標準化し、結果的に学校独自の創造的な教育を阻む要因になる可能性があることは否めない。生徒にやる気と興味を与え、教員同士が子どもの成長を目指して互いに支え合う教育体制が何より求められていることが、米国の

経験を通して日本が学び取らなければならないものであると思われる。

参考文献

Charlotte Observer, 2014, *Teachers get higher pay but give up tenure in NC Senate GOP plan*（Posted: 27 May, 2014）. Available at: http://Charlotteobserver.com/2014/05/27/4936780/teachers-get-higher-pay-but-give.html#.VDp2DSFxmRs#storylink=cpy.［Accessed: 20 March, 2014］

Common Core State Standards Initiative, *Preparing America's students for success*. Available at: http://www.corestandards.org/［Accessed: 20 March, 2014］

DuFour, R. et al., 2008, *Revisiting Professional Learning Communities at Work*, Solution Tree.

Governor's Press Office, 2012, *Governor Cuomo Announces Agreement on Evaluation Guidelines That will make New York State a National Leader on Teacher Accountability*. Available at: http://www.governor.ny.gov/press/02162012teacherevaluations.［Accessed: 10 October, 2014］

村上尚久(2013)：「オバマ大統領の教育改革」『文部科学教育通信』第327〜330号。

NCES, *National Assessment of Educational Progress（NAEP）Data Explorer*. Available at: http://nces.ed.gov/nationsreportcard/naepdata/dataset.aspx［Accessed: 10 October, 2014］

NCES, *International Data Explorer(IDE) TIMSS & PISA*, Available at: http://nces.ed.gov/timss/idetimss/; http://nces.ed.gov/surveys/pisa/idepisa/［Accessed: 10 October, 2014］

NCES, 2013, *The Nation's Report Card 2013 State Snapshot Report*. Available at: http://nces.ed.gov/nationsreportcard/subjectareas.aspx［Accessed: 10 October, 2014］

NCES, 2012a, *Numbers and Types of Public Elementary and Secondary Schools from the Common Core of Data: School Year 2010-11*. Available at: http://nces.ed.gov/pubs2012/pesschools10/tables/table_02.asp［Accessed: 20 March, 2014］

NCES, 2012b, *Digest of Education Statistics 2012*. Available at: http://nces.ed.gov/programs/digest/2012menu_tables.asp.［Accessed: 10 October, 2014］

NCES, 2011, *The Nation's Report Card: Mathematics 2011*. Available at: http://nces.ed.gov/nationsreportcard/pdf/main2011/2012458.pdf［Accessed: 20 March, 2014］

NYCDOE, 2013, *New York City Results on the 2013 Trial Urban District Assessment (TUDA) Reading & Mathematics 4th and 8th Grade State and National Release*. Available at: http://schools.nyc.gov/NR/rdonlyres/102DCC35-7F3E-4159-B093-9018D537782C/0/2013NAEPReleaseDeck8714.pdf.［Accessed: 10 October, 2014］

NYCDOE, 2014a, *High School Academic Policy Reference Guide*. Available at: http://schools.nyc.gov/NR/rdonlyres/27BF8558-B895-407A-8F3F-78B1B69F030A/0/AcpolicyHighSchoolAcademicPolicyReferenceGuide.pdf［Accessed: 10 October, 2014］

NYCDOE, 2014b, *Cohorts of 2001 through 2009（Classes of 2005 through 2013）Graduation Outcomes*. Available at: http://schools.nyc.gov/Accountability/data/GraduationDropoutReports/default.htm［Accessed: 10 October, 2014］

Public Schools of North Carolina State Board of Education Department of Public Instruction, 2006,

The ABCs of Public Education. Available at: http://dpi.state.nc.us/docs/accountability/reporting/abc/2005-06/abcsbrochure.pdf [Accessed: 20 March, 2014]

Ravitch, Diane. 2000, *The Great School Wars: A History of the New York City Public Schools*, Baltimore: The Johns Hopkins University Press.

Ravitch, Diane. 2011, *The Death and Life of the Great American School System*, Paperback Edition in Basic Books.

Rogers, David. 2009, *Mayoral Control of the New York City Schools*, New York: Springer.

高橋哲(2012):「NCLB法制化の連邦教育政策と教員の身分保障問題」北野秋男・吉良直・大桃敏行編著『アメリカ教育改革の最前線——頂点への競争』学術出版会、145-160頁。

Teske, P., Schneider, M., Roch, C. and Marschall, M. 2000, "Public School Choice: A Status Report." In Ravitch, D. and Viteritti, *City Schools: Lessons From New York*, Baltimore: The Johns Hopkins University Press, pp. 313-338.

Urban, Wayne. and Wagoner, Jennings. 2000, *American Education: A History*, Second Edition, Boston: McGraw-Hill.

U.S. Census Bureau, 2013, *Public Education Finances: 2011*. Available at: http://www2.census.gov/govs/school/11f33pub.pdf [Accessed: 20 March, 2014]

USDOE, 2013, *Race to the top: North Carolina report Year 2: School Year 2011-2012*. Available at: http://www2.ed.gov/programs/racetothetop/performance.html [Accessed: 30 March, 2014]

USDOE, 2009, *Race to the Top Program Executive Summary*. Available at: https://www2.ed.gov/programs/racetothetop/executive-summary.pdf [Accessed: 10 October, 2014]

執筆分担
3、5、7節は米川、1、2、4、6節は深堀が執筆した。

第2章
オーストラリア
先住民の社会的包摂をめざす取り組みにみる
学力格差是正策の特徴

†

山田哲也・志田未来

Orchard Valley 高校の生徒たちの作品．下の図柄模様の絵画とマスクはアボリジナル・アート．

1　はじめに──「公正な社会」の実現をめざすオーストラリア

　日本とほぼ時を同じくして、2008年からオーストラリアでも全国規模の学力テストが実施された。国家の未来を左右する重要な政策課題として学力問題を位置づけて調査が実施されたことや、悉皆による調査方法・テスト結果の公開方法について議論が巻き起こり、そのなかで学校間競争の激化と序列化への懸念が表明された点など、同国で全国学力テストが導入される前後の状況には、日本のそれと大きく重なる点がある。

　他方で、これは当然のことだが、オーストラリアにおける学力の社会問題化のあり方や学力テスト結果の利用法には日本とは大きく異なる点がある。今日の社会で求められる学力の内実や学力水準の向上に必要な手立てについては類似する点が多いが、学力格差を捉える枠組みとその是正策において両国の違いは顕著であり、日本が同国の取り組みに学ぶべき点はそこにあるように思われる。

　具体的な検討に入る前に、オーストラリアの教育について概観しよう。

　オーストラリアは豊富な天然資源を支えに経済成長を遂げた「ラッキー・カントリー」を自称する国である。しかしながら、近年のオーストラリア経済は第三次産業を中心としたものに移行し、グローバル化が進む知識経済に対応できる「クレバー・カントリー」への転換が国家的な課題として浮上している（石附・笹森編、2001）。

　分権国家のオーストラリアでは、高等教育を連邦政府が、初等中等段階の教育行政は各州・準州、首都特別地域(ACT)の地方政府が管轄している。しかし近年では、知識社会への対応を行うべく、初等中等段階においても連邦政府と各州の教育行政関係者の協議を経て目標を策定し、連邦政府と各州・準州が取り結ぶ協定を基盤とした国家レベルの教育改革が展開されている。全国共通の学力テストが実施され、大綱的な内容ではあるがナショナル・カリキュラムが漸進的に導入される状況は、各州・準州が足並みをそろえて学力政策を推進する今日のオーストラリアの教育政策の特徴を示している。

　こうした改革の方向性は、1999年の「アデレード宣言」に端を発するとい

えよう(MCEETYA, 1999)。同宣言では、次世代の市民を育成すべく学校教育における公正と卓越性の両者を追求する目標が掲げられ、2000年代後半から随時導入・実施されることになったナショナル・カリキュラムを構成する八つの学習領域が提示された。

続く2008年に採択された「メルボルン宣言」は、アデレード宣言の目標を踏襲しつつ、経済のグローバル化への対応、そしてマイノリティの教育実態の把握と格差是正をより強調した教育目標を設定した(MCEETYA, 2008)。現在のオーストラリアの教育改革は、社会的な属性による学力格差の縮小をめざす公正さの追求と、グローバル経済に対応できる人材育成のための学力向上を志向する卓越性の向上、これら二つの目標の両方を追求する施策を展開する点に特徴がある。

本章では、二つの目標のうち、「教育における公正さ」の追求に焦点をあてて学力政策の特徴と課題を検討する。まず、2節では、オーストラリアにおける学力格差の問題がどのような社会的な文脈のもとで構成されているのかを検討する。そのなかで私たちが特に注目したいのは、先住民の子どもたちの学力格差をめぐる問題である。

3節と4節では、苛烈な排除の歴史によって今もなお多重の困難を抱える先住民の置かれた困難な状況に焦点をあて、格差を是正する取り組みのなかで教育がどのように位置づけられているのかを検討する。オーストラリア社会で最も不利な状況にあるとされる先住民が直面する課題と格差是正の取り組みから、同国の学力格差是正策の特徴を捉えることがそのねらいである。

具体的には、私たちが調査を行ったシドニーとメルボルンという二大都市で展開するさまざまな格差是正策から、先住民の文化に対する理解を深めるための学習プログラムを構想したシドニーの取り組み(3節)と、メルボルン郊外の中等学校のフィールドワークを通じて浮かび上がる、行政が構想する格差是正策の学校現場における受容のあり方について検討する(4節)。二つの大都市は、それぞれニューサウスウェールズ州とビクトリア州の州都で、大都市圏における格差是正策の特徴を示す事例である。当然ながら、分権国家のオーストラリアの教育を検討する際には州ごとの教育制度の違いに留意する必要があるが、ここでは両州の違いよりもむしろ先住民の格差是正策における共通点を重視し、

都市部における先住民を対象とした社会的包摂策の特徴と課題を検討したい。

これらの議論を踏まえたうえで、5節では、オーストラリアの学力格差是正策についての現時点での評価を示したい。

2 学力格差をめぐる問題の構図

(1) どのような格差が課題とされているのか

オーストラリアの学力格差是正策は、「メルボルン宣言」に示された8領域の実施公約のなかに位置づけられている(MCEETYA, 2008)。メルボルン宣言では、①教育にかかわる人々や組織間の連携強化、②質の高い授業づくりと学校におけるリーダーシップの支援、③幼児教育の強化、④10〜15歳の子どもたちの発達促進、⑤後期中等段階の学校教育とその後の移行期の支援、⑥世界レベルのカリキュラムと評価の促進、⑦先住民の若者、不利な条件にある若者(特に社会経済的な背景のきびしい若者)の教育達成の改善、⑧アカウンタビリティと透明性の強化、の八点が改革の基本的な方向性として示されている。

ここで特に注目するのは、「先住民の若者、不利な条件にある若者の教育達成の改善」という七番目の実施公約である。ここで取り組むべきとされている学力格差問題は、以下の三つの問題に区分できる。

第一の問題は、アボリジナル[1]、トレス諸島民を対象とした先住民の格差問題である。オーストラリアでは20世紀後半まで白豪主義政策がとられ、先住民の人々が虐げられてきた歴史がある。現在の全人口の約3%を占める先住民の人々が置かれたきびしい状況は、今なお、かれらの教育達成に影を落としている[2]。先住民のコミュニティには、国から迫害を受けたことに起因する、公教育への不信感が根強く残っているだけでなく、かれらの有する文化と学校的価値との相違もまた、先住民の子どもの学校への「適応」を阻害する。

ここで適応を括弧に入れているのは、学校への不適応は先住民に問題があるのではなく、伝統的な文化との共生を拒む学校教育制度に課題があると考えるからである。先住民の子どもの学力や大学進学率は著しく低く、たとえば、国際学力調査では、先住民の学力は、オーストラリア国内の平均よりも低いだけでなく、OECD平均よりも下回る実態が明らかになっている(Thomson et. al.,

2013, p. 18)。

　第二に、移民・難民の格差問題がある。多文化主義国家のオーストラリアでは、多種多様な文化的背景を有した人々が暮らしている。海外で生まれ移住してきた移民の割合は24.5%にのぼり、その多くは、家庭での使用言語が非英語の人々である。社会的背景の異なる子どもたちの教育保障は、多文化主義を掲げるオーストラリアにおいては社会統合にかかわる政治的な課題でもある。

　オーストラリアは世界有数の難民の受け入れ国でもあり、2012年時点では約2万人の難民を受け入れている[3]。難民の多くはアフリカや中東の国々からの亡命者であり、その多くは社会経済的に困難な状況にある。多様な文化的背景を有する子どもたちの教育保障は、移民の問題と重なる点が多いものの、より困難な状況に位置づく難民の子どもたちの教育をいかに手厚くしてゆくかが、新しい課題として浮上している。

　第三に、かねてから指摘されてきた公立／私立学校間の格差が政治的な論争点として浮上している。オーストラリアの学校教育制度では、公立／私立セクター間の資源配分をめぐる格差が是正されることなく放置されてきた。不利な層に対する手厚い資源配分が行われたとしても、公私間格差の構造があるために、裕福な層が通う私立セクターに潤沢な資源配分がなされてしまう仕組みになっている。

　子どもたちの学力を見ても、公私間の格差は顕著である。オーストラリアには、州立学校、カトリック学校、インディペンデント・スクールの三つの学校セクターが存在するが、最も成績が高いのは、私立学校群の一翼を担うインディペンデント・スクールで、公立学校にあたる州立学校は二つのセクターのなかでも最も成績が低い(Thomson et. al., 2013, p. 19)。こうした状況のなか、2010年にデイビッド・ゴンスキー教育改革調査委員会が設立され、2012年に「ゴンスキー・レポート」が公表された(The Review Panel, 2011)。ゴンスキー委員会は、オーストラリアの学校に通うすべての子どもたちの学力向上のためには、資源配分上の公私間格差を是正する必要があるとの認識を示し、私学セクターの既得権益者に対して一定の配慮を示しつつも、公立学校により手厚い予算配分を行うように提言した。この提言により、公の場で、公私間の格差問題が政治的イシューとして脚光をあびることとなった。

しかしながら、2013年9月の労働党政権から保守連合への政権交代によって、問題の強調点が変化することになる。労働党政権下では、公私間の格差是正に向けて、今後4年間で10億ドルの予算が学校教育に投入されることが決まっていたが、政権交代後の保守連合は、既に支出が決まっていた3億ドル以外の予算措置については保留する態度を示しており、公私間の格差是正の取り組みは先行きが不透明な状況になっている。

　以上のように、オーストラリアでは、相互にかかわりつつも力点を異にする三つの文脈のもとで教育格差が社会問題化している。簡潔にまとめると、資源の配分をめぐる政治的な論争を背景に、社会的マイノリティの子どもたちの学力格差が喫緊に対応すべき課題とみなされている状況にあると言えよう。

　オーストラリア社会のマイノリティに見られる格差の状況とその是正策を把握するにあたって、私たちはとりわけ先住民の子どもたちの学力格差に着目する。その理由は次の通りである。

　第一に、後に検討するように学力テストの結果を見ると、先住民の子どもたちとそれ以外の人々の間の学力格差が最も深刻な状況にある。他のマイノリティと比較しても、先住民の子どもたちが抱える学力面の課題は際立っている。

　第二の理由は、かれらの低学力の背景には長年にわたる苛烈な排除の歴史があり、学力格差の是正策が、医療・教育・福祉などの多面にわたる社会的な包摂の手立てとセットで構想されている点にある。オーストラリアではチャイルドケア・福祉と教育の連携が積極的に進められており、先住民の格差是正策はこれらの連携のあり方を学ぶうえでも最良の事例である。また、難民受け入れのように国際的な政治状況下で生じる問題とは異なり、先住民の地位回復・社会的な包摂は過去のオーストラリアが歩んできた植民地主義の歴史を根底から問い直す課題を提示しており、この課題に対する取り組みを検討することで、同国に固有な学力格差是正策の特徴を捉えることが可能になる。

　第三に、先住民の学力格差是正策は、単なる学力保障にとどまらず、「何が学力なのか」という能力の定義の問い直しと連動している。先住民の人々の学力格差を是正する取り組みは、かれらが保持してきた固有の文化の意義を見直す動きと足並みをそろえて展開している点に特徴がある。先住民の人々を対象とした格差是正策が学力格差を生み出す要因の一つである文化的な障壁をいか

に軽減してゆくのかという課題に取り組む際に、そこで生じることがらは今日の支配的な文化のあり方をいかに問い直してゆくかという論点を提起しており、私たちはそこから多くを学ぶことができるだろう。

　これまでの研究で明らかにされているように、学力格差が生じる要因には経済的なものと文化的なものが存在する。文化的な次元に着目して学力格差を是正する取り組みは、下手をするとマイノリティの人々に主流文化への同化を迫ることにつながる恐れがある。異なる文化間の対話を試みつつ、文化的なギャップを埋めることを企図した先住民の人々に対する格差是正の取り組みは、同化主義を回避しつつ文化的な障壁を緩和する有効な手立てを考えるうえで多くの示唆を与えてくれる。

　以下では、こうした問題意識にもとづきオーストラリアの学力格差是正策を検討するが、その前に「格差」を把握する強力なツールである学力テストの特徴と、その活用法について確認しておきたい。

(2) オーストラリアの学力テストの特徴と格差是正策における位置づけ

　冒頭に示したように、オーストラリアでは、2008 年よりナショナル・テスト(NAPLAN)が導入された(詳細は川口・山田、2012 を参照されたい)。

　NAPLAN は、The National Assessment Program(NAP)の一環に位置づき、NAPLAN という略称には NAP として実施される Literacy And Numeracy テストという意味がある。これら二種類の悉皆調査に加え、市民性、科学、ICT スキルに関する全国規模の抽出調査と、PISA、TIMSS などの国際学力調査の総称が NAP である。

　NAPLAN では、毎年 3、5、7、9 年生のすべての子どもを対象に、国語と算数・数学のテストを実施する。このテストでは、項目反応理論にもとづき設定された 10 段階の Band と呼ばれる学習到達度レベルで学年ごとに最低基準を設定し、基準を通過できていない層の割合や、個人の成績の経年変化を把握できる。

　NAPLAN の結果は、個別の子どもに対して返却される以外に、「My School」と呼ばれるウェブサイトを通じて公開される。My School では、各学校の社会経済的状況を示す指標(ICSEA：Index of Community Socio-Educational Advantage)を使

い、その学校と統計的に類似した社会経済的状況にある学校の成績を比較できる。保護者からしてみれば、自分の学校の成績をオーストラリアの学校平均、州の学校平均、そして「似たような状況にある学校」の成績と比較できるシステムが用意されたのである。

このように各学校の成績が公開されることによって、マスメディアや教育産業に従事する人々のなかでは、My School の情報を用いて、独自に学校ランキング表を作成し、学校間競争をあおるような動きも一部で見られる。ただし、このような学校の成績評価に関して、成績の「悪い」学校に対する制裁措置のような、テスト結果と学校予算を連動させる政策が全面展開しているわけではない。連邦政府や各州の関係者によれば、テスト結果の公開を通じて社会に対して学校教育の「透明性」を確保することに NAPLAN の政策的意義があり、テストの結果を学校に配分されるリソースと連動し、準市場的なメカニズムのもとで学校間競争を喚起するようなむき出しの新自由主義的な施策は現時点では導入されていない。

NAPLAN は子どもたちの学力実態を正確に把握するテストであると同時に、学校教育の「透明性」を確保し、社会に対する説明責任を果たす役割を担っている。各学校からすれば、詳細な学力データが利用可能となるものの、各学校の成績が公開されることで行政・保護者からのプレッシャーが強まる懸念がある。このテストは、両義的な性格を持つ評価のシステムだと言える。

3 「多重の困難」を抱えたマイノリティの社会的包摂の試み

(1) 先住民が直面するさまざまな課題

オーストラリアの学力格差是正策は、難民や移民など海外から流入してきた居住者の社会統合と、先住民の地位回復と社会的包摂というコンテクストを背景に展開されてきた。そのうち、一部の難民等を除く海外からの移民の受け入れについては一定の成果が上がっており、いくつかの課題はあるものの、オーストラリアは移民の子どもとそれ以外の子どもとの学力格差が小さい国の一つに数えられている。

その一方で、先住民の人々は「多重の困難」と呼ばれる複合的な要因が重なるなかで、医療・福祉・労働など、教育以前に解決すべき数多くの課題に直面しており、そのことが深刻な学力格差を生み出している。

　図1は、オーストラリア統計局による居住者の年齢段階別推計人口である。2011年時点における先住民の人口は548,400人で、全人口の2.5％に相当する。図では先住民とそれ以外の人々との年齢構成が示されているが、先住民の人口構成をみると、15歳未満の年少者の割合が35.9％（非先住民では18.7％）、15～24歳の若年者の割合は19.3％（非先住民では13.1％）と若い世代の人口比が高く、「ピラミッド型」の年齢別構成比率になっていることがわかる。

　しかしながら、図2に見るように、年齢別の通学率はすべての段階で先住民のほうが低く、就学前教育から中等教育段階までの教育システムがかれらを十分に包摂しているとは言えない状況が浮かび上がる。

　通学率が低いだけでなく、学校に通っている先住民の子どもたちの学力水準の低さも顕著である。図3は3年生の子どもたちを対象に実施されたNAPLANの読解力スコア、図4は同じく3年生の算数スコア平均の年次推移を示

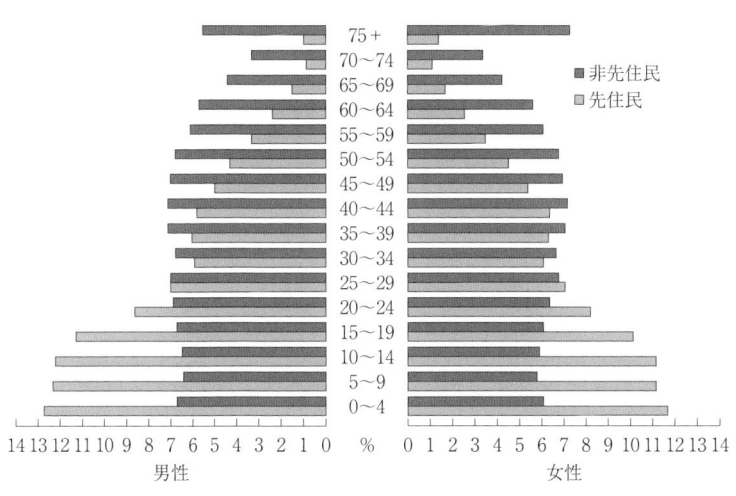

注）国外からの滞在者を除き、海外領土をふくめた居住地による推計。
図1　年齢段階別推計人口・2011年
出典：Australian Bureau of Statistics, 2012.

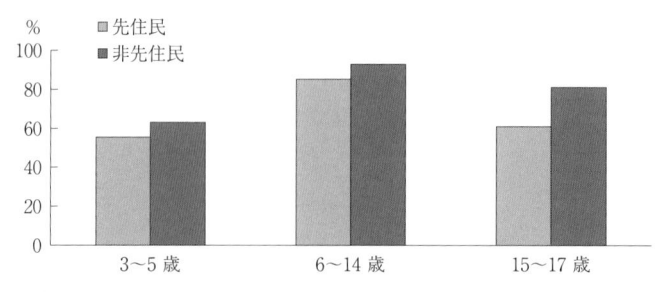

```
 %      ■先住民
100     ■非先住民
 80
 60
 40
 20
  0
         3〜5歳        6〜14歳       15〜17歳
```

注)国外からの滞在者を除き，海外領土をふくめた居住地による推計．職業専門学校(TAFE)通学者，中等教育修了相当コース在籍者を除く．
図2 各年齢段階通学率・2011年
出典：Australian Bureau of Statistics, 2012.

したものである。紙幅の都合で他の結果は省略するが、教科・学年の違いを問わず、先住民の子どもたちの平均点はどの年次においてもそれ以外の子どもたちを下回っている。

こちらも図表は省略するが、図表の引用元であるナショナル・レポートでは、NAPLANが導入された2008年と2013年の結果が統計的に有意な変化を示しているかどうかを検討した結果が掲載されている。これらの結果を参照すると、3年生と5年生の読解では、①先住民の子どもたちの平均点、②国家が定める最低水準(National Minimum Standards：NMS)以上のスコアを獲得する子どもの割合の両者が2008年と2013年で有意に上昇しているが、7年生・9年生ではこうした有意差が認められなくなる。算数では3年生で2012年から2013年にかけて最低基準を越える子どもの割合が有意に上昇するが、2008年・2013年を比べるとその変化は有意ではない。さらに、他の学年では状況が有意に改善する様子は認められず、9年生では2012〜13年でNMS超過率が統計的に有意に低くなってしまっている(72.4%から65.7%に減少している)。

以上、その概略を見たように先住民の子どもとそれ以外の子どもたちとの間に見られる学力格差は総じて一定の差を維持したまま推移しており、先住民の子どもたちの低学力問題が今もなお深刻な状況にあることを示す結果になっている。

これに対して、英語を母語としない子どもたちとそれ以外の子どもたちの学力スコア、男女別の学力スコアにはほとんど違いが認められず、オーストラリ

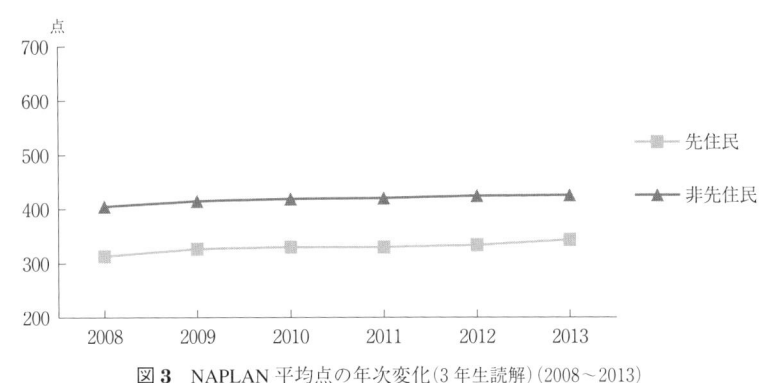

図3 NAPLAN 平均点の年次変化(3年生読解)(2008〜2013)
出典：Australian Curriculum, Assessment and Reporting Authority, 2013, p. 263.

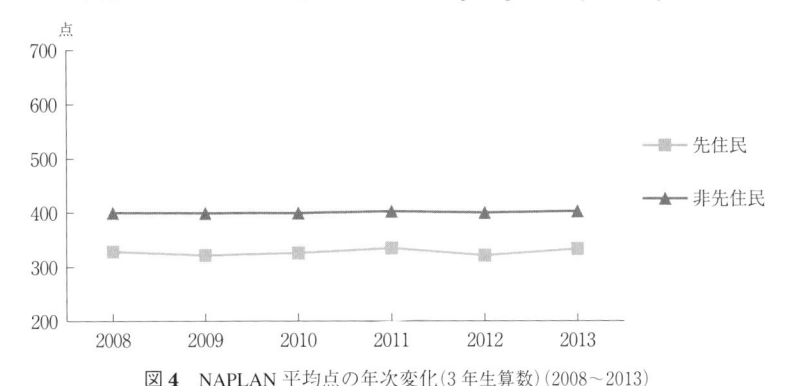

図4 NAPLAN 平均点の年次変化(3年生算数)(2008〜2013)
出典：Australian Curriculum, Assessment and Reporting Authority, 2013, p. 284.

アにおける学力格差をめぐる問題は、主として先住民の子どもたちの社会的排除に焦点化されていると言えよう(ACARA, 2013)。同様の知見は、国際学力調査である PISA を用いた分析を通じても明らかにされている。2003年と2012年における数学的リテラシーの経年変化を検討した Thomson たちの研究によれば、オーストラリア全体で見ても学力低下の傾向が見られるが、この傾向は先住民の子どもたちにより顕著であるという。たとえば先住民の子どもたちのうち、習熟度レベル2以下に区分される割合が7％上昇していることが指摘されている(先住民以外の子どもたちは5％の上昇：Thomson et al., 2013, p. 52)。

　これまでは教育面にかかわる格差について見てきたが、それ以外のさまざまな面においても、先住民の人々はきびしい状況に置かれている。かれらの「多

重の困難」がどのようなもので、教育格差がそこでいかなる位置を占めているのだろうか。メルボルン宣言と同時期に、連邦政府レベルの政策立案・実施にかかわる機関であるオーストラリア審議会（COAG：Council of Australian Governments）は、先住民の格差を是正するために、下記の目標を設定している（https://www.coag.gov.au/closing_the_gap_in_indigenous_disadvantage）。

1) 平均余命の差を1世代以内（2031年までに）に縮小する。
2) 2018年までに5歳以下の先住民の子どもの幼児死亡率における格差を半減させる。
3) 2013年までに僻地に住むすべての4歳児に幼児教育へのアクセスを保障する。
4) 2018年までに読み書き計算の格差を半減させる。
5) 2020年までに中等教育（相当の）修了率の格差を半減するとともに、
6) 2018年までに先住民とそれ以外のオーストラリア国民の雇用上の格差を半減させる。

1と2は医療・ヘルスケア、3〜5が教育、6が雇用・職業訓練と関連する。六つの目標のうち半数が教育に関連しており、教育以外では健康面・雇用面での格差縮小が課題とされている。

オーストラリア政府はこれらの目標を達成するため、①ヘルスケア、②教育、③職業訓練、④障害者支援、⑤住宅政策、⑥先住民の格差是正についての国家的目標達成に向けた連邦政府・各州間協定（National Agreements）を2012年に各州（準州とACT）との間で締結し、より具体的な目標の設定とそれを達成するための財政上の措置を行っている。

この連邦政府・各州間協定の①〜⑤では先住民以外のオーストラリア国民の生活の向上を企図しつつも、全体の底上げを図るだけでなく、先住民をオーストラリア社会に包摂してゆくためにはどのような施策が必要なのかという観点が組み込まれている。そのうえで、先住民の格差是正策に特化した⑥の協定書では、先住民のコミュニティが持つ独自の歴史と文化を尊重しつつ、①〜⑤の側面におけるさまざまな格差を積極的に是正するための特別な取り組みが構想

されているのである。
　こうした政府の取り組みは、次のように整理できるだろう。第一に、乳幼児期から生涯にわたるライフコース全体を見据えた支援の手立てが構想されている。第二に、医療・福祉・教育・雇用・住宅にかかわる諸政策を横断した生活全体の底上げがめざされている。そして第三に、これらの施策はオーストラリアに暮らす人々の全体にかかわるものであるとともに、これまで不利な状況に置かれてきた先住民の人々に対してはかれらの独自な文化を尊重しつつ特に手厚い支援の枠組みを構想している点に特徴がある。以上をまとめると、ライフコース全体を見据えつつ、医療・教育・福祉などの諸行政領域を横断するアプローチを採用し、多文化主義的な社会的包摂が構想されている点にオーストラリアの格差是正策の特徴があると言えよう。
　こうした総合的な格差是正策のなかで、教育にはさまざまな領域における支援をつなぐハブ的な役割が期待されている。知識やスキルの伝達・価値観の形成を通じて、教育はヘルスケアをはじめとする生活の質の向上、安定した経済生活を可能にする仕事の獲得、異なる文化を持つ人々に対する理解の深化を助成することができるからである。
　もちろん、教育だけでは社会的な格差を是正することは不可能であり、所得再分配や社会的なサービスの充実と組み合わせなければ不利な立場にある人々の状況は改善されない。しかしながら、医療・福祉・雇用などさまざまな領域の支援策が有効に機能するためには、教育を通じて個々人が生まれつき持っている生来の資質(基礎的なケイパビリティ)を高次のものへと変換してゆく必要がある(馬上、2006、102-103頁)。
　COAGが設定した先住民の格差是正に向けた中長期的な目標の半数が教育にかかわるものであること、連邦政府・各州間協定の柱の一つに教育が位置づく背景には、教育が果たすべき役割に対するこのような期待があるように思われる。これらのことを確認したうえで、以下では先住民の人々の格差を是正するべく構想された教育政策について検討する。

(2) 先住民の人々を対象にした教育格差是正策の概要
　2008年の「メルボルン宣言」で実施公約された8領域の一つに位置づけら

れた先住民への教育政策は、次の8点に整理することができる。すなわち、①学校に対する追加の予算措置、②リソースを集中した拠点地域(校)の設置、③教員の加配、④先住民の子弟に対する個別対応の充実、⑤先住民固有の文化を尊重したカリキュラムの策定、⑥先住民族を対象とした中等・高等教育の優先枠の設置、⑦教員養成の改善、⑧成功の筋道を示す身近なロールモデルの提示、である。

しかし、こうした手厚い政策が講じられているにもかかわらず、前節で示したように、先住民の学力格差については昨今十分な効果が上がっているわけではない。その背景には、オーストラリアの先住民が数世代にわたる社会的排除を受けた苦難の歴史を持つことと、そのことに起因する先住民側からの為政者への根強い不信感があると考えられる。先住民の固有の文化は、現在もかれらのコミュニティを支える中核に位置しており、近代教育が持つ特徴である個人主義的な能力観と相容れない部分がある。そのことがかれらを公教育からさらに遠ざける要因となっており、学校教育を経由して社会で活躍するロールモデルが共有されづらいことが指摘されている[4]。

こうした事情があるために、先住民の人々を対象にした教育格差の是正策は、かれらの文化を尊重したコミュニティ・レベルの取り組みが欠かせない。私たちが2011年に訪問したビクトリア州先住民育児機関(Victorian Aboriginal Child Care Agency：VACCA)は、こうした支援に取り組む団体の一つである。VACCAは、オーストラリア連邦政府およびビクトリア州の出資で1970年代後半に設立された、社会的経済的な課題を抱えるアボリジナルの子どもおよび家族の健康・教育・福祉のケアをするために設立された機関で、200人ほどのスタッフを要し、その7割は先住民にルーツのある者が雇用されている。

VACCAの主たるプログラムは、主にアボリジナルの子どもや青年に向けた文化キャンプ・文化芸術祭など伝統的文化を通してコミュニティを再生しようとするものである。教育・福祉・健康といった視点からのアプローチを重視している点も活動の特徴で、領域横断的な支援はオーストラリアの格差是正策の基本方針を反映したものになっている。

学校教育との関係では、先住民の子どもが在籍する学校に、教育サポートワーカーを派遣している点が重要である。ともすれば学校は「文化面は家庭内教

育のもの」と認識するため、特に子どもの文化面、そして精神や健康や福祉に関して包括的にアボリジナルの子どもを見ようとしないところに課題があるとVACCAのスタッフは捉えている。サポートワーカーは文化面をふくめて子どもの生活を総体的に理解し、学校でうまくやってゆけるように支援を行う。

　同国での先住民の教育問題を解決するためには、先住民以外の人々が文化的な感受性を身につけ、先住民の文化をより深く理解するための教育の必要性が指摘されている(5)。教育領域をハブにした包括的な格差是正策は、①先住民の文化に適合する形に公教育を組み替えてゆく方向性と、②先住民以外の人々がかれらの文化を理解するための教育・啓蒙活動の推進という、学校教育の内外に向かう二つのアプローチを組み合わせることによって初めて実効的なものとなるのである。

　それでは、先住民の文化理解のためにどのような取り組みがあるのだろうか。

(3) 先住民の伝統的教授法を受け止める
——多文化主義的な格差是正策の一環として

　2012年のシドニー現地調査では、Mount Annan Botanic Garden（以下、ガーデンと表記する）で先住民の伝統的な教授法を体験する機会を得た。その内容を紹介しつつ、教育を通じた多文化主義的な格差是正策の意義を検討したい。

　私たちを案内してくれたフランシス・ボドキンさん（調査時78歳）(6)は、先住民の父と母を持ち、14歳で両親と離別した経験を持つ。彼女は、先住民の子どもを親から引き離して育てる隔離政策を受けたいわゆる「盗まれた世代（stolen generation）」である。フランシスさんが親から引き離された小さいときから、この地が先住民の人々にとって大切な場所であり、聖なる地を守って欲しいとの強い希望を聞いていた。

　彼女は州議会に就職した後、このエリアを公園として保護するように働きかけ、「盗まれた世代」のためのメモリアルパークの設立に関わった。フランシスさんによれば、1970年までに先住民の子どもたちの10〜30%、約10万人の子どもたちが政府、教会、警察、福祉関係者に強制的に家族から引き離された。その多くは5歳以下で、白人社会への同化を求められ、身体的、時には性的な虐待を受け、アボリジナル固有の文化（Aboriginality）を否定された。

樹木に関する物語を説明するフランシスさん.

　このガーデンには、州政府が和解への強い思いを示すための記念碑が設けられている。記念碑は「盗まれた世代」に属する、泣く感情さえ失った子どもたちのために捧げられているという。ガーデンでは自然に触れることが少ない子どもたちを対象に先住民の文化を学習するプログラムを実施している。

　まず、スタート地点の事務所で見せられたのは先住民の使用するさまざまな器具である。これらは多目的につくられており、自然の利点を活用している。次に実際にガーデンの一番高い丘に案内されるが、その間 4 種類ほどの植物の葉が渡され、両手で擦ってそれを嗅ぎながら香りの効用が説明される。子どもたちに学習プログラムを実施する際に、こうした植物の香りを実際に嗅ぎながら説明することで、記憶に定着しやすくなることが明らかになったという。五感に訴えかけるアプローチは、アボリジナルの文化継承のスタイルにみられる特徴である。

　白人が入植する 19 世紀初頭まで、現在はマウントアナンと呼ばれるこの丘から見渡せる限りが D'harawal と呼ばれる先住民たちの土地で、ここは 20 年に一度先住民の人々が集まり、部族間の平和を保つためのルールが制定される場所だったと伝えられている。20 年という周期は、河川に上がったサメが寄生虫を落とし、それを食べたウナギが繁殖して海に下りサメに食べられるサイクルと重なっており、この丘から見える、ため池に集う人々の食料のために、網にかかったウナギを養殖したという逸話が残っている。

　私たちは実際にガーデンを歩きながら、そこで観察される生き物が先住民の

コミュニティでどのように捉えられてきたのか説明を受けた。フランシスさんは生き物を見つけると注意を促し、その利用方法を説明してくれる。たとえば、カミツキアリ（bite ant）と呼ばれる蟻は動物の死骸などを綺麗にする役割を担っている。この蟻は山火事を早期に察知する能力も持ち、火災時には幼虫や植物の種などを地中深くに貯蔵した巣に避難する。鎮火後に山の温度が下がると貯蔵した種を植え、葉が生えてきたら幼虫に餌を与える習性を持つため、山火事後の自然を回復させる役割も担っているという。また、ユーカリの木には日焼け止めの効果があり、皮膚がんの予防に役立つ。フランシスさんは樹齢約1500年の木の前で立ち止まり、この木には600〜700年ほど前にカヌーをつくった痕があると述べ、近くにある樹齢400年のユーカリには、盾や食用のボウルがつくられた形跡があることなどを紹介する。彼女は木々の様子をそれにまつわる物語とともに記憶しており、自然とともに生きる先住民の人々の世界観がそこから窺われる。ガーデンのいたる場所で、歩き、話し、見せる（walk, talk, show）の形をとる先住民固有の形式による2時間以上の学習プログラムを体験した。

　先住民の文化を要素に区分して机上で学ぶのではなく、普段はあまり意識することのない五感を駆使しながら自然のサイクルを意識し、かれらのホリスティックな世界像とそこで継承されてきた叡智の意義を追体験する点に、この学習プログラムの特徴がある。

　ナショナル・カリキュラムではカリキュラム横断型テーマとして、先住民の文化に関する学習を行うことが定められている。ここで取り上げたプログラムがすべての学校で実施されているわけではないが、先住民の持つ独自の文化を経験する学習は、「盗まれた世代」が経験した苛烈な同化主義の対極に位置する。学校教育が暗黙の前提としている文化的な慣習に違和感を抱きがちな先住民の人々を理解し、学校が社会的包摂の軸になるためには、かれらの文化を内側から理解することを促す、このような学習活動が有効な手立てになるだろう。

4 先住民の格差是正策は学校現場にどのように受け止められているのか

現地調査では、約2週間と限られた期間ではあるが、メルボルン郊外に位置する学校を集中的に観察し、学校現場における格差是正策の実態に迫ることを試みた。今回訪問した学校は先進的な取り組みを推進して成果をあげている学校というよりは、どこにでもある標準的な学校の一つであると考えられる。

格差是正策の現状と課題を捉えるためには、必ずしも先進的とは言えない学校の日常に迫り、先住民の人々を学校現場で支援する際に生じるさまざまな問題や課題を検討するアプローチが有用である。

(1) フィールドの概要

Orchard Valley High School(学校名・人物名はすべて仮名)は、メルボルンの中心街から電車で約1時間の都市周辺地域に属するエリアにある、7～12学年に在籍する約1700人の生徒が通う男女共学の公立中等学校である。学校の近くには大きな湖のある公園があり、緑豊かな地域に立地している。校区はとても広く、電車で約30分強の場所から通う生徒もいる。郊外であることも影響し、農業を営む家庭の生徒も一定程度在籍する。2013年の調査時には、アボリジナルであることを宣言している生徒が19人在籍していた。割合に換算すると、全生徒の1％程度であり、先住民少数校と言える。

同校における大学進学率は30％程度で、大半の生徒にとって大学進学は主要な進路とは言えない。卒業後は「小さいビジネスを始めたり、商業・貿易をしたり」(同校副校長のPhilipさん)という生徒が多い。一方で、大学進学準備に特化した特進クラスもあるため、学力のとびぬけて高い生徒も在籍する。生徒の家庭背景は多様性に富んでおり、学力的なばらつきも大きいと教師たちは認識している。

(2) Orchard Valleyの標準的な1日

筆者の一人志田は、2013年10月にOrchard Valley高校を訪問し、約2週間

のフィールドワークを行った。参与観察の他に、昨年度・今年度のアボリジナルの支援担当者2名には別途インタビューを実施した[7]。同校の標準的な1日は以下の通りである。

　グラウンドには、オーストラリアンフットボールをしたり、サッカーをしたりしている生徒がおり、早朝から賑やかだ。教職員は8：30から職員会議を行い、その日の予定や生徒への伝達事項などを簡単に10分程度で確認する。教員同士はファーストネームで呼び合っており、とてもフレンドリーな雰囲気だ。ある教員は教員同士で「サポートし合う良い雰囲気の学校」だと語る。

　授業は7年生から12年生まで全学年6時間授業で進められ、15時頃に1日の授業が終わる。放課後のクラブ活動はなく、授業が終わると生徒たちはすぐ帰路につく。学校には決まったクラスルームはなく、生徒は授業ごとに部屋を移動する。

　2時間目と3時間目の間にはRecessという20分程度の休み時間が設けられている。この時間には生徒も教員も軽食を取りながら休憩時間を楽しんでいた。昼休みも教室は施錠されているため、生徒たちは外で昼食をとる。地べたに座って食べている生徒も多い。食べながらボールを蹴ったり、遊んだりしている者もいる。

　クラスの規模は1クラス20人前後で、授業形態は教師によって多様だ。板書を中心にした授業もあれば、パワーポイントを用いた大学の講義風の授業もある。さまざまなタイプの授業があるが、生徒のアウトプットが非常に重視されている点が日本と大きく異なる。どの授業においても、生徒の積極的な関与が求められていた。生徒は精力的に手を挙げて発言し、教室内はとても賑やかである。テストも教科書持ち込みのエッセイ方式が多く、暗記ではなく、解答の組み立て方が問われる。こうしたスタイルは、ビクトリア州の中等教育終了資格試験（VCE：Victorian Certificate of Education）が記述式であるということと関係しているのであろう。

　教員は放課後、教科ごとに頻繁にミーティングを行い、指導法などについて協議する。教科ごとに教員集団が形成されているようで、学年の教員集団のまとまりを重視する日本の教員文化とは違う、教科に特化したプロフェッショナリズムを感じた。

(3) 低学力の生徒とは誰か？

2節においては、オーストラリア全体の学力格差の問題を「先住民」、「移民・難民」、「公立／私立」の三つに整理した。では、実際に現場で認識されている低学力の生徒とはどのようなカテゴリーに属しているのだろうか。昨年度アボリジナルの支援を担当していた Dore さんは、アボリジナルの生徒は「学校に通うということで問題を抱えている。あまり学校へ行くということに興味がない」生徒が多く、学力的にも学習態度的にも課題を抱えていると指摘する（2013/10/9）。このような現状の背景には次のような課題があると副校長の Philip さんは語る。

> アボリジナルの生徒の家族は働いていない場合が多く、<u>学校になんのインセンティブも見出すことができていないんだ</u>。そのため、アボリジナルの子どもたちが自分たちを磨いて、自由になろうという意識が低かったり、<u>家族のなかにロールモデルを見出すことができていない</u>、ということに問題があるんだよ。（2013/10/9 インタビューより）

アボリジナルの就労率の低さは、オーストラリア国内全体で大きな問題となっており（Gray, Hunter and Lohoar, 2012 など）、同校のアボリジナル生徒たちの家庭も例外ではない。Philip さんの語りからは、家族が就労せず福祉制度を支えに生活を送っていることで、アボリジナル生徒は学業の意義を見出しにくいという認識がうかがえる。学業に対する動機づけを家庭から得ることが難しく、それが低学力につながっているという見立てである。一昨年の Orchard Valley 校で、中等教育の修了資格を得る 12 学年まで学校に留まったアボリジナルの生徒はいない。これは珍しいことではなく、毎年一人二人程度 12 年生に残ればいい方だという状況である。

アボリジナルの生徒たちにとってロールモデルを得ることが困難な場面は、学内のみではなく、家庭外のコミュニティにおいても同様である。3節で概観したように、「多重の困難」を抱えるアボリジナルたちは雇用面でもきびしい状況に直面しており、コミュニティ全体における就労率も低い。そのことが、子どもたちに学業の重要性を見えにくくさせている。

都市部の少数在籍校の場合、とりわけアボリジナルのバックグラウンドを持った教員が少ないことが、アボリジナル生徒の学校からの落ちこぼしに影響している。同校のベテラン教員であるDoreさんも「アボリジナルの教師には出会ったことがないよ」と語るほど、アボリジナルの教員は少ない。教師だけでなく、家庭の内外で専門職に従事する者の割合がきわめて少なく、学業達成を通じて高度な職を得るという将来展望を描くことが難しいために、アボリジナル生徒たちは学習に対するモチベーションを維持しにくい傾向がある。かれらの学力格差を是正するためには、学校内での取り組みのみならず、先住民の人々が直面している雇用面での格差の是正が不可欠であることは、教師たちの認識からも明らかである。

　それでも全国の平均と比べると、Orchard Valley校におけるアボリジナル生徒の学業達成は「そこまで悪くはない方」(Philipさん)だという。この比較的良好なアボリジナル生徒の結果には、現在在籍している19名のアボリジナルの生徒のうち、両親ともにアボリジナルの出身であるのは一人のみということが少なからず影響している。

　「ここに来ている生徒は小学校にも通っていたし、都市化された社会に住んでいる。彼らは森から来ているわけではない」(Doreさん)と語られるように、同校の在籍者には「都市のアボリジナル(Urban Aboriginal)」とも形容される、アボリジナル固有の文化を保持する姿勢が比較的「弱い」生徒たちが多い。このことが、他の地域の学校との差異を生む一つの要因となっている。

　こうした特徴があるために、同校における「低学力」問題は、アボリジナル生徒に固有の問題というよりは、他の生徒たちにもみられる課題だと捉えられているように思われる。アボリジナル以外に学力の低い生徒に関して、理数系の科目を担当している女性教員は、学校の立地する地域の地理的な影響を次のように述べる。

　　生徒たちはとても遠いところからも来ているの。Hill Square(最寄の駅から電車で30分強の地域)から来ている子もいるし、貧しい家庭の子どもたちもいるの。3世代福祉に頼って生活している家庭の子も、ひとり親家庭の出身の子もいる。【3世代？】そう。もう3世代も福祉に頼るだけの暮らしを

していたら、働く意欲とか、学習に対する意欲なんてなくなっちゃうでしょう？　働かなくても生きていけると思うから。あとは、貧困家庭じゃなくても、すごく広大な土地を持っていて、牧場を営んでいたり、リンゴやイチゴ農家をやっていたりする家庭の子もいる。そういう子は、家の仕事を継げばいい、という風に考えていて、またこちらも学習意欲がなくなってしまうことが多いね。そういう子たちがいる一方で、テストに合格して、できる限り良い点を取りたいと思っている生徒もいるし。いろいろな生徒がいるね。(理数系教師 Diane さん。2013/10/17 フィールドノーツより)

Orchard Valley の校区はとても広く、生徒の社会経済的背景のばらつきが大きい。入学試験に合格して特進クラスに入る学力を持つ生徒もいる一方で、農家や牧場経営者、生活保護家庭、ひとり親家庭もある。上記の発言からわかるように、アボリジナルのみならず、社会経済的にきびしい家庭や農業を営んでいる家庭の子どもたちが低学力に陥りがちなカテゴリーだと認識されているのである。ここで「福祉依存」というある種のステレオタイプによって低学力を説明する枠組みが、アボリジナル以外の生徒たちに適用されている点に注意する必要がある。

なぜなら、こうした見方は実態に裏打ちされている側面がある一方で、ことがらの認識を単純なものに縮約し、低学力の背景にある複合的な問題を丁寧に読み解き、きめ細やかに対応する実践の妨げにもなりうるからである。

(4) 現場で語られる低学力の要因

前項では、アボリジナルや社会経済的にきびしい家庭の生徒、学業達成との関連が比較的弱い職業とされている農業・畜産業を営む家庭の生徒が低学力に陥っているグループであると教師たちが認識していること、低学力の背景を特定の図式で捉える傾向があることが明らかになった。ここでは低学力の原因として教師たちが何を想定しているのかを検討してみたい。

これらのグループが指摘されるときに決まって付随する話題は、家庭の影響力であった。アボリジナルが「家族のなかにロールモデルを見出すことができていない」という Philip さんの語りや、保護者の姿を見て「働かなくても生き

ていけると思う」「家の仕事を継げばいい」と考えている生徒がいるという Diane さんの語りを想起してほしい。低学力に陥りがちな生徒の社会的属性は複数あるものの、その根底には家庭の影響力の強さという共通点があるという認識が教員間で共有されているのである。

> あくまでも僕の考えだけど、子どもたちの学習に対する態度は、家族の学習に対する態度と同じだ。もしかれらの家族が教育を重要視していたら、子どもを励ますだろうし、勉強に向かうようにするだろう。でもそうでなければ全然だめだ。自分に名誉をもたらそうとは考えない。どうでもよくなってしまうんだよ。名誉に興味がないんだ。学業を通して自分に名誉をもたらそうとは考えない。（英語教師 Brian さん。2013/10/9 フィールドノーツより）

　Orchard Valley 校の教員は、子どもの学習態度と家庭背景が密接に結びついている認識を共有していた。学業達成に意義を見出せない生徒は、授業妨害をする、授業中抜け出す、授業に出席しないなどの問題行動を起こしており、教員はその生徒をどのようにして授業に巻き込むかということに頭を悩ませていた。
　このように、家庭の影響力は低学力の要因として触れられるものの、アボリジナルに固有の問題や課題に関しては、こちら側からその情報を求めない限り、積極的に語られることはなかった。また語られたとしても、アボリジナルの持つ特有の文化が学校での低学力の要因とみなされることはなかった。Dore さんは次のように語っている。

> 【「成功するアボリジナルの生徒」とそうじゃない生徒の違いってなんでしょうか？】モチベーションが大事だね。もし、何かすることに対して動機づけを得られなかったら、やらなくなるだろう？（2013/10/9 インタビューより）

　学業的に「成功」を収めるアボリジナルの生徒と「成功」しない生徒の違いを、個人の「モチベーション」の度合いに帰属させている。

だが、前節でも見たように、アボリジナルの伝統的な教授法は、学校制度のなかで用いられている教授法と根本的に異なる。さらに、「盗まれた世代」の経験もアボリジナル・コミュニティの学校教育への反発を生んでおり、そのことがアボリジナルの生徒たちを学校教育から遠ざけている要因にもなっていることはよく指摘されるところである。そうであるにもかかわらず、Doreさんの発言からは、アボリジナルに固有の文化についての言及が見られない。
　もちろんDoreさんは昨年度アボリジナルの支援を担当しており、アボリジナルの歴史的な経緯や彼らの抱える文化的な違いを十分に認識している。この点を踏まえると、彼の発言はアボリジナル固有の文化をそれぞれの生徒がどのように受け止めているのかによって、個人のモチベーションが変わってくると解釈することも可能であるが、やはりここで用いられている「モチベーション」という言葉には、個人の意識や態度の問題に物事の要因を還元するニュアンスがある。
　学校現場で観察されたこのような認識には、学業の失敗がアボリジナル・コミュニティの抱える構造的な困難と結び付けられて考えられるのではなく、個人の努力に帰される状況を示唆するものだと言えよう。このような現場の認識は、格差是正のための政策を実行する際にどのような帰結をもたらすのだろうか。以下ではその点について検討をしたい。

(5) 政策が現場に与えるインパクト
①アボリジナルに対する格差是正策Wannikの現場へのインパクト
　教育上の格差を是正するために政府から配分される補助金の対象となる社会的カテゴリーは、1)アボリジナルの生徒、2)障害のある生徒、3)経済的にきびしい家庭の生徒の三つである。調査時のOrchard Valley校では、アボリジナルと障害のある生徒を対象とした補助金を受けている。以前までは経済的にきびしい家庭の生徒を対象にした補助金も受けていたが、今年度初めてその対象から外れたという。
　アボリジナルを対象にした補助金として代表的なものはWannikというプログラムである。これはビクトリア州のアボリジナルの総称であるKoorie[8]とそれ以外の人々の間に存在する学業達成の格差を縮小することを目的とした学

力向上政策で、2007年にビクトリア州の教育・子ども発育省がまとめたアボリジナルに対する支援策を基にして始められたプロジェクトである（Department of Education and Early Childhood Development, 2008）。

　生徒たちは入学時に、アボリジナルか否かの申告を行い、学校はその数に応じて補助金を得ることができる。ここではアボリジナルであると申告するかどうかだけが判断基準となり、アボリジナルとしてのバックグラウンドの違いは考慮されない。生徒の申告によって、学校はWannikを通じて政府から補助金を得て、アボリジナル生徒の支援に使われる。

　Orchard Valley校ではWannikによって、2013年度は＄18,000（2013年10月時点の日本円換算で170万円程度）の補助金を得ており、アボリジナル生徒一人ひとりにチューターをつけることや、アボリジナルのための教材の購入に充てている。チューターはアボリジナル生徒がさまざまな相談を行えるようサポートを行っている。しかし、このプログラムは5年ほど前から始まったばかりで、柔軟性に欠けるなど不十分な面も多いと現場教員たちは語る。Doreさんは「プログラムのおかげで成功を収めている部分もある。去年は12年生まで進んだ生徒もいた。かれらは、高等教育などに進む計画を立てていたよ」とプログラムを評価しながら、次のようにチューター制度の問題点を語っている。

　　一部のアボリジナルの生徒は私に興味がなく、私に会いたくないと思っている生徒も数名いた。ここに通ってきているアボリジナルの生徒たちは、外見ではアボリジナルかどうかわからず、肌が黒いわけでもない。そのため他人にアボリジナルのバックグラウンドがあるということを知られないようにしている生徒もなかにはいる。そのような生徒には接触することが難しい。（2013/10/9 インタビューより）

　また、チューター制度には個々人のニーズや悩みに細やかに対処できるというメリットがある反面、一対一の関係を基盤に支援を行うために、チューターと生徒の折り合いが上手くいかない場合、生徒に働きかけることが困難になるというデメリットを孕んでいる。

　Doreさん自身もうまく折り合いがつかない生徒が数名いたと振り返るが、

そこには生徒とチューターの個人的な折り合いのつかなさには還元できない限界が示されていると考えられる。つまり、アボリジナルのルーツを持たず、アボリジナルを教えた経験のない人もチューターになることができる、という制度上の問題によって、アボリジナル生徒との関係がうまくいかない等の問題が生み出されている可能性があるのだ。

　Wannik のチューターになる際に、基準として設けられているのは、教員資格を有している、もしくはそれと同等の能力があることや、チューターがアボリジナル生徒の多様なニーズを理解し、それにセンシティブであるということであり、アボリジナルのバックグラウンドを持っているか、アボリジナルを教えた経験があるかどうか、ということは問われない(The Learning and Teaching Division Department of Education and Early Childhood Development, 2013)。必ずしもアボリジナルと深く関係しているチューターがつくとは限らないのである。その場合には、生徒とチューターの間で文化的な衝突が起こる可能性が高まることが容易に想定される。Dore さんはアボリジナルのルーツを持っておらず、かれらの支援を担当するまでアボリジナルを教えた経験があったわけではなかった。このような制度的な限界がチューター制度として機能することを難しくしていると言える。

　ただし、この問題は制度上の規定に起因する面があるものの、資格に合致するアボリジナルの人々が不足しているという制度を越えた社会的な排除の問題が背景にある。アボリジナル生徒との文化的な衝突を避け、チューターとしてより積極的に機能できるようにするには、アボリジナルのルーツを持つチューターを確保できるよう、学齢期よりも上の世代への働きかけが必要である。またそれと同時に、学校を欠席している生徒に対しても支援の手がさしのべられるよう、福祉などとも連携することが求められていると言えるだろう。

②Smarter Schools National Partnerships の現場へのインパクト

　Smarter Schools National Partnerships（以下 Smarter Schools と略）とは、連邦政府と各州の合意のもとで共通して取り組んでいる学力政策である。Smarter Schools は、オーストラリアの学校教育と、児童生徒の学業達成の向上を目標としており、ビクトリア州では、その具体的な中身として次の三つに取り組ん

でいる。

　第一に、NAPLAN の得点が低い生徒の学力向上を目指す Literacy and Numeracy National Partnership、第二に、社会経済的地位の低い生徒の学力向上を目指す Low Socio-economic Status School Communities National Partnership、そして第三に、質の高い教員の維持とリクルートを目的とした Improving Teacher Quality National Partnership である。これらのプログラムは Orchard Valley 校でも大きなインパクトを与えている。副校長の Philip さんは NAPLAN の結果について、「よりいい結果が欲しい」としながら、次のように語っている。

> （NAPLAN の結果を改善しようとしていることについて）読解の分野についてはとてもうまくいっていると思うよ。数学分野に関しては今年は僕を含めた6人の教員が大学で授業を受けているんだ。Jack 校長は読解分野を担当していて、5人の先生と一緒にチームを組んでいるんだ。この先生たちで、結果の改善に何ができるか、何がよくなかったのかなどを考えているんだよ。5人の数学分野担当の学習コーチをつけ、4人の学習コーチが読解分野についている。5時間分の授業時間をなくして、その分の時間を自己の授業改善や、他の先生のスキルアップのためにアドバイスをすることに充てるようにしている。合計9人の先生たちがそういったことに取り組んでいるよ。<u>今年はたくさんのお金と時間をテスト結果の改善のためにつぎこんでいるんだ。</u>（2013/10/9 インタビューより）

　このように Orchard Valley 校では、教員が大学の授業を受けて、教員としてのスキルアップのための研修に参加する、教員の授業時間を減らして教材研究や授業方法の改善のために時間を割くようにする、授業方法の指導教員をつける、などさまざまな方法で NAPLAN の結果改善に努めている。放課後にも各教科の教員が集まり、授業改善のための自主研修を行っている様子も頻繁に見られた。次の NAPLAN に備え、学習コーチを筆頭にさまざまな取り組みを行っていることがわかる。ただし、このプログラムは必ずしもアボリジナルの子どもに特化したものではなく、学力を総体として向上させるとともに、学力面で課題を抱える子どもを支えるために実施されている点に留意する必要がある。

(6) 小　　括

　ここまで、Orchard Valley 校において低学力に陥っていると認識されているグループ、その要因、政策が学校現場に与えるインパクトを検討してきた。現地調査から明らかになったことをまとめると次のようになる。

　学力や学習態度において問題があるとみなされていたのは、アボリジナル、貧困家庭、一人親家庭、第一次産業を営む家庭の子どもたちであった(本節第3項)。このような生徒が低学力に陥っている要因として教員間で共通認識としてあったのは、家庭の影響力の強さである(第4項)。学校内における学力格差の課題に対して、同校は Wannik や Smarter Schools などさまざまな政府からの資金を活用し、格差是正を試みていた(第5項)。

　政府による資金援助を受けることで、Orchard Valley 校は一定の成果をあげることができている。数名ではあるが、Wannik プログラムによって、12年生を修了するアボリジナル生徒も出てきた。しかしながら、同校の教員は「本校のような大規模校ではなかなか成果が出にくい」と語る。多くの資金を投入していても、アボリジナル生徒には長期欠席者が多く、9年生以降に進学する生徒は少ないなどの問題を抱えている。

　このことは、アボリジナルの学力格差の是正が、学校単独の力では難しいことを示している。アボリジナルは「多重の困難」を抱えており、それがアボリジナル生徒たちのロールモデルの欠如、学業に対する関心の薄さ、低学力、早期の離学につながっている。これらの学業達成上の困難は、次世代に貧困を再生産する要因でもある。こうした現実のきびしさを踏まえれば、今後求められるのは、個々の家庭とコミュニティ全体を巻き込んだ福祉的な支援を学校と連携しながら行うこと、経済的資源の投入のみならず、生徒たちにとってより相応しい支援者の養成など、人的資源を補強することである。

　副校長が「政府はただお金を与えればどうにかなると思っている」と不満を漏らしているように、経済面にとどまらない支援の必要性が同校で強く認識されていた。家族、ひいてはアボリジナル・コミュニティからも学業達成に対する関心を得られるようにすることが、アボリジナルの長期欠席、低い学習意欲などを改善することにつながるように思われる。

　もう一つ、本調査を通じて得られた知見として付け加えられるのは、これだ

け手厚い格差是正策がなされているにもかかわらず、意外にも学校現場でアボリジナルが「見えない」存在になっていた、ということである。すなわち、志水・清水(2001)が明らかにした日本のニューカマーとどこか相似した形で、アボリジナルが「見えない」存在になっている可能性がある。その要因として次の二つを指摘できる。

第一に、「外見ではアボリジナルかどうかわからない」「都市のアボリジナル(Urban Aboriginal)」と Dore さんが指摘するように、同校に在籍するアボリジナルは、外見からも、文化様式的にも、他の生徒に溶け込んでいる。このような同校におけるアボリジナル生徒が持つ異質性の小ささがかれらの存在を見えにくくさせている。

第二に、他にも低学力や学習態度の悪さなどの課題を抱えている生徒が多いため、アボリジナル生徒の抱えている課題がアボリジナル特有のものであると認識されにくいことが挙げられる。調査者から触れない限り、アボリジナルであることが低学力の要因となっていることが語られることはなかった。

むしろ現場で強調されていたのは、経済的にきびしい家庭や農家、酪農を営む家庭の生徒の低学力であり、アボリジナル生徒たちが抱える固有の課題はその陰に埋もれてしまっている感があった。かれらの学業達成の低さも、モチベーションの弱さというように、必ずしもアボリジナル特有の文化や困難とは結び付けて考えられているわけではなかった。しかしながら、アボリジナル生徒が有する困難には、経済面の困難や個人の特性に還元できない「多重の困難」があることは本章全体を通じて確認してきた通りである。

本調査は、アボリジナルの割合が 1％ という先住民少数校において行われた。アボリジナルが多く在籍する学校では、違った課題が立ち現れる可能性が十分に考えられる。アボリジナルが多く在籍する学校での調査を行い、本稿の知見が先住民少数校のみに当てはまるものであるかどうかを検証することを、今後の課題としたい。

また、「見えない」存在とは言うものの、日本で不可視化されるニューカマーの子どもたちと異なり、オーストラリアでは先住民の人々を対象にした積極的な格差是正策が展開しており、個々人に手厚い資源配分がなされている点に留意しなければならない。今回の調査で確認された不可視性は、学力格差の是

正策が学力という「個人の能力」に帰属される指標に着目するあまり、低学力の子どもたちの抱える問題の個別性が強調され、少なくとも実践のレベルでは構造的な制約が意識されにくいことに起因しているように思われる。

5　オーストラリアの格差是正策の現状と課題

　オーストラリアの格差是正策は、先住民や難民に代表される、教育・医療・福祉など多領域にまたがる生活上の困難を抱える人々を社会的に包摂することを目指して展開してきた。①乳幼児期から生涯にわたるライフコースの全体を見据えた支援策が構想されていること、②医療・福祉・教育・雇用・住宅にかかわる諸政策を横断した生活全体の底上げが目指されていること、③特に不利な立場にある人々に手厚くリソースを配分する点が、格差是正策の特徴であった。こうした総合的な格差是正策のなかで、教育にはさまざまな領域における支援をつなぐ役割が期待されていた。多領域を横断する格差是正策の構想から、日本は多くの点を学ぶことができるだろう。

　教育上の格差を縮小するためには、何らかの方法でどのような学力差があるのかを把握する必要がある。オーストラリアでは、日本と同様に悉皆の学力調査（NAPLAN）を実施し、マイノリティの学力格差を測定し、その差を縮小する取り組みが展開していた。もちろん、結果の公表の仕方によっては、悉皆調査は学力向上をめぐる競争を激化させる懸念がある。一部ではそのような動きがオーストラリアでも見られたが、私たちが現地調査を行った時点ではテスト政策のネガティブな効果は限定的で、悉皆の学力テストは競争の強化よりも実態を把握し、説明責任を果たすツールとして活用されていたように思われる。委託研究を通じた実態把握の試みはあるものの（耳塚寛明ほか、2014）、積極的な格差是正策にテストの結果を活用する動きは日本の学力政策ではまだ展開していない。この点についてもオーストラリアの取り組みは興味深い。

　しかしながら、これらの施策が実際にマイノリティの社会的包摂に効果を発揮するには、今しばらくの時間を要するように思われる。既に確認してきたように、先住民の低学力は今も深刻な状況にあり、むしろ格差が増加する傾向が認められる。格差是正の仕組みは評価できる点が多いが、効果という点では、

いまだ道半ばという印象がある。

　これは、先住民の人々がこれまでの歴史のなかで苛烈な排除を経験していること、先住民とそれ以外の人々の文化的なギャップが学業達成の障壁になっていることに起因するように思われる。さらに、4節で確認したように、先住民の少数在籍校においては、個別の学業不振者への対応が重視され、マイノリティ・グループ固有の課題が後景に退く状況が認められた。

　また、3節で紹介した多文化主義的な教育プログラムは、こうした状況に抗して文化的なギャップを埋め、マジョリティによる理解を深める興味深い試みの一つである。ただし、こうしたプログラムを普及するにあたっては、先住民の文化が博物主義的に消費されてしまうことのない手立てが必要であろう。当事者による先住民固有の文化の継承・発信の取り組みと、かれらと出会い・交流する場を適切に設定することが求められる。

　最後に、オーストラリアの格差是正策が抱える課題をいくつか指摘しておきたい。近年の政権交代を契機に、オーストラリアの特徴として他国から称賛されていた多文化主義、文化的多様性を承認する姿勢がしだいに後退する傾向があることが指摘されている。紙幅の都合で十分に展開することができなかったが、近年のオーストラリアの外国人受け入れ政策を見ていると、80年代に移民で来豪したアジア等からの（ある一定の学力を伸ばすことができた）カテゴリーの人々ではない、アフリカや中近東の難民の受け入れを拒否するような傾向があるように思われる。現時点では縮小に成功している移民間の格差が拡大することが懸念される。

　第二に、先住民の学力格差がなかなか縮小しない要因に、都鄙格差と公立／私立間の格差があるように思われる。今回の調査は都市部を対象としたために十分検討することができなかったが、先住民の格差問題は、北部準州などの遠隔地に居住する人々に特に顕著である。都鄙格差の問題が社会的マイノリティの格差問題と交差することで、事態がより深刻なものになる状況がある。

　また、社会経済的にきびしい状況に置かれた先住民の子どもたちの多くは公立学校を選択することが予想される。社会的マイノリティの在籍者数に応じてなされる追加の予算配分によって緩和されているものの、学校に配分されるリソースの公私間格差は、学校教育の質にかかわる基本的なインフラの差をもた

らし、そのことが学力向上の足かせになっている。

　ゴンスキー・レポートの提言はこうした公私間の学校に見られる資源配分の格差を是正することをめざしており、公立学校全体の底上げへの寄与が期待されていた。しかしながら、連邦政府で保守連合が政権を獲得したことによって、せっかくの提言が骨抜きにされてしまう可能性が高まっている。政権交代によって、NAPLAN や My School を通じたナショナル・スタンダードの策定と目標管理というテスト政策の性格が、格差是正のツールから競争を重視する新自由主義的なものへと転換するおそれがあることも見逃せない。

　これらに留意しつつ、オーストラリアの学力格差是正策のゆくえを見すえてゆきたい。

注
1) 日本では「アボリジニ」表記が一般的であるが、この呼称には差別的なニュアンスがあるため、Aboriginal people という意味で「アボリジナル」と表記する（形容詞として使用する場合は「アボリジナルの子ども」「アボリジナル生徒」などと表記する）。呼称の問題については、大阪大学文学部教授・藤川隆男氏の Web サイトによる解説を参考にした。「オーストラリア先住民の呼称について」(http://www.let.osaka-u.ac.jp/seiyousi/fujikawa/fujikawa/cool/index.html)。
2) 先住民、移民の割合については、オーストラリア統計局のデータ（2011 年時の数値）を参照した(http://www.abs.gov.au/)。
3) 難民者数については、2012 年時の数値で、オーストラリア難民協議会の資料を参照(http://www.refugeecouncil.org.au/r/stat-rhp.php)。
4) 2009 年 6 月 9 日 DEECD 担当者インタビュー／2011 年 10 月 14 日。Reservoir High School に勤務する教員インタビューの記録より。
5) 2011 年 10 月 11 日 VACCA（Victorian Aboriginal Child Care Agency）でのスタッフインタビューによる。アボリジナルとして高校初の卒業生となった同団体スタッフからは「多くが白人的視点から見ているが、アボリジナルの視点を通して考え、文化的サポートをすればより学力が上がることが期待される」ことが語られた。
6) 現地訪問は 2012 年 8 月 12 日。Frances Bodkin さんの祖母も曽祖母も D'harawal（先住民によるガーデンの呼称）コミュニティでの語り部（story teller）であり、彼女はそれを受け継いだ数少ない賢者として Aunty Fran の名前を持っている。Frances さんはアボリジナルの知恵の伝者であるとともに教育者の顔を持ち、植物学博士として先住民の薬草を研究し 1986 年に 1100 種類の固有種と外来種をカバーする植物辞典を編纂した。同時に環境科学、地形学、気候学の学位を持つ科学者でもある。
7) 以下では、調査者の発言を【　】にて表す。
8) アボリジナルはオーストラリアの先住民を総称する言葉（しかもヨーロッパ人による呼称）で、実際にはさまざまな名称のコミュニティが存在する。ビクトリア州の先住民コミュニテ

ィも細かく分けるとさまざまであるが、一般的には Koorie と呼ばれている。

参考文献

Australian Bureau of Statistics, 2012, *Census of Population and Housing: Characteristics of Aboriginal and Torres Strait Islander Australians 2011*. (http://www.abs.gov.au/ausstats/abs@.nsf/Latestproducts/2076.0Main%20Features12011?opendocument&tabname=Summary&prodno=2076.0&issue=2011&num=&view=)

Australian Curriculum, Assessment and Reporting Authority(ACARA), 2013, *NAPLAN Achievement in Reading, Persuasive Writing, Language Conventions and Numeracy: National Report for 2013*. (http://www.nap.edu.au/verve/_resources/NAPLAN_2013_National_Report.PDF)

Bodkin, Frances., 2008, *D'harawal: Seasons and Climatic Cycles*, Sydney, F. Bodkin & L. Robertson.

Department of Education and Early Childhood Development, 2008, *Wannik: Learning Together: Journey to Our Future*, Available at: https://www.eduweb.vic.gov.au/edulibrary/public/govrel/Policy/wannik.pdf [Accessed: 27 March 2013]

Gray, Matthew., Hunter, Boyd. and Lohoar, Shaun., 2012, Closing the Gap: Increasing Indigenous Employment Rates, *Issues paper no.3*, Available at: http://www.aihw.gov.au/uploadedFiles/ClosingTheGap/Content/Publications/2012/ctg-ip03.pdf [Accessed: 27 March 2013]

川口俊明・山田哲也(2012):「テスト政策は教育の公正性・卓越性に何をもたらすのか」志水宏吉・鈴木勇編『学力政策の比較社会学【国際編】』明石書店、184-206頁。

MCEETYA, 2003, *Demand and Supply of Primary and Secondary School Teachers in Australia*, Available at: http://www.mceecdya.edu.au/mceecdya/teacher_demand_and_supply_2003,11940.html [Accessed: 27 March 2013]

MCEETYA, 1999, *The Adelaide Declaration on National Goals for Schooling in the Twenty-First Century*.(http://www.mceecdya.edu.au/mceecdya/adelaide_declaration_1999_text,28298.html)

MCEETYA, 2008, *Melbourne Declaration on Educational Goals for Young Australians*.(http://www.mceecdya.edu.au/verve/_resources/national_declaration_on_the_educational_goals_for_young_australians.pdf)

耳塚寛明ほか(2014):『平成25年度全国学力・学習状況調査(きめ細かい調査)の結果を活用した学力に影響を与える要因分析に関する調査研究』国立大学法人お茶の水女子大学。(http://www.nier.go.jp/13chousakekkahoukoku/kannren_chousa/pdf/hogosha_factorial_experiment.pdf)

志水宏吉・清水睦美編(2001):『ニューカマーと教育——学校文化とエスニシティの葛藤をめぐって』明石書店。

杉本和弘(2001):「一元化された高等教育制度」石附実・笹森健編『オーストラリア・ニュージーランドの教育』東信堂、45-53頁。

The Learning and Teaching Division, 2013, *2013 Wannik Tutorial Program Guidelines*, the Department of Education and Early Childhood Development.(http://www.education.vic.gov.au/Documents/about/programs/aboriginal/2013wanniktutorialprogram.pdf)

The Review Panel, 2011, *Review of Funding for Schooling: Final Report*, Department of Education, Employment and Workplace Relations.（https://docs.education.gov.au/system/files/doc/other/review-of-funding-for-schooling-final-report-dec-2011.pdf）

Thomson, Sue., De Bortoli, Lisa. & Buckley, Sarah., 2013, *PISA in brief: highlights from the full Australian report: PISA 2012: how Australia measures up*, Melbourne: ACER.（http://www.acer.edu.au/documents/PISA-2012-In-Brief.pdf）

馬上美知（2006）：「ケイパビリティ・アプローチの可能性と課題」『教育学研究』第73巻第4号、日本教育学会、420-430頁。

　執筆分担

1、2、5節を山田、4節を志田が執筆を分担した（3節は山田・志田が共同で執筆した）。分担以外の箇所についても両名の協議を経て内容を確定している。

第3章

イギリス
擬似市場化のなかの格差是正

†

ハヤシザキカズヒコ・岩槻知也

トルゲート小学校のスローガン「よりかがやく未来」の校門前看板.

1 イギリスの教育と資格試験の概要

本稿ではイギリスの学力格差是正策について探求する。本稿のもとになる調査は前プロジェクト(志水、2012)をひきついで、連立政権の成立(2010年5月)の1年後より始まった。それゆえ本稿では、労働党政権から連立政権への格差是正策の移行に着目しよう。なお前著にならってイギリスとは連合王国ではなく、イングランドをさすものとしてここでは使用する。

まずは、イギリスの教育と学力テストについて簡単にみておこう。イギリスでは5歳から小学校での義務教育が始まり、11歳で中等学校(セカンダリー)へと進む。16歳で中等学校は卒業となるが、そのまえに生徒たちは代表的な学力テストであるGCSEs (General Certificate of Secondary Education)を受験する[1]。GCSEsは全国学力テストに相当するものであるが、たんに学力状況の調査に用いられるだけではなく、それ以後の進学や就職の際に参照される個人にとっての国家の資格試験でもある。それゆえGCSEsの受験は子どもにとって人生の一大イベントであるといってよい。そのあと進学者は16歳から2年間シクスス・フォームに通う。シクスス・フォームではおもに大学受験にむけてAレベル試験の準備を行う。Aレベル試験も資格試験であり、大学入試において参考とされる。

義務教育年齢は16歳までであったが、2008年に法改正され、現在18歳までに段階的にひきあげられたところである。また近年、5歳での入学をまえにレセプションという学年がつくられ、4歳から小学校に入学するしくみが多くの地方により導入されている。なお19歳までは公立の学校は無償である。

代表的な資格試験は先述のGCSEsとAレベルの二つになるが、学力テストには16歳以前のナショナル・カリキュラム・テスト[2]もある。14歳のものが廃止されて、現在では7歳と11歳の二つの段階で行われている。小学校ではこの二つのアセスメント・テストが学力の状況調査や生徒のモニタリングに活用されている。

ナショナル・カリキュラムは、長年の議論を経てようやく1989年から導入されたが、あくまで公立学校での教育課程を指示するものであって、私立学校

（Independent School）やアカデミー／フリー・スクール[3]はそれにしたがう必要はない。そして 2014 年度から連立政権によって改訂された最新カリキュラムの履行が始まっている。

　最後に、イギリス教育の特徴として最も有名なのは、サッチャー時代からつづく擬似市場ともよばれる学校間競争のしくみであろう。学校選択制により私立学校だけではなく公立学校もすべて、親たちは自由に子どもの学校を選ぶことができる。他方で学校選択の参考にと政府が期待するのが学校のパフォーマンスである。学校のパフォーマンスには生徒のテスト結果や査察機関 Ofsted（Office for Standards in Education, Children's Services and Skills）による学校への査察レポートなどがふくまれる。Ofsted は教育政策への影響力が強く、その長官の権威は教育相につぐといえる。

　学校はウェブサイト上に決められた情報を公開するように義務づけられている。公開情報の内容は、カリキュラムの詳細や学校運営の組織構成などに加えて、テスト結果へのリンク、学校の査察レポートへのリンク、後述するピューピル・プレミアムの使途明細などがふくまれる。学校理事会と管理職などの運営組織は、学校運営についての裁量が高く、給与をふくむ予算の決済や校長・教員の採用も学校理事会に委ねられている。そして学校のパフォーマンスが継続的に低ければ学校が閉鎖になることもある。そうなれば教員たちは新たな就職先（別の学校）を探さなければならない。それゆえテストの点数を伸ばすことは学校にとって最重要の仕事となっている。さらに Ofsted による学校査察も学校の一大イベントであり、その精神的・物理的な負担はかなり大きい。

　もっともテストの評価はたんなる平均点による比較ではない点は留意が必要である。つまり、学校のおかれた社会経済的な背景が十分に考慮され、学校のパフォーマンスを評価する場合は、同様の社会経済的な条件での諸学校内での通過率（一定成績以上の割合）の比較がイギリスでは一般的となっている。そして、さまざまな属性集団（性別、エスニシティ、階層、障害）における学力格差の現状も、国、地方、学校内のすべてのレベルで把握されており、その格差の縮小の度合いも学校への評価の一要素となっている。

2　格差問題の構成と実態

　日本では教育制度面ばかりが着目されているイギリスだが、教育において学力格差の是正はイギリスでは最も重要な政治的・社会的な命題となっている。格差の縮小が政策目標の中心となったのは、3期にわたる労働党政権の「第三の道」とよばれた社会的包摂をめざす教育改革によるところが大きい(志水、2012)。連立政権においても格差の是正は着目されるトピックでありつづけている。たとえば教育相のマイケル・ゴーブは、政権成立直後の2010年9月の学校白書『教えることの大切さ』の前文において学力格差問題をその半分以上にわたって取り上げ、「われわれの学校は社会移動のエンジンでなければならず、子どもたちがその生れや社会背景にかかわらず成功を収めることを助けなければならない」(DfE, 2010)と述べた。また現在ある連立政権の226の政策のうちの一つが「不利な子どもの学力向上」である。論争になりえるのは各施策が格差是正に貢献するかどうか、どの格差に着目するかなどであって、格差是正という目的自体は公平性(fairness)実現の手段として、広く社会的同意を得ているのだ。

　格差が議論される際には属性集団すなわち、性別、エスニシティ、階層、障害の有無がよく取り上げられる。なかでも不利な子どもたち(disadvantaged children)として施策の対象になりがちなのが、低階層の子どもたちである。エスニシティ間の格差是正は労働党政権時代にはいくつかの施策があったが、連立政権ではほぼ無視されているといえる。

　ではイギリスでの学力格差の実態はどうなっているのか。ここでは2013年の夏に行われたGCSEsの結果から近年5年の格差の変化をみてみよう(DfE, 2014)。

　図1では、性別、エスニシティ、第一言語、階層、特別な教育ニーズの有無によって、ここ5年間の推移をみている。なお階層間には無料給食の資格を持つ生徒(Pupil entitled to Free School Meal、以下FSM生徒)とそれ以外の生徒との比較が通常使われる。数値はイギリスの行政や学校でよく使われる指標で、「数学と英語をふくむ5科目以上でA*からCまでの成績を取得した生徒の割合」を示している。まずわかることは、どのカテゴリーにおいても数値が上昇傾向

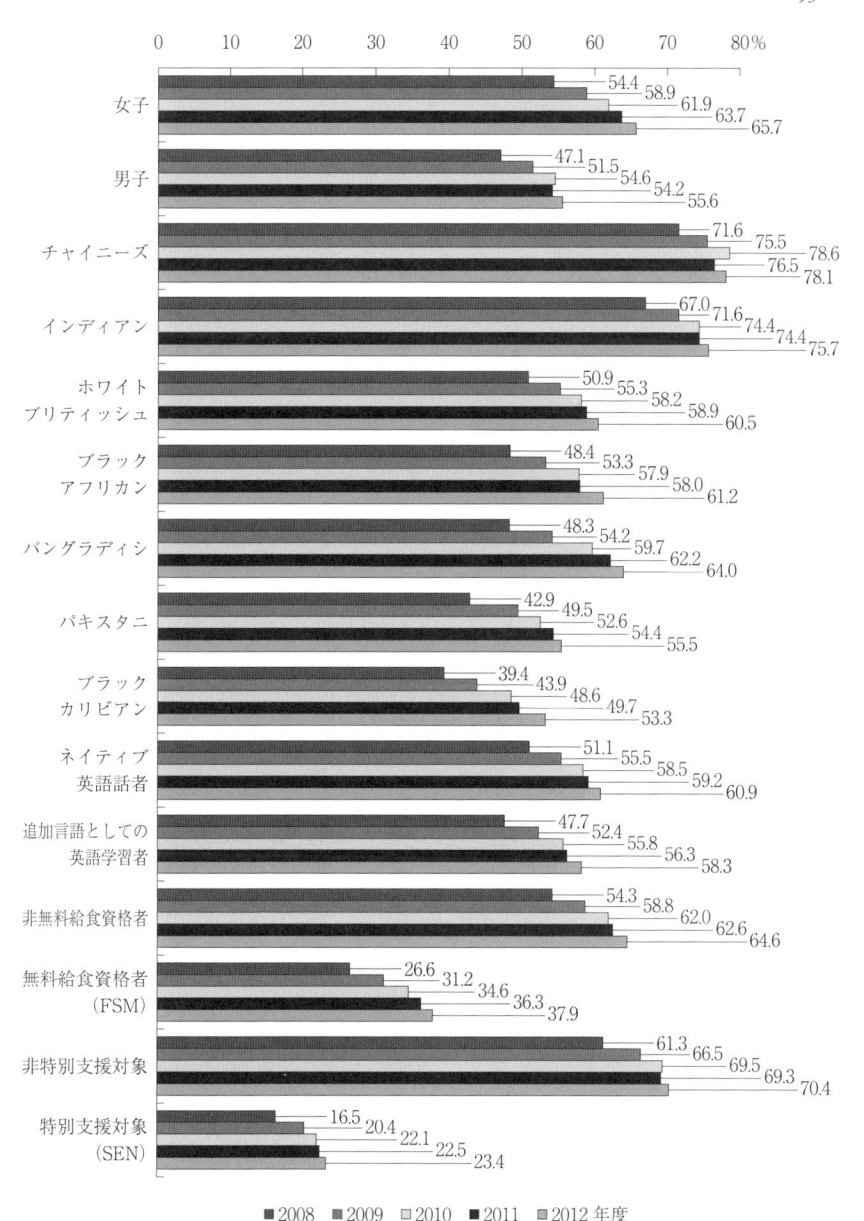

図1 数学と英語をふくむ GCSEs での5科目以上で A*〜C 取得者の割合
出典：DfE，2014 よりハヤシザキ作成．

にあることである。序章でみたようにイギリスにおける PISA のスコアはほぼ変化がないため、GCSEs のスコアが上昇するのは不可解に映る。理由の一つには「国内のテストの問題あるいは採点基準が「やさしく」なった」(志水、2012、48頁)とか、テスト対策にばかり時間を費やしているという一般に受容されている推察がある。他方で近年 PISA の方法にも疑義がとなえられてもいる(Gallagher, 2013; Stewart, 2013; Jerrim, 2011)。ただこの毎年国内のテストのスコアが上昇する現象は評価インフレ(Grade inflation)とも呼ばれ、イギリスに限らず北米でも起こっているようだ。GCSEs のスコアの上昇も 25 年間一貫している[4]。

　格差の現状をみてみよう。2008 年度と 2012 年度を比較すると、男女差が 7.3→10.1 ポイント差、階層差(FSM 生徒とそれ以外)が 27.7→26.7 ポイント差、特別支援対象生徒(以下 SEN 生徒)とそれ以外が 44.8→47.0 ポイント差、ネイティブな英語話者(native English)と追加言語としての英語学習者(English as an Additional Language、以下 EAL 生徒)の差が 3.4→2.6 ポイント差となっている。どれもこの 5 年では格差が特に改善しているとはいえないようだ。通過率の低さでいえば、特に FSM 生徒(2012 年度で 37.9％)と SEN 生徒(同 23.4％)の落ち込みが目立っているといえるだろう。ただ階層間格差についていえばその拡大はかろうじて抑えられているといえる。エスニシティでみれば、2012 年度で、バングラディシ(64.0％)とブラックアフリカン(同 61.2％)の成績がホワイトブリティッシュ(同 60.5％)を追い抜いていること、そしていまだ低位にとどまるもののブラックカリビアン(同 53.3％)の伸長が目立つ。なおエスニシティは上記の表にある以外にも細部にわたるカテゴリーがあり、この表ではいくつかのグループを割愛している。最もきびしいエスニシティは、アイリッシュ・トラベラー(2012 年度で17.5％)とジプシー／ロマ(同 13.8％)のグループとなっている。年齢・性別・エスニシティをクロスさせた集計も行われている。それによれば最もきびしいグループ(アイリッシュ・トラベラー、ジプシー／ロマをのぞく)はホワイトブリティッシュの男子の FSM であり、その通過率は 2012 年度で 19.0％である。アイリッシュ・トラベラーとブラックカリビアンの男子がともに 22.4％、ホワイトブリティッシュとブラックカリビアンのミックスの男子が 23.7％、ホワイトブリティッシュの女子が 24.0％ でつづいている(すべて FSM)。

ではこうした格差を是正するために具体的にどのような施策が行われてきたのか。労働党政権と、現在の連立政権の政策をみてみよう。

3　労働党から連立政権へ

(1) 労働党政権による格差是正への挑戦

　教育における格差是正が政府によって本格的に取り組まれるようになったのは、労働党がニューレイバーとみずからを呼んで、1997年に政権に返り咲いてからのことである。この時代の施策や対策をふりかえるのは、それらが連立政権下の今でも学力格差の是正の取り組みの内実をなしているからである。労働党時代の格差是正策については、おおまかに四つの特徴を指摘できる。おもな施策を4点にそって整理しよう。

①貧困地域への膨大な投資

　労働党の是正策の多くが地域をプロジェクトの対象としていた。不利な家庭や個人に直接に給付や支援を配分する施策よりも、学校やクラスターを中心とし、不利な地域におけるサービスのプロバイダーに投資し、地域や家庭の文化をつくりかえてしまおうとするような対策が多かった。これはイギリスの貧困指標が地区ごとに表現されることや、学校ごとのパフォーマンスが重視されることとも関連している。

　代表的な取り組みに1998年開始のEducation Action Zones（教育行動地域、以下EAZs）や1999年からのExcellence in Citiesプログラム（以下EiC）がある。EiCではセカンダリーで約3分の1以上の学校がイニシアチブに参加したとされる（Demeuse et al., 2012; DfES, 2006）。これらの施策では中学校区を中心に数千万ポンド規模での投資が行われ、学校内外でさまざまなアプローチがなされた。

　また地区への投資はソフト面だけにとどまらず、校舎・校庭や新たなチルドレンズ・センターの建設・増設・改築にも及んでいる（Building Schools for the Futureのような新校舎建設プロジェクトなど）。子どもサービスを対象としていないが、貧困削減や地域再生を目的としたリジェネレーションや「コミュニティのためのニュー・ディール」のような大規模開発もイニシアチブにふくまれるだろう。こうした教育や福祉以外の事業もふくめれば、相当な額が地域の再編に

投資されたと考えられる。

②学校外の要因へのアプローチ

また学校の授業や運営の改善のみならず、学校外の要因にまでアプローチするプロジェクトが多かったことも特徴の一つだ。すなわち、就学前での早期介入、保護者支援、コミュニティ開発、福祉・医療・防犯などとの連携、放課後の補習・クラブ活動など、子どもの学習の前提となる発達や、子どもの学習に影響を与えうるさまざまな要因を支援しようとする試みがさかんに行われた。なかでも突出しているのは、就学前の子どもや保護者がさまざまなサービスを受けられるシュア・スタート・チルドレンズ・センター(Sure Start Children's Centres)を全学校区に配置したことだろう。チルドレンズ・センターはいわば就学前の子どもと保護者に対する総合的なサービス機関である。これにより、きびしい家庭の子どもが早くから支援を受ける可能性が高まった。

そして EAZs や EiC の総仕上げともいうべきイニシアチブが、フルサービス拡張学校(Full Service Extended Schools)プロジェクトである。それがフルサービスと呼ばれるゆえんは、貧困削減に結びつくと思われるあらゆる行政サービスが学校という一つの施設から提供されるところにある(表1)。拡張学校の取り組みはすべての学校に広げられ、2010 年までにすべての子どもに最低五つの拡張サービスへのアクセスが保障されることとなった。その五つとは、①朝 8 時から夜 18 時までの学童保育、②保護者支援・家族学習、③放課後の活動(学習支援・クラブ活動等)、④素早く容易な専門家への紹介、⑤施設のコミュニティによる利用である。これらの五つの拡張サービスは今でもイギリスの多くの学校やチルドレンズ・センターでアクセス可能である。

さらに、学校を拠点に拡張サービスを提供するという施策は、子ども行政の統合にも結びついた。かつて教育とそれ以外に分離していた子ども行政は、地方レベルでは、地方教育当局(LEA)の廃止と、子どもサービス部門(Department for Children's Service)の創設につながり、政府レベルでは、福祉や就学前を管轄する部門を統合した「子ども・学校・家庭」省の設立へといたった。縦割り行政の不合理をなくし、子どもを中心にした視点で重層的なサービスを効果的に提供しようという行政改革だった。

表1 拡張学校が提供するサービスの分類

保育(チャイルドケア)	医療・福祉・防犯	成人学習	家族参加学習	保護者支援	学習支援	スポーツ・芸術活動	IT地域活用
朝食クラブ 朝補習 託児所 就学前教育 etc.	学校看護士 超分野プロジェクト 警官の常駐 多機能センターの開設 健康診断 カウンセリング 福祉士常駐 小児クリニック etc.	識字・職業訓練・雇用情報 地方大学提供クラス 家族学習センター PTA／自治会等と連携 ミーティング 多世代間プロジェクト etc.	父親参加学習 親子参加のイベント 親子料理教室 中学校ガイダンス おもちゃライブラリ 遠足 etc.	在宅支援 障害児童保護者在宅支援 コミュニケーションスキル 保護者の非常勤採用 父親参加促進 etc.	支援チームメンター 公立図書館との連携 放課後補習 長期休暇学習支援 個人指導 etc.	ユースワーク スポーツプール開放 デザイナー来校 グラフィティ バンド 太極拳 etc.	資格コーストレーニング Web Site制作 学校ラジオ放送 初心者コース CD-ROM制作 施設開放 etc.

出典：林嵜, 2007, p.190.

③イニシアチブ症？

　学校の独自の工夫というよりも、地方行政や中央政府が格差是正のためのイニシアチブを次々とうちだしていったことも特徴の一つである。また多くのイニシアチブが大胆な予算措置を伴った。上記以外にも、態度改善プログラム(Behaviour Improvement Programme)や、エスニック・マイノリティへの取り組み充実のためのエスニック・マイノリティ学力補助金(Ethnic Minority Achievement Grant)、学力向上にすぐれた学校に資金を配分するビーコン・スクール(Beacon Schools)なども、紙幅が許せば解説すべきだろう。

　しかし、あまりにもイニシアチブが多すぎて人々がそれに対応しきれないという問題も指摘されてきた(Hetherington, 2000; Clark & Mather, 2003)。この問題はイニシアチブ症(またはイニシアチブ炎：Initiativitis/Initiative-itis)と呼ばれている。政府は新しい施策をうちだすものの、それらのイニシアチブはいずれも期限があり、数年間だけの予算はつくが、持続性が不明で長期的展望が立てづらい。莫大な予算がありながら、雇用も有期であり、事業評価のために短期的な成果

が求められる。さらにはそうした資金の獲得と事業評価のための膨大なペーパーワークが大きな負担となり、同時進行のプロジェクトの取り組みがバラバラになったり重複したりする。かつて保守党は8カ月間で33の教育イニシアチブを数え、「効果もない取り組みのアナウンスに教師や親はうんざりしている」と労働党政府を批判した(Woodward, 2003)。

④擬似市場化の温存

労働党は、学力テストによって個々の学校のパフォーマンスをはかり、保護者や生徒を消費者にみたてて学校を選択させるという競争的な環境は、それ以前の保守党時代のシステムを維持した。学校のパフォーマンスは、属性集団ごとに、国や地方の平均通過率との比較によってはかられる。たんなる平均値を比較するのではなく、きびしい子どもの学力向上を考慮に入れる点では格差是正の観点からは画期的な「競争」だとはいえる。しかし、成功する学校があれば、失敗する学校も当然存在する。査察やテストの失敗による管理職や教員たちの自信や動機の損傷は大きなコストであるといえよう。

こうした擬似市場的な学校システムは研究者からは批判のマトとなってきた。ギルボーンたちは、「GCSEsにおいて5教科以上でA*からCの成績をとった生徒の割合」といった学校のパフォーマンス指標をとりあげて「AからCの経済」と呼んで批判した。この指標の世界では、がんばればCの成績をとれそうなレベルにいる生徒たちへの支援に資源が投資され、まったくCの成績にはたどりつけない、まさに社会から排除されるリスクを負った子どもたちは無視されるという(Gillborn & Youdell, 2000)。格差縮小のための社会的な圧力がかえって社会的排除をうみだすというパラドックスである。学校システム全体へのより根本的な批判もある。スティーブン・ボールは、生徒や教員のパフォーマンスやアンサービリティが問われる状況、すなわち継続的に評価され、次のターゲットが設定され、常に上昇がめざされる状況を、パフォーマティヴィティと呼んで批判している。学習はテストのための技巧に矮小化され、教員と生徒の関係はお互いのパフォーマンスをあげるための道具的な関係となる、という(Ball, 2003, 2013)。

(2) 連立政権の格差是正策

2010年に発足した保守党と自由民主党の連立政権は、格差是正策としては、さまざまなイニシアチブの予算を通常の学校予算のなかに編入し、新たに自由民主党の公約だったピューピル・プレミアム(Pupil Premium＝生徒加配金)をたちあげた。関連施策とともにみてみよう。

①ピューピル・プレミアム(Pupil Premium)

ピューピル・プレミアムは非常にシンプルな施策である。それはFSM生徒の人数に乗じて、学校に追加予算を配分すること、あるいはその配分金を意味する。その予算の使途は限定されず、学校の裁量に任されている。ただし、ピューピル・プレミアムの配分金の使途についてはオンラインで公開しなければならず、それと同時にFSM生徒のテスト結果の比較データの公開も求められている。また2013年からはOfstedの査察項目のなかにも、FSM生徒をはじめとする、属性集団間格差の縮小に成功しているかどうかが、査察のフレームワークとして導入されることとなった。

カウントされる対象生徒は、過去6年間にFSMの受給資格者になったことがある生徒だけではなく、過去3年以内に親が軍隊に従事している子ども、養護施設や里親の子ども(looked after children)も入る。表2は2013年度のピューピル・プレミアムの有資格者数と配分額である。

配分額は毎年ひきあげられ、2014年度は小学生一人1,300ポンド、中学生935ポンドとなっている(ただし、軍隊従事者の子どもについては2014年度300ポンド)。過去6年以内のFSM生徒も対象となっているのは、一度でもFSMの受給資格を持った子どもの学力結果は、FSM生徒とほとんど同じように、一度

表2 ピューピル・プレミアム 2013-2014年度有資格者数および配分額

	全生徒数(A)	ピューピル・プレミアム有資格者数(B)	%(B/A×100)	ピューピル・プレミアム総額
初等FSM	4,095,090	1,104,440	27.0	£1,052,532,000
中等FSM	2,804,170	812,830	29.0	£731,543,000
軍隊従事		57,940	0.8	£17,381,000
施設・里親等		42,540	0.6	£38,288,000
	6,899,260	2,017,750		£1,839,744,000

出典：DfE, 2013a.

もFSMを受けない子どもたちにくらべて低いからであるという。軍隊従事者の子どもがこのようにピューピル・プレミアムの対象になるのは、親が軍隊にいる子どもは、たびかさなる移動により、感情や社会性などの面で特別なニーズを持つということがその正式な理由とされている。いわば親が軍隊にいる子どもも格差是正の必要な一つの属性集団として現政権では捉えられているということになる。

ピューピル・プレミアムはかつてのイニシアチブ症や支援の不平等の問題を克服している。労働党の時代は、貧困地域を対象とした施策に重点がおかれていたために、貧しい家庭でも裕福な地域に住む子どもには何も対策がないという、エアポケットが存在していた。今では地域に関係なく、FSM生徒がたった1人の学校であっても1人分は予算配分がある。また学校関係者にとっては、多種多様なイニシアチブにふりまわされることもなく、継続性をみこんだ自由な投資が可能となる。その意味では非常に公平であると同時に、効率的な資源配分であるといえるだろう。

②**教育基金協会**(Education Endowment Foundation)

教育省はサトン財団に1億2,500万ポンドを融資して、2011年に教育基金協会を設置させている。その目的は、イギリスの小中学校で不利な状況にある子どもの学力の向上のために、証拠を共有すること、および、何が効果的なのかを見出すことである。主な業務は、学校や地方当局に対する助成金事業を行うこと、事業の評価を行い効果的な学力向上策を見出すこと、それらを普及するための広報や現場で役に立つツールキットの開発である。このツールキットは非常に興味ぶかい。

もっともツールキットは、格差の縮小に効果的な方法と呼ばれるものを文献の二次分析により、効果(進歩度)、コスト、証拠の強さ順に並べたものにすぎない。これによると効果が高いのは、フィードバック、メタ認知・自己統制[5]、生徒同士のチューター制度でありコストも低い。また早期介入、一対一の個別指導は効果も高いがそれなりにコストもかかるとされている。効果がゼロのものとして、成果連動性の給与システム、意欲喚起介入、授業時間の延長(90分授業など)、制服の導入、物理的環境などがあげられている。さらに逆効果なものは、留年制度、および、能力別クラス編成である。これらはピューピル・プ

レミアムの資金を持つ学校が、格差縮小のためにどのような手法に資源を集中すべきなのかという意思決定に対して、参考になることを意図している。

③そのほかの施策

労働党政権はチルドレンズ・センターを全国化しただけでなく、就学前教育の拡張を行った。それまでほぼ私費に依存していた就学前の教育が、3歳から年間38週間の週あたり15時間にかぎって誰もが無料で受けられることになったのである。連立政権はさらにそれをおしすすめ、きびしい家庭の子どもは2歳から年間38週間の週あたり15時間の無料就学前教育を受けられることとなった。2013年度からは約40％の2歳児が受け入れられるよう予算が組まれている。

また、政府は2012年度からピューピル・プレミアムのカバーする子どもを対象とした、中1ギャップ解消(transition)のためのサマースクールを毎年開いている。評価調査によれば2012年の夏休み期間中に1,776のサマースクールが開かれ、参加した子どもたちはおおむね肯定的にサマースクールを受けとめているという(DfE, 2013 b)。

(3) 格差是正への障壁

公平性を政治理念の一つとして掲げる連立政権であるが、その教育改革には、むしろ格差縮小の障壁とみられるものもある。

一つは地方行政の財政カットである。連立政権は「小さな政府」を理念として、政府の財政の規模を大胆に縮小させつつある。そして地方当局の予算は毎年削減されているため、地方当局と歩調をともにしてきた労働党の施策のなかには、打ち切られる事業もある。大きなリスクは地方当局の管轄に移されたチルドレンズ・センターの閉鎖である。地方当局の多くは事業数や人員を削減しながら存続させてきたが、閉鎖されるところも出ている。政府がチルドレンズ・センターを保護しないため、センターの閉鎖は次の選挙までは増えていくという予測もある(4Children, 2013)。学校の予算は維持されても、学校外の支援が弱くなればそれだけ学校に負担がかかる。それは同様に地方予算のもとにあるユースワークやプレイパークなどにもいえる。

次にフリー・スクールの奨励である。フリー・スクールとは、米国のチャー

ター・スクールのように公費で運営できる民間団体の学校である。フリー・スクールは政府や地方行政の管轄からは外れ、ナショナル・カリキュラムにしたがう必要はなく、なおかつ、教員の勤労条件や給与、教員資格を持たない教員の雇用、管理部門、開校日などの設定もすべて自由とされる。連立政権はすべての私立・公立学校に対してフリー・スクールとなることを奨励している。労働党や各教員組合は、これらがミドルクラスにとってだけ有利で、優秀な生徒がひきぬかれる公立学校の弱体化や、教員の勤労条件の悪化につながると危機感を表している。

さらに、Educational Maintenance Allowance（教育継続手当、以下 EMA）の廃止である。EMA とは大学に進学する学生への支給型奨学金であった。連立政権はかねてから EMA をムダづかいとして批判しており、新たな給付金へとおきかえた。しかしあまりの予算の減額とその分配方法（学校単位で配分、障害者優先）のため、本当に貧困にあえぐ子どもにさえゆきわたらないことが多いとの報告もある（Weal, 2013）。これが社会移動の妨げとなれば、貧困の再生産が固定化することにつながる。

四つめは、カリキュラムや資格試験制度の改革である。英語と数学に重きをおくと同時に、正しい発音やスペリング、古典を重視したカリキュラム、算数カリキュラムの高度化が、移民やきびしい環境にある子どもたちを学びから遠ざける可能性が指摘できる。また、連立政権は GCSEs と同列にあつかわれていた職業的資格（NVQs, National Vocational Qualifications）をきわめて限定的なものにし、学校のパフォーマンス表に使えなくしてしまった。さらには、これまで学校における教員の観察によるみとり評価で補われていたリテラシーなどの成績評価を、試験だけの一発勝負に変えた。こうした古典的なカリキュラムや、古い試験方法への回帰が格差の縮小に結びつくとは思えず、むしろ格差の拡大を懸念する声も多い。

さて、具体的にどのような取り組みが現場レベルで行われているのか。われわれはロンドンの行政区の一つであるニューハム区を訪問し行政と学校を3年にわたって視察した。ニューハムを選定した理由はニューハムがロンドンにおいてもきびしい地域にあたり、FSM 生徒の割合が高いことが一つ（2013年で40.2％）。さらにニューハムが、ロンドンの行政区のいくつかと同じく、格差是

正にかかわってすぐれたパフォーマンスを示していることも選定の理由である。ニューハムの FSM 生徒の GCSEs の英数ふくむ 5 科目以上の A*から C 通過率は 50.5％（2013 年：全国では 37.9％）であり、この 50.5％という数値は 152 ある全行政区のなかで 13 番目の上位となる。

調査の 3 年目には学校でインテンシヴな調査を行ったが、その際にわれわれは小学校に着目した。それは早期介入や家族支援が格差是正策のキーになるとみられたからである。次節では、そのニューハムについての概略をみたあとで、小学校のフィールドワークから格差是正にかかわる取り組みを紹介する。

4　ロンドン・ニューハム区の格差是正策

ニューハムはロンドンの東部テムズ川の北辺に位置する、いわゆる「イーストエンド」と呼ばれる移民労働者集住地域の一角を占めており、ロンドンでも最も貧困度の高い地域の一つに数えられる。本節では、このニューハムにおいて実施した 3 年間（2011～2013 年度）にわたる現地調査の結果を、①区レベルの教育行政の取り組み、および②個々の学校レベルの取り組みという二つの観点から整理することで、効果的な学力格差是正策のあり方について具体的に検討を加えてみたい。

（1）ニューハム区の概要

ニューハムの人口は、2013 年現在で約 32 万人、また面積は約 36 km^2 となっており、大ロンドン（Greater London）にある 33 区のなかで、人口では第 4 位、面積では 19 位、人口密度で 11 位（約 8,900 人／km^2）という位置にある（Greater London Authority, 2014）。

図 2 は、2013 年現在のニューハムとロンドン全体、イギリス全体の年齢階層別人口構成を比較したものである。これをみると、ニューハムがロンドンやイギリス全体に比べ、若年層の割合の比較的高い地域であることがわかる。また本区の人口構成をエスニシティ別にみると、2011 年現在、ホワイトブリティッシュの比率が 16.7％ となっており、ロンドン全体の 46.3％、イギリス全体の 79.8％ と比べて著しく低い。そこで、本区において多数を占めるホワイ

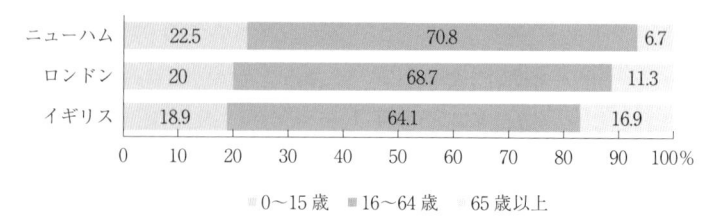

	0〜15歳	16〜64歳	65歳以上
ニューハム	22.5	70.8	6.7
ロンドン	20	68.7	11.3
イギリス	18.9	64.1	16.9

図2 ニューハム・ロンドン・イギリスの年齢階層別人口構成(2013年)

トブリティッシュ以外のエスニシティの詳細をみてみると、アジアンが全体の43.5%(インディアン13.8%、バングラディシ12.1%、パキスタニ9.8%、チャイニーズ1.3%、その他6.5%)で最も高く、次いでブラックの比率が19.6%(アフリカン12.3%、カリビアン4.9%、その他2.4%)となっている(Office for National Statistics, 2012)。このようなエスニックグループの構成と呼応して、英語以外の言語を第一言語(母語)とする生徒(公立の初等・中等教育学校在籍者)の比率も、実に72%に達している(Greater London Authority, 2014)。

本地区の貧困状況に直結しているともいえる失業率については、2012年現在で14.3%で、ロンドン33区中で最も高い(ロンドン全体の失業率が9.0%、イギリス全体が7.8%)。また貧困をはじめとするさまざまな社会的不利益状況の程度を示す「多元的剥奪指標(Index of Multiple Deprivation)」の数値も、ニューハムのきびしい状況を如実に示している。この指標は、七つの領域——収入、雇用、健康、教育・訓練、住宅、生活環境、犯罪——における不利益状況を合成して数値化したものであるが、その剥奪度の高さにおいて、2010年でニューハムは全イギリス326の地方自治体(Local Authority)のなかで第2位となっている(Office for National Statistics, 2012)。

(2) ニューハム区における学力格差の実態と格差是正策

次に、このような状況の下で暮らす子どもたちの学力格差の実態を概観するとともに、ニューハム行政が取り組む学力格差是正策の内容についてみていきたい。

①学力格差の実態

ここでは2013年11月に実施した現地調査にて、ニューハム・カウンシルの担当者から収集した資料をもとに、ニューハムとイギリス全体の学力格差の実

表3 7歳児の平均評定得点の変遷(3教科)

年度	2009	2010	2011	2012	2013
人数	3,812	4,012	4,114	4,467	4,460
ニューハム平均	14.5	14.6	14.7	15.0	15.3
イギリス平均	15.2	15.2	15.3	15.5	15.8
平均差(ニューハム－イギリス)	-0.7	-0.6	-0.6	-0.5	-0.5
有意差	有	有	有	有	有

態を概観する[6]。

表3は、ナショナル・カリキュラム・テストにおける7歳児の3教科(読解・作文・算数)の「平均評定得点(Average Point Score)」の変遷を示したものである。ちなみにこの得点は、7歳児のテストの場合、生徒の成績にもとづいて9点から27点までの値を取る。表中の「平均差」の行をみると、2009年度からの4年間で、両者の差が少しずつではあるが縮まってきていることがわかる。

次に表4は、11歳児の4教科(上記3教科に理科等の教科が加わったもの)の平均評定得点の変遷を示したものである(本ステージでの得点は15点から39点までの値を取る)。この表で目を引くのは、2013年度において、ニューハムの平均値がイギリス平均をわずかではあるが上回っていることである(両者の平均には有意差がある)。困難な生活状況を抱えた子どもたちが多いなかで、このような結果を出していることは注目に値するだろう。

さらに図3は、GCSEsの5科目以上でA*からCの成績をとった者の比率の変遷を示している。この図ではニューハム平均とロンドン平均、イギリス平均の数値の変遷が2005年度から示されているが、これをみると、ニューハムについては、2012年度に若干その数値が落ちてはいるものの、2011年度までは着実に上昇し続けていることがわかる。特に2011年度のニューハムの数値は、イギリス平均を優に超え、ロンドン平均に迫る勢いである。

表4 11歳児の平均評定得点の変遷(4教科)

年度	2009	2010	2011	2012	2013
人数	3,653	2,375	3,749	3,692	3,915
ニューハム平均	27.4	27.3	27.4	28.2	28.5
イギリス平均	27.8	27.4	27.5	28.2	28.3
平均差(ニューハム－イギリス)	-0.4	-0.1	-0.1	0.0	0.2
有意差	無	無	無	無	有

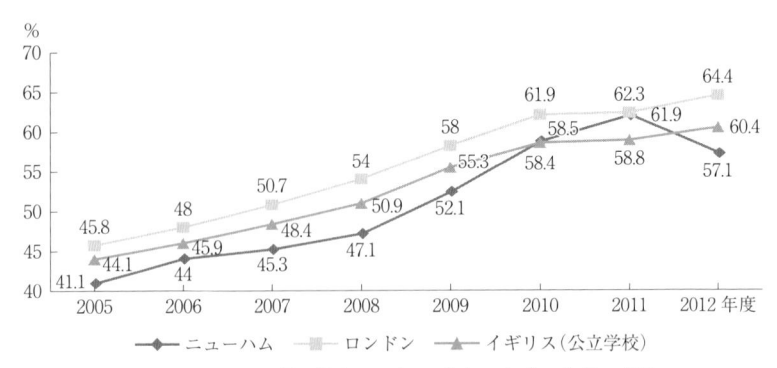

図3 GCSEs・5科目以上でA*〜Cをとった者の比率の変遷
出典：DfE Statistical First Release, 17th October 2013.

②格差是正策の特徴

ニューハムのようなきびしい状況におかれた地域において、上記のような子どもたちの学力の向上をもたらしたものは何か。その要因を特定し、因果関係を実証することは相当に困難であるが、ここでは政策的な観点から、ニューハム・カウンシルの担当者がわれわれのインタビューに応えて語った同地区の格差是正策について検討してみたい[7]。この「ニューハム・アプローチ」(担当者がそう呼んでいた)の特徴は、大きく分けて、(a)校長との関係の重視、(b)きめ細かなモニタリングと迅速な対応、の二点にまとめることができる。以下、それぞれの点について詳しくみていこう。まず一点目の「校長との関係の重視」に関して、インタビューでは次のようなことが語られている。

> ニューハムでは、校長との信頼関係を築くことに力を入れています。校長のことを知り、尊敬し、理解しなければ、彼らは決して動いてくれません。ご承知の通り、校長はわれわれを政府と同じ「蚊帳の外からとやかく叫びたてる人たち(people sort of shouting on the sidelines)」とみなしています。行政担当者の言うことはすべて的外れなので聞きたくない、自分のやり方でやっていく、というわけです。そんな校長に対して、われわれはこう言います…「私たちは、この学校の成績を上げるお手伝いをします。もちろん学校の順位を上げることだけがすべてではありませんが、ある意味では、すごく役に立つんですよ。成績が良くなれば、Ofstedも文句は言わないし、

アカデミーにとって代わられる心配もなくなります。実際、数多くの失敗した学校が閉鎖され、アカデミーに変わっているんですから」(2012/3/5 インタビューより)

このような語りをみると、彼らのアプローチが単に「蚊帳の外から叫びたてる」ようなものではなく、現在の校長を取り巻く状況やその立場を踏まえた、実に現実的なものであることがわかるだろう。校長を動かすことが最も効果的であるという信念のもと、学校を頻繁に訪問し、校長とのコミュニケーションを密にしている様子が、インタビューからは窺えた(「直に校長とともに仕事をする(work directly with headteachers)」というフレーズが強調されていた)。

二点目の「きめ細かなモニタリングと迅速な対応」についても、かなり徹底的な取り組みが展開されている。上でも述べたように、担当者は学校を定期的に訪問し、校長をはじめとする教職員とのコミュニケーションを図りながら、当該学校の教育活動の状況をモニターする。詳しくは後の事例研究において取り上げるが、ニューハムの各学校では、個々の生徒の成績や出欠状況等のデータを6〜8週間ごとにチェックし、何か異変が生じた場合には、その生徒のおかれている状況を詳細に把握して迅速に対応することが求められている。したがって、数字に弱い学校や校長は「危険信号」だという。優れた学校では、学校全体の成績の平均値や最も不利な状況にあるグループの成績等が即座に答えられるそうだ。「われわれは日々、ニューハムにあるすべての学校のデータの山に埋もれて仕事をしています」[8]という担当者の言葉が、その状況を端的に示していて印象的であった。

(3) トルゲート小学校の事例研究

先のニューハム・カウンシルの担当者から紹介を受けて事例調査の対象としたのが、トルゲート小学校である。本小学校は、直近に行われた2008年3月のOfstedによる査察の総合評価が"Outstanding(4段階中のトップ)"となっており、極めて優秀な学校の一つである。ちなみに前回2003年に行われた査察時の総合評価は"Satisfactory(7段階中の第4段階)"であったが、この2008年の査察における躍進は「現校長の卓抜なリーダーシップの賜物だ」という評価も聞

かれた(9)。

①トルゲート小学校の概要

本小学校は、ニューハムの南部、プレイストー(Plaistow)という地区に位置する生徒数478名(5〜11歳児対象、2013年現在)の学校である。また同じ敷地内に、チルドレンズ・センター(乳幼児と保護者対象)とナーサリー(3〜4歳児対象)が併設されている。この学校に通う大多数の子どもたちは、地区内の公営住宅や短期契約の賃貸住宅に住んでいるが、住宅過密地域でもあり、生徒の移動率(入学・卒業以外の転入および転出者の割合)が27%とかなり高い。また近隣地域の失業率も高く、FSM生徒の比率は46.2%となっている。さらに生徒の約90%がエスニック・マイノリティであり、その第一言語を数えると、44言語(35カ国)にものぼる。SEN(特別な教育ニーズ)を持つ生徒については全体の約20%を占めている(10)。調査当日、本校の正門前に立つとまず、たいへんカラフルな看板に目が引き寄せられてしまった。そこには「ようこそトルゲート小学校へ」という看板の横に、大きな文字で「よりかがやく未来(a brighter future)」と書かれた、より大きな看板が掲げられている(**本章扉写真**)。また校舎内においても、廊下の壁のあちこちにカラフルで魅力的な手作りの掲示物が貼られており、いずれも、子どもたちがお互いの違い(多様性)を尊重し合えるような内容となっていた。このような一つひとつの掲示の工夫が、きびしい状況におかれた子どもたちの意識に与える影響は、決して小さくないはずである。

②教育達成の状況

表5は、2013年におけるトルゲート小学校在籍生徒の各ステージにおける

表5 トルゲート小学校在籍生徒の各ステージにおける達成率(2013年) (%)

年齢		読解	作文	算数
4歳	レベル2(達成が期待される最低レベル) レベル3	90 36	90 35	93 39
5歳・フォニックス(発音)	92%(基準レベルに到達した比率)			
7歳	レベル2(達成が期待される最低レベル) レベル3	93 41	93 40	93 40
11歳	レベル4(達成が期待される最低レベル) レベル5	94 87	94 81	93 63

読解（reading）・作文（writing）・算数（numeracy）の達成率を示したものである[11]。この表の見方であるが、たとえば4歳右側の欄の上段は、この時期に達成が期待される最低ラインの「レベル2」の達成率を、また下段はその最低ラインを一段階超えたレベル「レベル3」の達成率を指している。これをみると、どの年齢においても、9割以上の子どもたちが、各年齢で達成されるべき最低ラインのレベルをクリアしていることがわかる。特に注目すべきなのは、11歳の読解と作文において、レベル5、つまり最低ラインを一段階超えたレベルをクリアした生徒が8割を上回っていることである。表5には経年変化が示されていないので正確な数値は不明だが、校長のインタビューでの発言やOfstedの自己評価報告書の記述によれば、毎年ナーサリーに入ってくる子どもたちの能力水準はかなり低いという[12]。だとすれば、このようなきびしい状況にある子どもたちが、本小学校で学ぶことによって、卒業時には着実に学力を身につけているということになる。

③格差是正のための具体的取り組み

それでは、以上のような成果をもたらしている本校の格差是正のための具体的な取り組みについてみていこう。ここではわれわれ調査班が2013年11月4日から8日にかけて行った本校における参与観察およびインタビューにもとづいて、それらの取り組みを(a)モニタリングとトラッキング、(b)早期介入と保護者の支援、(c)リーダーシップと組織運営、の三点に整理して記述する。

(a) モニタリングとトラッキング　学校は6週間ごとに生徒の学習状況や成績等をモニターしているが、このモニタリングは、生徒個々人の目標に照らしてその進度がどの程度なのか、また特別な「介入（intervention）」が必要なのかどうか等を把握するために行われる。これらの作業はもちろん、まずは日々生徒と向き合っている担任の教員による観察等を通して行われるが、そこで把握された情報は、校長と担任の話し合いや6名の教員で構成される「包摂チーム（Inclusion Team）」による月1回の議論を経て共有され、よりきびしい状況におかれている子どもたちに対する介入の必要性が判断される。また特に成績に関するモニタリングについては、Ofsted仕様の「学校情報管理システム（School Information Management System：SIMS）」というソフトウエアが使用されており、個々の生徒の各学期の成績がすべてそこに入力され整理されている。このソフ

トを利用すれば、生徒個々人の成績の動向を時系列的に把握できるのはもちろんのこと、生徒の多様な属性集団ごとに平均値や中央値等が直ちに計算され、各集団間の比較もすぐにできるようになっている[13]。

　以上のようなモニタリングを通して生徒の習熟度が緻密に評価され、その評価にもとづいてトラッキング(習熟度別指導)が行われる。われわれが観察を行った第5学年(9〜10歳)の授業では、教室における生徒の座席がいくつかの習熟度別グループに分けられ、一斉授業とグループ学習が繰り返されていた。とりわけ習熟度の低いグループには、一定の研修や訓練を受けてきたティーチング・アシスタント(非常勤、学校全体で約50名)や教育実習生を配置することによって、丁寧な個別指導が行えるシステムになっている。

　さらに、この習熟度の低いグループのなかでも特にきびしい状況にある生徒に対しては、それぞれの状況に即して、先に述べた特別な「介入」が授業中および放課後に行われる。授業中の介入では、対象の生徒が授業の最中に教室を出て別室に向かい、担当のティーチング・アシスタントによるきめ細かな個別指導を受けた後、授業終了近くになってまた戻ってくる。慣れないわれわれにはかなり違和感があったが、子どもたちにとってはごく自然な日常の風景のようで、対象生徒に対する「蔑視」的な視線もまったく感じられなかった。また放課後には「読書クラブ」と呼ばれる介入が学校図書館において行われる。そこでは専門的な訓練を受けたティーチング・アシスタント4〜5名が、30名ほどの子どもたちに対し、絵本を読み聞かせたり、物語の本を読みながら、その内容に準拠したワークシートを使って読み書きの練習をさせていた。

(b) 早期介入と保護者の支援　先にも述べた通り、本校には乳幼児とその保護者を対象とするチルドレンズ・センター及び3〜4歳児を対象とするナーサリーが併設されており、「早期介入(early intervention)」は基本的にこれらの施設において実施されている。

　まずチルドレンズ・センターでは、アウトリーチ・スタッフによる相談やベビーマッサージ、料理、読み聞かせ、英語の講座、歌や遊びの時間などのセッションが毎日のように開催されている。この「アウトリーチ・スタッフ」とは、助産師や妊産婦健診医と連携することによって、困難を抱える家庭とできるだけ早い段階(つまり出産前)でつながり、そのニーズを把握するとともに、保護

者に対して電話やメール、家庭訪問等を通して連絡を取ることによって、彼・彼女らのセンター来館に対する不安を払拭し来館を促すという役割を担っている。困難を抱える保護者に対してサービスを確実に届けるためには、施設で来館を待つのではなく、家庭に出向いて行かねばならないということであろう。

本センターのスタッフに対するインタビューのなかで「最も大切にしていること」について尋ねると、「ウェルカムな雰囲気を作ること」という回答であった(インタビューの際、われわれもそのような雰囲気を肌身に感じた)。保護者に対して「ちゃんとしなさい」「こうしなさい」といったきびしい指摘を頭ごなしにするのではなく、やさしく語りかけ受け入れながら、ゆっくり時間をかけて関係を作っていくことが重要だという。「私たちは、「拡大家族(extended family)」のような役割を果たしているのです」という言葉が、ここでのスタッフのあり方を象徴していた[14]。また本センターを利用する保護者たちは、われわれのインタビューに対し、これらセンターの多様な取り組みによって、普段の生活では学ぶことのできないトイレットトレーニングや子どもの就寝時間の問題、健康的な料理の作り方などが学べること、また子どもたち自身が、センターに来ている他の子どもたちと一緒に遊ぶことによってさまざまな遊びを覚えていくこと、さらに保護者同士がつながり、アットホームな雰囲気でいろいろな話ができることなどが大変良いと語っていた[15]。以上のようにみてくると、本センターにおける早期介入は、子どもたちの学力そのものを向上させるといった直接的なものではなく、学力形成の基盤となるような子どもの成育環境、とりわけ保護者の生活や育児環境の安定・充実に大きく寄与していると考えられる。

またナーサリーの取り組みにおいて特徴的だったのが、フォニックス(phonics：発音)・読解・作文等の徹底した指導である。先のチルドレンズ・センターの取り組みが学力格差是正に向けた間接的な介入であるとするなら、本ナーサリーにおける取り組みはかなり直接的なものであると言える。もちろん日々「自由な遊び」の活動が重視されてはいたのだが、特にフォニックスについては、システム化された映像教材が使用され、それぞれの文字に対する正確な発音の練習が毎日一定の時間、徹底して行われていた。

(c) **リーダーシップと組織運営**　トルゲート小学校においては、教員(26名)の

カニング校長(右)とビーティー教頭(左). 自慢の
職員専用庭で.

なかに上級リーダーや中級リーダー、教科リーダー等の異なる役割を持つリーダーが存在し、それぞれがチームを編成してさまざまな取り組みを進めている。特に上級リーダーのみで組織された「上級リーダーチーム」は、学校のヴィジョンを明確に表現して全教職員にその内容を伝え実現させていくという重要な役割を担っている。たとえば、本チームのメンバーは「ラーニング・ウォーク (Learning Walk)」と呼ばれる校内巡回を日常的に行うとともに、学期に2回のペースで各教員の授業を観察して評価し、フィードバックを行う。そして教員に対して自ら手本となるような授業を行ったり、同僚教員が行う授業の観察を促すことによって、教員の継続的な専門性の向上に寄与している。

　以上のように、本校においては多彩なリーダーを中心とするシステマティックな運営体制が確立しているが、その先頭に立って卓越したリーダーシップを発揮しているのが校長のトム・カニング氏である。「校長は先導的学習者(lead learner)である」との考えのもと、校長自らが日々、先述のラーニング・ウォークを行って授業を観察するとともに、週一回のペースで授業計画をモニターし、学期の終了時には全教員に対する個別面接を実施して、その教授・学習の内容について振り返りを行う。また教員だけでなく、ティーチング・アシスタントやチルドレンズ・センター、ナーサリーの教職員とのコミュニケーションも大切にしており、彼・彼女らからの信頼も篤いことが、調査期間中のさまざま

別室で一対一指導をうける1年生.

場面で感じられた。ここで最後に、このカニング校長が語る学力格差是正に関するヴィジョンのポイントを示しておこう[16]。

　先進諸国のインナーシティにおいては、多くの子どもたちが困難な経済状況に苦しんでいます。そんな状況を、多くの教師は子どもたちの学力格差が縮まらないことの言い訳にしますが、私はこのような言い訳を断固拒否します。貧困や第一言語が英語でないこと、また住宅密集地に住んでいるということや移動率の高さなどの問題は、学習を妨げる壁となり得ますが、われわれはそれを「壁」にはしない、つまりこれらの問題は克服できるのです。(2013/11/8 インタビューより)

　カニング氏が赴任する前のトルゲート小学校は、かなり危機的な状況にあったという。子どもたちの振る舞いはたいへん悪く、教師たちの力量も非常に低かったそうだ。そんなきびしい状況を何とか立て直してほしいと、ニューハム・カウンシルの担当者から電話があったとき、彼はこの小学校に大きなポテンシャルを感じ、校長として赴任することにワクワクしたというのだ。

　困難な背景を抱える子どもたちの自尊感情は、極めて低いことが多い。それは彼らに、他の子どもたちが持っているようなライフチャンスがない

からです。だからわれわれは、このような子どもたちに学校での経験を通して、自尊感情や自信、独立心や意欲を育みたいと願っています。そうすれば彼らは、学校をライフチャンス獲得への大きな入口として捉えるでしょう。(2013/11/8 インタビューより)

　学力というものは子どもの一側面でしかない、つまり精神的・社会的な健康、道徳的な発達が同時に保障されてこそ学力も伸びる…学力向上の取り組みを考えるとき、そのような全人的な視点が極めて重要だとカニング氏は言う。そのため本校では、心理的に不安定な状況にある子どもに対する個別の相談員によるパストラルケア（カウンセリング、悩み相談）やスポーツ・美術・ドラマ（演劇）・音楽の専門家教員による体育・芸術領域のカリキュラムの充実、国立博物館・美術館の見学や外国への修学旅行の実施等、子どもの体験や学びをより豊かなものにするための活動が活発に展開されている（なお、このような特別活動費にもピューピル・プレミアムが有効に活用されていた）。

5　格差是正の効果とゆくえ

　それでは最後に、これまでの記述にもとづいて、イギリスにおける学力格差是正策の総合的な評価を行ってみたい。
　まず第一の特徴として改めて強調しておかねばならないのは、イギリスにおいては学力格差の是正が重要な政策課題の一つとして掲げられていることである。とりわけ注目すべきなのは、施策のターゲットが明確に設定されているということであろう。具体的には、地方や学校レベルで、生徒の学業達成を詳細な属性集団別に整理して分析し、特に支援の必要なカテゴリーを特定して当該生徒への支援を重点的に行っていくというものである。伝統的に政策のなかで重要視されているのがFSM生徒である。これは労働党政権時代のみならず、政権交代後も引き続き重視され、階層間の格差是正のために膨大な投資がなされてきた。先のトルゲート小学校では、ピューピル・プレミアムの予算を格差是正のためのさまざまな取り組みに有効活用して、着実に成果をあげていた。
　第二の特徴としては、第一の点とも関連するのだが、イギリスでは生徒の学

業達成のモニタリングが、極めて緻密に継続して実施されていることである。この緻密なモニタリングは、国レベルはもちろんのこと、地方レベル、学校レベルにいたるまで徹底して行われている。ニューハム・カウンシルの担当者も「データの山に埋もれて仕事をしている」と語っていたが、実際インタビューの際にも必ず数多くのデータが用いられており、彼らの「数字」に対する並々ならぬこだわりを感じることができた。またトルゲート小学校においても、このような緻密なモニタリングは行われていた。イギリスの各学校には、Ofsted仕様の成績管理ソフト(SIMS)が取り入れられており、比較的容易に生徒の成績管理ができるようになっている。このようにイギリスにおいては、緻密なモニタリングシステムが確立しているのだが、そのことがトルゲート小学校のような形で生徒の指導に活かされるのならよい。しかし現在の全体的な状況をみると、モニタリングの結果が学校のパフォーマンスとして公表されることによって、過剰な競争的環境が醸成され、勝者を生むと同時にかならず敗者をも生み出しているのである。わたしたちが観察したのは「勝者」の学校であるが、うまくいっていない学校も勝者の学校と同数あることになる。

　最後に第三の特徴として確認しておきたいのは、早期教育や早期介入の実践的なスキル、保護者の支援やアウトリーチの重視、他機関との連携等の取り組みが充実していることである。これらの取り組みも、むしろ労働党政権の時代に展開されてきたものであるが、政権交代後も現場レベルでは踏襲されていた。ニューハムの事例では、チルドレンズ・センターによる早期介入の取り組みが、当該施設の「アウトリーチ・スタッフ」によって、困難を抱える保護者を対象として実施されてきている。家庭訪問による出産前からのかかわりが、保護者に安心感を与え、来館を促すのである。助産師や妊産婦健診医と連携して行われるこのようなアウトリーチの手法は、日本における子育て支援のあり方を考えるうえでもたいへん示唆に富むものであろう。さらに強く印象に残っているのが、チルドレンズ・センターとナーサリー、小学校の連携の強さである。この三者が困難を抱える家庭、保護者の情報を共有し、継続的にかかわっていくことで、長期にわたる多面的な支援が可能となっている。このような早期介入による保護者支援の取り組みは、子どもたちの学力形成の基盤となる安定した成育環境を作り出すうえで、極めて重要な役割を果たしている。

以上のような三つの特徴は、すべて労働党政権の頃から変わらないものである。特に4節の事例においてみてきたのは、格差是正策におけるイギリスのすぐれた側面だといえるだろう。おそらくイギリスほど壮大に階層間の学力格差の是正に取り組んだ国は歴史上存在しないのではないだろうか。それゆえ、これら現場の実践には、日本にとって参考になることが数多くあると信じる。

　しかしながら、連立政権のもとで、3節(3)で指摘したような、格差是正の障壁となりうるような施策が片方で展開されていることは大きな懸念材料である。特に懸念されるのは、市場原理のよりいっそうの導入と査察の強化だ。とりわけカリキュラム改革と職業資格やみとり評価の軽視、および、民間の参入を促すフリー・スクールの奨励は、子どもや学校の評価を一律的なものに還元し、なおかつ学校環境をより競争的なものとする。また査察の厳格化も校長や教員たちを苦しめるだろう。現政権のOfstedは協力的というよりは高圧的であるとされ、もともと従来から学校査察はそのストレスから、ときに校長や教員の自殺者を出すほどなのだが、2013年はその割合が増加しているという[17]。大田(2010)はイギリスの教育制度改革をして「品質保証国家の教育改革」と呼んだが、残念ながらOfstedの査察は教育の品質を保証しているのではなく、学校に優劣をつけているだけであり、学校改善に手を貸しているとはいえない。学校のパフォーマンスの公表も教育の品質保証とは程遠く、むしろ学校の勝者と敗者をきわだたせているだけのようにみえる。本当に品質保証に必要な行政官の日常的な視察は、地方の予算削減のために手がまわらなくなっており、フリー・スクールには行政官は来ることはない。

　ある行政官はわたしたちにこう述べた。「連立政権のしたことで、ピューピル・プレミアム以外に評価できると思えるところはない」と。ある意味で、連立政権は旧労働党政権のよい面とわるい面を両方とも強化しているといえなくもない。よい面とは(イニシアチブの一元化による)格差是正策への投資であり、わるい面とはアメとムチと呼ばれる評価主義と擬似市場化である。今後の格差是正の成否は、こうした「わるい面」の影響に対して、どれだけ地方や現場が疲弊せずに堪えられるかにかかっているのかもしれない。

注

1) 連立政権では、教育相のマイケル・ゴーヴが GCSEs を新しいイングリッシュ・バカロレアへとおきかえようとしていたが、各方面からの同意が得られずに断念された（BBC News, 2013）。
2) この小中学校でのナショナル・カリキュラム・テストの通称として、最初に導入されたときの名称である SATs（Standard Assessment Tests）が使われることが多い。
3) アカデミーは、労働党の政策として貧困地域につくられたフリー・スクール。閉鎖された学校のあとに設立されることが多かった。連立政権のすすめるフリー・スクールは貧困削減とは特に関係がない。ともに公費による民間運営学校。
4) Wikipedia における Grade inflation 参照。
5)「フィードバック」とは、教師や学習者に与えられる、自分のパフォーマンスについての情報であり、教師や学習者は自分の行為を改善するためにやりかたを変えたり、重点を変えたりすることになる。日本の授業研究などは教師むけのフィードバックといえる。また、「メタ認知・自己統制」とは、学習者に自分の学習をより明確に考えさせるアプローチであり、目標をたてさせ、学習の進展を自分でモニター・評価させることや、学習動機のコントロール方法をまなぶことなどがふくまれる。
6) ニューハム・カウンシルにおける担当官マシュー・ポータル、ロバート・ヴィンセント両氏に対するインタビュー（2013 年 11 月 5 日実施）において入手した資料（表 3・表 4・図 3）。
7) ニューハム・カウンシルにおけるマシュー・ポータル氏に対するインタビュー（2012 年 3 月 5 日実施）。
8) ニューハム・カウンシルにおけるマシュー・ポータル、ロバート・ヴィンセント両氏に対するインタビュー（2013 年 11 月 5 日実施）。
9) 2013 年 11 月 4～8 日に行ったトルゲート小学校での現地調査において、何名かのティーチング・アシスタントやナーサリー、チルドレンズ・センターの職員、保護者がそのような評価を語っていた。
10) トルゲート小学校が 2012 年 9 月に Ofsted に提出した自己評価報告書より抜粋（http://www.tollgate.newham.sch.uk/our-school）。
11) 同上。
12) 同上の自己評価報告書及びトルゲート小学校の校長トム・カニング氏に対するインタビュー（2013 年 11 月 8 日実施）。
13) トルゲート小学校の副校長ロバート・レーン氏に対するインタビュー（2013 年 11 月 7 日実施）。
14) トルゲート・チルドレンズ・センターの職員に対するインタビュー（2013 年 11 月 4 日実施）。
15) トルゲート・チルドレンズ・センターの利用者（保護者）に対するインタビュー（2013 年 11 月 7 日実施）。
16) トルゲート小学校の校長トム・カニング氏に対するインタビュー（2013 年 11 月 8 日実施）。
17) 2012 年より査察の評価がきびしくなり、かつてあった「満足（satisfactory）」は「要改善（requires improvement）」におきかわった。こうした改革に教職員組合は反感を強めており、2013 年には教職員の自殺者の割合が 80% と上昇していると主張している（Shepherd, 2013）。

参考文献

4Children, 2013, "Children's Centres Census 2013: A National Overview of Developments in Children's Centres," available at http://www.4children.org.uk/Resources/Detail/Children-Centre-Census-2013 [last accessed on 15th April 2014]

Ball, J.S., 2003, "The Teacher's Soul and The Terrors of Performativity," *Journal of Education Policy*, Vol.18, Issue 2, pp.215-228.

―――, 2013, *The Education Debate Second edition*, Policy Press: Bristol.

BBC News, 2013, "Planned switch from GCSEs to Baccalaureate in England 'abandoned'," available at http://www.bbc.com/news/uk-21363396 [last accessed on 10th October 2014]

Clark, G. & Mather, J. (Ed), 2003, *Total Politics: Labour's Command State*, Conservative Policy Unit: London.

Demeuse, M. et al. (Ed), 2012, *Educational Policies and Inequalities in Europe*, Palgrave Macmillan: London.

DfE, 2010, "The Importance of Teaching: The Schools White Paper 2010," available at https://www.gov.uk/government/publications/the-importance-of-teaching-the-schools-white-paper-2010 [last accessed on 30th November 2014]

―――, 2013a, "Pupil Premium 2013 to 2014 Final Allocation Tables," available at https://www.gov.uk/government/publications/pupil-premium-2013-to-2014-final-allocation-tables [last accessed on 2nd April 2014]

―――, 2013b, "The Impact of the Summer Schools Programme on Pupils Research Report," available at https://www.gov.uk/government/publications/the-impact-of-the-summer-schools-programme-on-pupils [last accessed on 2nd April 2014]

―――, 2014, *Statistical First Release: GCSE and Equivalent Attainment by Pupil Characteristics in England 2012/2013*, available at https://www.gov.uk/government/uploads/system/uploads/attachment_data/file/245737/SFR34_2013_KS2_Text.pdf [last accessed on 11th October 2014]

DfES, 2006, "Schools and Pupils in England, January 2006 (Final)," available at http://media.education.gov.uk/assets/files/pdf/sfr382006pdf.pdf [last accessed on 1st April 2014]

Gallagher, P., 2013 (19th July), "Utterly wrong! Flawed! Academics deride league tables that guide Michael Gove's reforms," in *The Independent*, available at http://www.independent.co.uk/news/education/education-news/utterly-wrong-flawed-academics-deride-league-tables-that-guide-michael-goves-reforms-8720956.html [last accessed on 11th October 2014]

Gamarnikow, E. & Green, A.G., 1999, "The Third Way and Social Capital: Education Action Zones and a New Agenda for Education, Parents and Community?" *International Studies in Sociology of Education, Vol.9, No.1*, pp.3-22.

Gillborn, D. & Youdell, D., 2000, *Rationing education: policy, practice, reform and equity*, Buckingham [etc.]: Open University Press.

Greater London Authority, 2014, "London Datastore," available at http://data.london.gov.uk/datastore/ [last accessed on 21st March 2014]

Hetherington, P., 2000 (3rd November), "Come the Devolution," *The Guardian*, retrieved from http://www.theguardian.com/society/2000/nov/03/communities.labourparty [last accessed on

14th April 2014]

林嵜和彦(2007):「英国の拡張学校——コミュニティサービスと学校教育の融合政策」、高田一宏編『コミュニティ教育学への招待』、解放出版社、189-206頁。

Jerrim, John, 2011, "England's 'plummeting' PISA test scores between 2000 and 2009: Is the performance of our secondary school pupils really in relative decline?" DoQSS Working Paper No. 11-09, available at http://www.ioe.ac.uk/Study_Departments/J_Jerrim_qsswp1109.pdf [last accessed on 30th November 2014]

Macpherson, R., 2014, "A tale of two classrooms: London results skew national picture as educational inequality on the rise," available at http://www.demos.co.uk/press_releases/ [last accessed on 11th October 2014]

Office for National Statistics, 2012, "2011 Census, Key Statistics for Local Authorities in England and Wales," available at http://www.ons.gov.uk/ons/publications/re-reference-tables.html?edition=tcm%3A77-286262 [last accessed on 21st March 2014]

大田直子(2010):『現代イギリス「品質保証国家」の教育改革』、世織書房。

志水宏吉(2012):「英国 労働党政権下の学力向上策」、志水宏吉・鈴木勇編『学力政策の比較社会学【国際編】』、明石書店、28-53頁。

Shepherd, J., 2013 (30th March), "Teachers threaten to boycott Ofsted school inspections," in *The Guardian*, available at http://www.theguardian.com/education/2013/mar/30/teachers-threaten-boycott-ofsted-inspections [last accessed on 10th October 2014]

Stewart, W., 2013 (26th July), "Is Pisa fundamentally flawed?" in *TES magazine*, available at http://www.tes.co.uk/article.aspx?storycode=6344672 [last accessed on 11th October 2014]

Weal, R., 2012 (13th March), "One Year on, the 16-19 Bursary is a Shambles," in *The Guardian*, available at http://www.theguardian.com/commentisfree/2012/mar/13/16-to-19-bursary-shambles-students [last accessed on 14th April 2014]

Woodward, W., 2003 (12th June), "Tories Attack Clarke over 'Initiative-itis'," in *The Guardian*, available at http://www.theguardian.com/politics/2003/jun/12/schoolfunding.schools [last accessed on 14th April 2014]

執筆分担
1、2、3節はハヤシザキが、4節は岩槻が、また5節はハヤシザキ・岩槻が担当した。

第4章
フランス
学力二極化に対する共和国の挑戦

大前敦巳・園山大祐

パリの優先教育地域に併設されている小学校．

1 「共和国の学校」としての公共性

フランス革命以来の「自由・平等・友愛」を国是とし、君主を有さない共和制民主主義のもとで、1880年代に公教育相と首相を務めたJ・フェリーによる「義務・無償・ライシテ(非宗教性)」の公教育三原則が確立され、パリを首都とする中央集権国家の主導による教育政策が展開されてきた歴史的経緯のなかで、フランスの学力格差是正策も「共和国の学校」を前提とする一種独特の性質を帯びている。2012年にオランド社会党政権に移行してからも、ペイヨン国民教育大臣とポー=ランジュヴァン学業成功担当大臣のもとで、「共和国の学校再生協議会(concertation pour la refondation de l'école de la République)」を開催し、2013年7月8日に「共和国の学校再生のための教育基本法(LOI n° 2013-595 du 8 juillet 2013 d'orientation et de programmation pour la refondation de l'école de la République)」が公布された。その付属報告書では、約20年にわたる学校教育の停滞が続くなか、OECD-PISAなどの学力調査において困難児童生徒の増加に伴う二極化が進んでいることに言及し[1]、すべての児童生徒の学業成功を目標に掲げて、次のような「共和国の学校再生」の理念を提示した。

> 学校の再生は、市民と共和国の概念にもとづいている。共和国の学校は、各児童生徒に学業成功の道を見つけ、たどることを可能にすべきという要求と志を持つ学校のことである。それは、すべての児童生徒におけるライシテの教育、解放、統合の場である。それは、私たちの共通の棲み家であり、生活水準向上と社会正義を媒介するものであり、共和国の価値を伝達する場所であり、その強い価値を教育し、実践しなければならないのである。(Secrétariat général du Gouvernement, 2013)

このように現在まで脈々と受け継がれる「共和国の学校」は、フランス教育法典の冒頭(第L.111-1条)に記されている通り、児童生徒と学生を中心に構想および組織する公役務(service public：公共サービス)として理解することが重要である。公役務とは、「直接又は間接に公的団体(collectivité publique)の管理に属

し、公益(intérêt public)を有する目的の追求のために提供される役務の総体」(大場、2009、52 頁)と定義され[2]、フランスでも教育の市場化政策に伴ってその概念が変化に直面してきたことが指摘される。「2013 年共和国の学校再生のための教育基本法」においては、公役務の一般規定について、従前の「機会均等に貢献する」に加えて、「学業成功にかかわる社会的および地域的不平等に抗して戦う」という文言が補完された。

この「共和国の学校」を営む公役務は、公私峻別を原則とする公共性に依拠した長い歴史的伝統を築き上げてきた[3]。公立の学校教育は、個人や家族の思想・信条・信教・良心など内心形成の自由を侵さないことが原則となり、伝統的にはカトリックの慣習もふまえて徳育(éducation)は家庭や地域や教会に委ね、学校では主知主義的な知育(instruction)を重視した教育が行われてきた。そうすることにより、多様な出自や立場を持った諸個人の自由を尊厳しながら、学校をはじめとする公共空間のなかで社会的統合を図ることが目指されてきた。

他方、「共和国の学校」を大義名分とする正統性をめぐって、数々の批判や挑戦がなされ続けてきたのも事実である。ブルジョワ階級文化の専有によって出自家庭から相続継承した「文化資本」が、平等を掲げる学校教育を通じて教育達成や地位達成に転換されていく陥穽を、P・ブルデューと J-C・パスロン(1970)が「象徴暴力」と呼んで痛烈な批判を与えたのをはじめ、M・デュリュ＝ベラー(1990)は、同様のメカニズムがジェンダーの再生産にも作用していることを問題にした。フランス革命期以来のグランドゼコール(大学より上位の専門職養成機関)と大学の二元性を持つ高等教育が、「共和国エリート主義」を正統化し、競争選抜の弊害をもたらすことが幾度となく指摘されてきた。

国籍取得に関して 19 世紀半ばから出生地主義をとるフランスは、労働力確保や人権擁護の見地から移民や難民を積極的に受け入れ、特に植民地主義の代償となった移民の大量流入が、単一不可分の共和国理念に動揺を与えてきた。「イスラムのスカーフ問題」としてメディアで大きく取り上げられた 2004 年の「公立学校で宗教的シンボルの着用を禁止する法律」は、公私峻別を厳格に適用するライシテの概念に疑問を投げかけた[4]。移民や労働者の家族が、都市郊外に集住し「ゲットー化」した地域の荒廃が社会問題となり、山間部の過疎地域をふくめて後述する優先教育政策の課題となった。地方語や地方分権を推進

する運動や、職能集団や組合などの中間団体の役割も、国家と個人の間を介在する社会連帯主義の創出に寄与してきた。そのうえに、欧州統合やグローバル化の動きが加わってくる。

　それでもなお、「共和国の学校」への賞賛と批判の双方をふくめて、それを政策的に方向づけていく数々の議論は、私的領域の自由と多様性を保障する公共性を前提に、国民教育を通じて社会的に自立した市民を育成する責務を共有している。よってすべての児童生徒に学業の成功を保障することは、政治的立場やイデオロギーを超えて大義を有することになる[5]。フランスの学力格差是正策は、決して確固たる普遍性を有するのでなく、批判や挑戦にさらされ続けた「共和国の学校」の公役務に対して、さまざまな主張と反論がせめぎ合い、論拠と矛盾を示すエヴィデンスを競い合いながら、民主主義的合意にもとづく政策形成を企て続けてきた。PISAなどの指標ではたとえ期待した学力向上の成果が得られなかったとしても、それに対して公共の議論にもとづく省察と新たな施策を打ち出し、批判を受けとめるプロセスが止めどなく繰り広げられていく点に、私たちが学ぶことは多いであろうと考える。

2　2000年以降の教育政策動向

　フランスの教育政策の展開をみると、日本が経験してきたのとは対照的なところがある。1955年から38年間続いた自民党政権を経て、非自民連立政権や民主党政権に交代したものの、政策の挫折で自民党政権が復活した日本とは異なり、フランスでは、1981年から14年間就任した社会党ミッテラン大統領のもとで、教育を最優先課題とする福祉国家政策が形成された。その間、二度の保革共存（コアビタシオン）を経て、1995年から右派の大統領が選出され、新自由主義政策が加速したが、公共サービスの窮乏化と社会的不平等の拡大を招いた結果、2012年にはオランド社会党政権が復活するにいたった。このような政権の流れをふまえて日仏の教育政策を対比させたのが表1であるが、世界的に1980年代からレーガン・サッチャーの影響下で新自由主義政策への転換が進んだと言われるなかで、フランスでは隣国イギリスで経験したようなニューライト政策の教育システム外要因による変化（志水、2002）が直撃することはな

表1 フランスの政権と教育政策および日本の教育政策

年	フランスの政権	フランスの教育政策	日本の教育政策
1981〜1986	社会党（ミッテラン大統領）	優先教育政策の開始 バカロレア80%目標	臨時教育審議会発足
1986〜1988	第一次保革共存（ミッテラン大統領・シラク首相）		臨時教育審議会第四次答申（個性重視の原則）
1988〜1993	社会党（ミッテラン大統領）	1989年教育基本法 学習期の制定	学習指導要領改訂（新学力観） 学校週5日制導入
1993〜1995	第二次保革共存（ミッテラン大統領・バラデュール首相）		細川・羽田・村山連立政権「児童の権利に関する条約」批准
1995〜1997	右派共和国連合（シラク大統領）	学習指導要領改訂（学校週4日制導入）	中教審「生きる力」第一次答申
1997〜2002	第三次保革共存（シラク大統領・ジョスパン首相）	学習指導要領改訂 コレージュ（中学校に相当）で個別指導の時間導入	中教審「心の教育」答申 OECD, PISA第1回調査 文部科学省へ省庁再編
2002〜2007	右派国民運動連合（シラク大統領）	公立学校での宗教的標章禁止法 2005年学校基本計画法 共通基礎知識技能の制定	学習指導要領改訂（学校完全週5日制） 教育基本法改正 教育再生会議発足
2007〜2012	右派国民運動連合（サルコジ大統領）	学習指導要領改訂（原則学校週4日制） 全国学力テスト実施 小学校で個別支援学習	全国学力・学習状況調査 学習指導要領改訂 民主党政権 公立高等学校無償化
2012〜	社会党（オランド大統領）	共和国の学校再生会議 2013年新教育基本法	自民党政権復活 教育再生実行会議発足

かった。

　2000年以降も第三次保革共存期のジョスパン首相のもとで、社会党主導の教育政策から幕を開けた。右派政権に移行後、2003年9月には、欧州統合を視野に入れて「未来の学校のあり方に関する委員会」(テロー委員会)が設置され、2004年10月に最終報告書「すべての生徒の成功を目指して」が上梓された。この報告書を受けて、2005年4月に学校基本計画法(フィヨン法)が公布され、

1989 年教育基本法(ジョスパン法)を引き継ぐ法律として、2013 年新教育基本法までの中長期的な教育政策の方針を定めた。この法律では、翌 2006 年 7 月に制定に至った共通基礎知識技能(socle commun des connaissances et des compétences)の獲得に必要な手段を、義務教育段階の児童生徒に最低限保障しなければならないと記された(教育法典第 L. 122-1-1 条)。コレージュ修了時に取得する前期中等水準国家資格(diplôme national du brevet：DNB)が、共通基礎知識技能の獲得を認証するものとして、義務化の方向性が打ち出された。

　2006 年には、ドゥ・ロビアン国民教育大臣により、次の七つを柱とする共通基礎知識技能が制定された。①フランス語の習得、②現代外国語の実践、③数学基本単元の知識と科学的教養の習得、④人文的教養の所有、⑤日常的情報通信技術の習得、⑥社会的・市民的コンピテンシーの獲得、⑦自律への到達と進取の気性の獲得。また、優先教育政策においては、最も困難なコレージュ 249 学区(全コレージュの 4.8 %)が、「成功の志網(réseaux "Ambition réussite"：RAR)」と呼ばれる施策に移行し、2010 年までの契約期間で、その学区内の小学校・保育学校と連携をとってネットワーク化が図られた。

　2007 年 5 月にはサルコジ大統領が選出され、規制緩和と市場化を推進する新自由主義政策により学区制廃止の方針が打ち出され、学校選択を促進する政策がとられた。また、学校の自律性拡大を図り競争原理を強化していった一方、緊縮財政により教員や支援要員を大胆に削減し、より少ない人員と経費による効率性を優先する政策が進められた[6]。

　翌 2008 年には学習指導要領が抜本的に改訂され、教育課程基準が示されるだけでなく、学習到達評価を行うことが求められた。同年度より、小学校段階で学習期末に相当する 2 年次(CE1)と 5 年次(CM2)に、フランス語と算数の全国学力テスト(évaluation nationale des acquis des élèves)を実施した。これらの学力テストなどを通じて、学習困難があると判断された児童生徒に対しては、保護者の承諾を得たうえで、個別支援学習を行う時間を導入した。また、春・夏休みの休暇中も、補習期間を設けて小グループによる学習支援を行った(大前、2012)[7]。

　このように新自由主義政策のもとで、個人化された学習支援にもとづくさまざまな学力向上策が導入され、フランスでかねてから課題とされた留年の抑止

など、課程主義の教育制度が持つ問題点を改善すべく、学力困難の児童生徒に対して、個別支援を行うことにより、学力格差の是正を図る試みがなされた。しかし、人員削減が続くなかで、教育の公共サービスが低下し、PISA 2012 の結果に表れたように学力の二極化をくい止めることができず、充分な成果を上げられないまま任期を終えた。

2012 年に社会党オランド政権に移行してからは、全国学力テストを廃止し、教員の増員を図ることで(2012 年に緊急措置として 1,000 人、2013 年に約 7,500 人、2014 年に約 4,500 人を増員)、特に小学校段階で手厚い支援を行うことにより、格差是正を企てようとしている。7 月にペイヨン国民教育大臣が、「共和国の学校再生協議会」を設置し、10 月までの 3 カ月間にわたる討論会に有識者、行政担当者、団体代表者など 800 名以上のメンバーが参加したほか、約 8,200 名が国民教育省のインターネットサイトを通じて意見や情報を提供した。その報告書にもとづいて新教育基本法案が起草され、2013 年 1 月に法案が内閣大臣協議会に受理され、国会審議を経て 7 月に公布されるにいたった。

2013 年新教育基本法にもとづき、9 月の新学期から社会的に困難な児童生徒に対する学力格差是正策として次のことが実施された。早期の言語習得を目的とする 2 歳児からの保育学校就学の復活、「学級数以上の教員を(《plus de maîtres que de classes》)」を方針とするチームティーチングの実施、小学校の修学リズムの改変に伴う放課後補習活動(activités pédagogiques complémentaires：APC)の導入、性差の不平等解消を図る活動の導入、中等教育段階における早期離学(décrochage scolaire)の防止、優先教育政策拡充のための協議会の開催などである。

教育政策評価については、全国学力テストによる評価に代えて、地域教育プロジェクト(projet éducatif territorial)を通じた評価が導入され、国民教育省視学官、学校協力組織(アソシアシオン)、文化・スポーツ施設、保護者など、地域の教育関係者が連携し、登校前・登校中・放課後における子どもの生活時間全体で繰り広げられる行動の一貫性を保障することを目的にしている。さらに、これらの評価結果の透明性を保ち、よりよい教育政策の導入を図るために、独立した第三者評価を実施する学校教育システム評価全国審議会(Conseil national de l'évaluation du système scolaire)が 2014 年 1 月に設置され、委員は 2 名の下院議員、2 名の上院議員、2 名の経済・社会・環境審議会委員、8 名の教育と評価に関

する識者による計 14 名(男女 7 名同数)から構成されている。

3 優先教育による格差是正策のはじまり

　前節にみるようにフランスは、単一不可分な国として、これまで政策上マイノリティに対し、一切の区別をして来なかった。しかし、1959 年に義務教育を 16 歳まで延長し、さらに 1977 年に中学校の単線化「統一中学校」を完全実施したことによって、これまでのエリート教育体制が、すべての児童生徒に対応できなくなっていく。そこに外国人の子どもが加わり、80 年代以降は第二世代(仏生まれ)が到来し、かれらの高校への進学も珍しくなくなる。ちょうどその頃社会党政権下(1984 年)において、同一年齢層のバカロレア段階到達者を 80％ にする計画が打ち出される。

　同時に、こうした移民・外国人・未熟練労働者が特定地域に集中するようになるのは、フランスの都市開発と住宅事情にもある。1960 年代以降に建てられた低家賃住宅(HLM)の多くが都市の近郊にある。こうした郊外(Banlieue)団地問題は、2005 年秋の若者の異議申し立てによって、フランスの移民問題、社会統合の不確かさの象徴とされている。このことに、いち早く警笛をならし問題としたのが、当時小学校教員であったブルガレル夫婦である。かれらは1964 年からパリ郊外(ジュンヌヴィリエ市)のプレハブ住宅に集住していた子どもたちを小学校に受け入れていた。氏は 1966 年に「ジュンヌヴィリエ港小学校」の開設に携わりそれ以降 20 年間この実験的な学校に勤務している。幼少連合の学校で、小規模学級に特殊教諭が配置され、2 歳児からの就学が認められていた。しかし、かれらは 1969 年にある組合誌に「優先教育地域(ZEP)に賛成か、反対か？」という論文を寄稿している。イギリスの優先教育地域(EPA)に倣い、プラウデン報告書を紹介し、フランスにも積極的な差別是正策が必要であることを訴える。これが基になり、1972 年に組合の運動に発展し、1978 年には社会党の政権公約へと発展していく。1981 年に社会党が第 5 共和政になって初めて政権につくと、当時の教育大臣 A・サヴァリはジュンヌヴィリエ港小学校をフランス初の優先教育地域(ZEP)指定校にする。同時期に小学校は「区域の社会的開発(DSQ)」にも指定されている。ジュンヌヴィリエ市は永らく共産党

表2 年表とZEPに関する統計

1981年	7月1日付通達「優先地域」の始まり(Zones prioritaires)
1982年	3月19日付通達「ZEP再定義」(目的と指定地域の指標を再確認) 362 ZEP：≒小6.1%学校(8.3%生徒)；中10.2%学校(10.2%生徒)
1990年	2月1日付通達「第2次ZEP政策」
1992年	12月7日付通達 552 ZEP：≒小9.5%(12.7%)；中15.9%(15.2%)
1994年	1月26日付通達「地域の再整備」
1997年	10月31日付通達「第3次ZEP政策」558 ZEP：約6000校，116万人 『モアザン&シモン視学官報告書』によるZEP政策の再評価
1998年	7月10日付通達「REPの設置，成功の契約」(Contrat de réussite) Rouen集会にて教育大臣のイニシアティヴの確認，次年度予算の優先課題とする
1999年	1月20日付通達「ZEP/REP政策，成功の契約」
2000年	2月8日付通達「優秀教育センター」(Le pôle d'excellence scolaire) 706 ZEP, 808 REP：小13.8%(17%)；中21.1%(21.5%，うち17.3%がZEP)；高175校
2003年	9月1日付通達「学業成功の契約」(Contrat de réussite scolaire)
2006年	3月30日付通達「優先教育政策の方式と原則」．第4次優先教育政策 本土と海外県に優先教育校は，「教育成功網」(=RRS)として5426の保育学校と小学校，807の中学校がある．加えて，海外県も併せた最も深刻な地域には，249の中学校を「成功の志網」(=RAR)と指定する． 10月『アルマン&ジル視学官報告書』による優先教育の再評価
2007年	7月9日付アレテ253の「成功の志網」校名発表
2010年	全国評価実施，「志・革新・成功のための中等教育プログラム」(CLAIR) 第5次優先教育政策
2011年	「志・革新・成功のための初等中等教育プログラム」(ECLAIR)
2013年	7月8日診断報告書提出
2014年	1月16日「3つの柱と14の対策」を大臣が提言．第6次優先教育政策

の市長によって積極的にこうした支援を受けてきたが、現在では都市の再開発によって優先教育地域からも一部抜け出せそうな状況にまで落ち着き始めている。

　2007年度より全国で通学区域の弾力化が実施されているが、決して社会混交(mixité sociale)が一気に改善されるということはない。しかし、70年代より社会党を中心に構想が練られ、1981年に社会党政権の誕生とともにA・サヴァリ教育大臣は、積極的差別是正の対象に「地域(=zone, territoire)」の概念を初めて加える(1981年7月1日付通達)。とはいえ、この「地域」の設定は、「校区」問題と併せて後に多くの教育社会学研究より「ゲットー化」、「隔離化」への一途を作りだした枠組みとして問題とされる(Maurin, 2004, Van Zanten, 1996

など)。ZEP 政策は、「恵まれないものにより多くの支援を」というスローガンの下、それまでの一律主義を改め、各学校の生徒と地域の事情を考慮し、財政、人材の重点的配分を認めた。あるいは学校計画にもとづいた教育計画、教授法の改善による学業向上を目指し、恵まれない地域にはより多くの物的、人的支援を施すことが可能になった。ただし、当時から ZEP の指定を決める各大学区の基準のばらつきが問題とされている。多くの場合、失業者、職業階層(収入)、落第者、奨学生、外国籍の児童・生徒の割合が基準となる。

　こうした課題を受けて、二人の教育行政総視学官を中心に初めての全国調査による『モアザン＆シモン報告』(Moisan, Simon, 1997)がまとめられる。以後、具体的な提案として次のようなことが挙げられる。小学校低学年における学級規模の大幅な縮小(15 人以下)[8]、保育学校における重点的な学力向上対策(2 歳児の就学率、基礎基本の徹底)、チームティーチングの導入、中学校では規模の小さい学校ほど効果が上がっていること、教師の定着を促進するための待遇を改善する方策、地区の「ゲットー化」を防止する対策などである。また、教師の生徒への期待が大きいほど効果がみられることが示された。この点は同時に親の期待の場合にも当てはまる(Caille, 1992)。これ以降は、優先教育の成果として学業成功が導かれているか、どのような学校教育計画が策定されているかなど、学校と大学区、あるいは自治体との「契約」が締結されるようになり、毎年数値目標による成果が求められている。以上が、表 2 にみる 1981 年から 2003 年までの動きである。

4　2005 年秋の暴動を受けて

　特に 2005 年以降にみられる優先教育施策について以下述べることにする[9]。ベナブら(Bénabou et al., 2003)は、ZEP 政策は今後も継続する必要は充分にあるが、同予算を 1％ の生徒に絞ることで学級規模を 12 人にすることができると分析し、同じ経済学者モラン(Maurin, 2004)も述べているように対象をより狭め、「最も必要とするところにより多くの支援を(donner plus à ceux qui ont le moins)」集中的に用意する必要があるという指摘がみられる。こうした研究を受けて、2005 年から 2006 年にかけて新たに教育行政総視学官らの研究班によ

って、たびたび指摘されてきたZEPの目的と基準を明確にし、全体的な問題であるREP(Réseaux d'Éducation Prioritaire：優先教育網)と、より対象を狭めた重点的な対応を必要とする新たなZEPを再定義し、より積極的な差別の是正について検討が行われた。しかし、その検討結果を待たずに2005年秋の郊外における若者を中心とする異議申し立てを受けて、2006年始めに、ドゥ・ロビアン国民教育大臣の下、第4次優先教育政策が実施される。それは、端的に言ってより少数精鋭な施策である。つまり優先教育校を3段階に分け、より深刻な学校に、より多くの支援を図るという趣旨である(通達2006-058号)。この点は、1997年の第3次政策においても指摘されてきたことである。当時、823校を優先教育地域の指定から外し、新たに1792校を指定する予定であったが、1999年度時点で82%が依然指定を受け続けていた(Robert, 2009, p.72)。結局2006年の改革を待たねばならない。当時秋の暴動前に、アルマンとジル教育行政総視学官による優先教育地域の再定義に向けた報告書(Armand et Gille, 2006)が作成されていた。2005年の暴動を受けて、急遽全国から249の中学校を「成功の志網」(RAR)に選び、その傘下に1715の小学校と保育学校が置かれることになる(中学生全体の5%、初等の3.4%に該当)。これ以外に5426の初等教育と、870の中学校が優先教育校(別名「教育成功網」：Réseaux de Réussite Scolaire：RRS)に指定される。1981年から指定校が拡大傾向にあったが、ドゥ・ロビアン教育大臣によって最も深刻な地域とそうでない地域を区別した政策がとられることになる。優先教育全体では、児童生徒数にして初等で10.5%、中学生では16.4%を対象とする。

　ちょうど同じ頃、フランスは、予算組織法(LOLF)を実施し、これ以降は優先教育地域における仏語と数学の全国学力テストの結果や、前期中等水準国家資格(DNB)の取得率などが重要な目標数値として使用されるようになる。1998年から導入された「学業成功のための契約」の実行がより強く求められていくようになる。いわゆる成果主義の導入である。

　さらに通達2008-075号(2008年6月5日付)によれば、2008年度より全国200の高校に対して、学業成功のための学習支援を施すとしている。同様に初等教育、特に「成功の志網」を優先的に、週2時間の学習支援を実施するとしている(通達2008-081号)。これらは、個別支援の徹底であり、「ゲットー」と呼ば

れていた優先地域の学校に光をあて、希望を与えようという政策意図が窺える。こうした一連の政策は、フランスの積極的差別是正政策が地域の領土(territoire)問題から、個別(individu)の成功プログラムへと対象が変化していることを示す。

第4次優先教育政策の2006年から「成功の志網」に指定され4年が経過し、2010年5月19日のRAR総括シンポジウムを経て、2011年から「志・革新・成功のための初等中等教育プログラム」(ECLAIR)に移行している。この2010年のシンポジウムでは、学力格差は一部初等教育では縮小されているものの、中学終了時には拡大していることが指摘され、優先教育政策の結果については継続されなければならないとされた。教育実践についてはコンピテンシー型の教育への移行と、小中の連携、中学生の多様性への個別対応、高校への接続に焦点があてられ、そのほか特に優秀な生徒の進学可能性の拡大、視学官のリーダーシップ、研修の充実、より安定的で継続性のある人事異動、新任教員への支援が指摘されている。2009年度には、254校の中学校、115,291名の生徒、1721校の小学校、283,433名の生徒がRARの対象となっている。全中学生の4.6%、全小学生の5.0%に相当する。RARは、主にリール大学区、エックス・マルセイユ大学区、ヴェルサイユ大学区、クレテイユ大学区、そしてレユニオン大学区に集中している(MEN, 2010)。

2006年から2010年の経過にみる教育状況結果は次の通り(表3)である。留年問題の改善、小学校段階における基礎学力の改善、中学校段階における学力指標の悪化と学校間格差拡大、前期中等水準国家資格(DNB)の取得率にみる学校間格差縮小、高校進学状況の良好さが明らかにされている。

以前から指摘されているが、教員の年齢構成(30歳以下が約4分の1と高いこと)については、改善が充分にはみられない。ECLAIR政策では、教員の人事に校長等が意見を述べることができ、各RAR校に適したプロフィールのある教員を全国規模で募集できるようになったが、その効果は未定である。

学級規模については、小学校で2名程度、中学校では4名程度、優先教育地域以外よりも少なく抑えられている。

とはいえ、こうした政策問題の背景として、社会・経済・文化資本の低さについても言及しておく必要があろう。会計検査院の報告書(Cour des comptes, 2006)によると、たとえばヴェルサイユ大学区の優先教育の中学では、保護者

表3 2006年から2010年の間におけるRAR地域とその他の地域の変化

進　路	RAR指標評価	RARとその他の学校との格差	09年度と10年度の格差
第6級入学時における1年留年者	＋	減	拡大
〃　　2年以上の留年者	＋	減	拡大
第6級における留年率	＋	減	縮小
第3級時における1年留年者	＋	不変	拡大
第3級時における2年以上の留年者	＋	減	拡大
第3級の留年率	＋	不変	縮小
同一校内における第3級への進級者	不変	増	縮小
習熟度			
小学校5年時における仏語習得者	＋	不変	平均
小学校5年時における数学習得者	＋	減	平均
第3級時における仏語習得者	－	増	拡大
第3級時における数学習得者	－	増	拡大
資　格			
DNB取得率	＋	減	平均
成績優秀者	不変	減	拡大
進　学			
全高校1年	＋	減	なし
普通技術高校1年	＋	減	拡大
同高校1年留年	＋	不変	拡大
同高校2年	不変	増	拡大
同高校(理系)2年	不変	増	拡大
職業高校1年	＋	減	縮小
BEP, CAPコース	－	減	縮小

出典：MEN, 2010, p.22.

の職業階層(CSP)のうち庶民階層(主に労働者)が31〜91％を占める。つまり、同じ優先教育校にもそれだけ開きがあり、これら優先教育政策の効果には慎重な診断が必要とされている。

そこで、同じ会計検査院の2010年の報告書は、教育投資に見合わない結果であるとして優先教育政策の見直しを指摘している(Cour des comptes, 2010)。

2012年7月の視学官による報告書では2011年からの「志・革新・成功のための初等中等教育プログラム」(ECLAIR)の実施状況を概観し、2013年7月にはその診断を行っている(MEN, 2013a)。これまで同様に、学業の成功には充分に

導けずにいること、その学業結果において格差が一部拡大し、特に一部の地域では深刻な経済・社会格差がみられることが指摘されている。

これらを受けて各大学区ごとに問題点を確認し、優れた実践の共有を試みようとの会合が 2013 年 11 月から 12 月にかけて全国数カ所で開催された。この報告をもとに 2014 年 1 月に提言がまとめられた(MEN, 2014)。

5 第 6 次優先教育の特徴

第 6 次優先教育政策、2014 年 1 月 16 日の文部大臣の提言では、以下三つの柱が示された(MEN, 2014)。第一に生徒の進路別に適した補習授業を行うこと、第二にしっかりとした教員の養成、定着率の向上と支援、第三に適切な学習の枠組みが必要とされた。より具体的には 14 の対策が求められている。

第一の柱では、①各幼小中ネットワーク(学区)における 3 歳未満の就学前教育の充実、②各小学校には学級数に加えて 1 名の加配教員を配置すること、③第 6 級(中学 1 年)に対しては 16 時半までの補習授業体制を構築すること、④2013 年度から試験的に始めたが、第 6 級の全生徒を対象に ICT 教育による仏語、数学と英語における個別指導教育を実施し、優先教育に充てられている加配教員による週 2 時間の ICT 教育の支援も同時に行うこと、⑤生徒の意欲や興味関心に向けた進路形成への支援、⑥中学校近隣における寄宿舎の建設が予定されている。

第二の柱では、第一に教員同士の共同研究の時間を確保すべく、小学校教員については年 9 日間、中学校教員には週 1 時間半の授業外勤務時間を確保した。第二に現職教育についても最も困難な地域に関しては年 3 日間の研修を保障、またそうした学校の教員を支えるために専門家からの助言がもらえる体制をつくり、新任教員にはチューターを用意することになっている。第三に教員の異動を少なくするために、手当の増額、キャリアアップへの優遇、学校計画書に適した人事が掲げられている。

第三の柱では、第一に 4 年間の学校計画書におけるプロジェクトは、2013 年秋の研究大会において優れた実践に選ばれたモデルをもとに見直すこと、第二に各大学区はその実践計画に対する資金援助を実施すること、第三に毎朝保

護者を学校に受け入れ生徒の成功に向けた交流をとるよう、学校を開放すること、第四に 2012 年に実施した学校の治安改善に向けた補助員の追加募集を 500 名行うこと。第五に小学校には、これまで中学校にしか配置されていなかった看護師を一人用意し、さらに困難な学校にはソーシャルワーカーを常駐すること、とした。

こうした提言を受けて、2014 年春に、102 の中学校が「REP+」(La Refondation de l'Éducation Prioritaire：優先教育再生校)として各大学区より指定を受け、これらの指定校にて上記の施策が 2014 年 4 月より実施されている。その結果を受けて 2015 年度より本格実施の予定である。

今回の政策に期待される点は、学校の内外の連携を強固にし、その研究チームを設置すること、小中の連携を意識したチーム編成であること、指標を設定し経年比較を行うこと、生徒の追跡調査も行うこと、視学官や大学区との協力のもと教員の研修を用意することなどにある。そのため、以下四つの対策が用意された。第一に、小学校教員で、年間半日の研修が 18 回、中学校教員で週 10％ 分が授業外の準備時間に充てられ、年 3 日の研修をふくめた授業時間外の研修が用意される。第二に第 6 級の生徒に対し、授業外の補習時間に有効な個別指導を行う。第三に 3 歳児未満の児童の受け入れを充実させる。第四に各学校の学級数プラス 1 名の加配教員を用意し、そのことによって学業困難な児童生徒の個別対応(取り出しあるいは少人数授業)をしやすくする。また、保護者とのコミュニケーションを図るよう促している。特に REP+校の特徴であり、その学校計画の趣旨説明を学年始に行うよう述べられている。教員には保護者への定期的な説明の機会を用意することが求められている。こうした 102 校の実践を 2015 年 12 月頃までにまとめ、次年度の本格実施に向けた調整を図る。

6 優先教育政策の課題

これら ZEP 研究から明らかとされた教育課題は、低階層が集住する地域への対策である。都市事業における積極的差別是正政策として困難都市地域(Zone Urbaine Sensible：ZUS)の指定があるが、その指定地域に存在する 95％ の中学校は ZEP 校である(2001 年)。2013 年の報告書(ONZUS)では、2012 年の

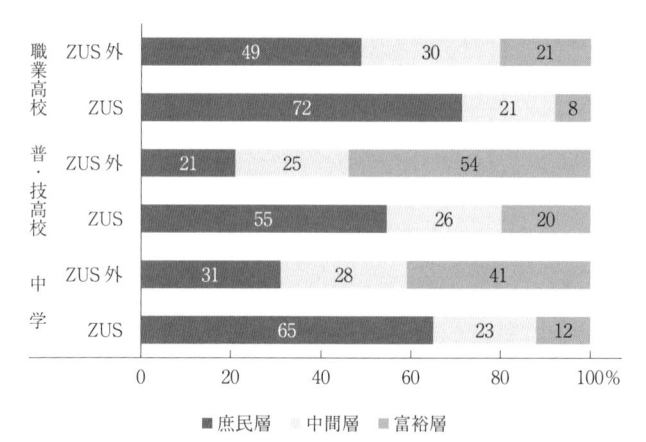

図1 中等教育段階にみる出身階層別比率(ZUS/ZUS 外, 2011 年度)
出典：ONZUS, 2013, p.86.

ECLAIR 校の 301 の中学校のうち 155 校が ZUS にあり、優先教育地域でもより経済社会背景や教育状況が良いとされる 781 のRRS(教育成功網)中学校の 179 校がやはり ZUS にある。ZUS では、「貧困な子ども」[10]が 51.5％ に昇り、生産年齢人口の失業率は 24.2％ である。

こうした社会状況は、かれらの進路選択にも影響がみられ、高校 2 年生の 5 分の 3 が職業系のコースに進学している。図1、表4 にもみられる出身階層と進路選択が ZUS とそれ以外によって異なることも、フランスではよく知られたことである(Bourdieu et al., 1992)。

すでに、多くの研究者が論究しているように ZEP 政策の失敗は、地域への社会的対応が充分ではないことにある。そのため、今回の第 6 次政策は、学校間および地域との連携をより強めることに特徴がある。学校を地域の開発事業

表4 進路状況(ZUS/ZUS 外, 2011 年度, ％)

	普通高校 2 年			技術高校 2 年			職業高校 2 年		
	理系	社会/経済系	文系	ST2S,STG	STL,STI	技術系	CAP	BEP	職業系
ZUS	12	9	5	15	4	1	14	5	35
ZUS 外	27	16	8	12	5	1	6	3	21

注) ST2S, STG＝社会福祉系, 経営科学技術系. STL, STI＝実験科学技術系, 工業科学技術系.
CAP＝職業適格証. BEP＝職業教育修了証.
出典：ONZUS, 2013, p.88.

に取り込んでいくことが大事とされている。そのため近年は、都市事業との関連で政治、経済、教育、医療などさまざまな分野が協力して「貧困」に立ち向かう対策を始めている(11)。つまり、指定地域となることによるスティグマ化が、中間層をその地域から逃避させ、より貧困化、格差が拡大することによる弊害を改善しなければならない。住宅、医療、福祉、教育、文化、公共交通網など総合的な政策が必要とされている(12)。

パリ北東部の第 19 区に位置する優先教育地域においては、2008 年から 2013 年まで 6 年間にわたり継続訪問調査を実施してきた。同地域は、近年文化施設や路面電車が建設されるなど都市再開発が進んでいるが、低家賃住宅(HLM)が林立する街区からなっている。2006～2010 年には RAR に指定され、2011 年から ECLAIR に移行した。校区内には 1 校のコレージュのほか、各 3 校の小学校と保育学校があり、互いに連携のネットワークを組んで支援策を企ててきた。

大部分の児童生徒は移民とその子弟であり、国籍に関しては約 20 カ国の外国人児童が在籍しており、家庭でフランス語を話す機会が多くなく、学校でフランス語の教育を強化する必要性が共有されている。また、同校区は、隣接する郊外地域との間で移住が(主に家賃の影響により)頻繁に行われることが主な原因で継続通学率が低く、教育の連続性が保たれず、政策理念と現実とのズレが大きいという。通学区緩和に伴って空き定員の範囲内で行われる学校選択においても、他学校を申請するケースがほとんどで、この地域の学校が選択されることはないという。

コレージュの教職員組織は、校長、教頭のほか、優先教育政策のコーディネータが 1 名配置され、パリ視学局優先教育本部局(Mission académique pour l'éducation prioritaire：MAEP)の職員と連携をとりながら学校運営に努めている。44 名の教員のほか、生徒指導主任(conseiller principal d'éducation：CPE)が 1 名加配で 2 名の配置となり、各学年 1 名計 4 名の加配教員(professeur référent)が配置されている。加配教員は、特定の専門教科のみならず、学校の状況に応じて柔軟に職務が割り当てられる。教員の年齢層は半数以上が 40 歳以下で、経験年数が少ない者が多いのに加えて、転出による入れ替わりも頻繁にあり、教員チームが安定しないことが悩みになっている。教員以外には、補助教員(assistant péda-

ある小学校の授業風景.

gogique)10名、生徒指導員(assistant d'éducation)9名、欠席生徒連絡員2名、ソーシャルワーカー(assistant social)・進路指導相談員・学校医・看護師各1名が配置されている。

2006年からのRARにおいては、①フランス語の習得、②文化的監禁状態(confinement culturel)からの解放、③進路形成の改善、④児童生徒の安全確保、⑤留年の抑止を主軸とする目標が掲げられた。具体的な措置としては、宿題支援(soutien scolaire)、読書アトリエ、進路支援、リセ(高校に相当)・企業との交流、文化・スポーツ活動、保護者の識字学習などのプログラムのほか、地域の公共施設や諸団体と連携した数々の活動が取り入れられた。パリ市の学校は、敷地が狭いためスポーツ活動に制約があるものの、美術館・博物館・図書館などの文化施設・団体と連携した諸活動が豊富に提供されている。しかし、パリ市では政府・市(パリは県と市が同一)・区によって、首長や議会の勢力が異なることが常態で、教育政策に対立・齟齬・重複などがあって連携の組み合わせは非常に複雑になり、調整は困難をきわめるという。

校区内の保育学校では、約半数の子どもがフランス語を母語とせず、家庭でフランス語を使用しないハンディキャップを補うために、幼少時から少人数グループによる言語学習を強化してきた。小学校では、ワークブック式の教科書が無償配付され、そこに直接書き込む形で基礎学習の積み上げを図っていた。コレージュでは、RAR専用室で困難を持つ生徒を対象に、補助教員が少人数グループによる補習を行っていた。また、インターネットによる宿題支援システムも導入されていた。このように校種間を通じて一貫した継続的な学習プロ

グラムの導入が目指された。

　コレージュにおいては、教科横断的学習の導入も試みられた。2010年からの非識字防止プログラムによるフランス語の読み書きの補習に関しては、教科を超えた教員が4～6名のチームを作り、コーディネータと図書館司書の協力を得ながら少人数グループによる補習を実施した。また、1・2年次の科学教育においては、科学技術統合教育（enseignement intégré de science et technologie：EIST）が実施され、物理化学、生命地球科学、技術の教員がチームになって、「パン生地を捏ねる手（la main à la pâte）」と呼ばれる、具体的素材を用いた手作業を中心とする統合授業プログラムを実施した。それによって、共通基礎知識技能における科学的教養の習得が目指された。

　学校外との連携も重要課題に挙げられた。2011年からのコレージュ入学者に対しては、学校生活、学習態度、規律、安全、健康などについて、学校・保護者間のパートナーシップを図るための入学前説明会を開催し、その要領をまとめた「保護者の道具箱（mallette des parents）」と呼ばれる情報カードとDVDが配付された。小学校においても、パリ市による放課後の読書と算数の課外教育支援に、保護者が参画しコミュニケーションを深める「後押し支援（coup de pouce clé）」が導入された。リセとの連携においては、職業リセへの進路選択に向けた職業訓練プログラムの実施のほか、成績優秀者に対しては、アンリⅣ世校やルイ大王校などグランドゼコール準備級への進学を可能にする名門リセに優先入学できる「リセへのトランポリン（≪tremplin vers le lycée≫）」プロジェクトが導入された。

　コレージュにおいては2013年11月に2日間の観察を行うことができ、学校生活の規律を重んじる生徒指導・監督の様子を見ることができた。朝の登校時は校門で補助教員が一人ひとりの生徒に連絡帳のチェックを行い、遅れてくる生徒をきびしく注意していた。9時に授業のベルが鳴ると、生徒が教室に入っていくが、数名の生徒が校庭に残っておりCPEが校舎のなかに追いやっていた。2名配置されたCPEの一人はギリシャ系移民子弟であり、生徒の立場や気持ちを推し量りつつも、距離をとって職務に専念することが重要だと答えていた。CPEの部屋の隣には、別室学習室（salle de travail）と呼ばれる部屋があり、教室退去処分を受けた生徒が、補助教員の指導を受けていた。

休み時間中、松葉杖をついた男子が保健室に来るが、次の授業時間にウソの演技だとわかり、補助教員が松葉杖を取り上げて彼を別室学習室に入れた。その後、別室学習室には入れ代わり立ち代わり数名の生徒が入ってきて、個別に勉強をさせられたり、室内の掃除をさせられたりしていた。午前の授業が終了して昼休みに入ると、授業の終わった生徒と教師は帰宅していく。帰宅時も校門で連絡帳のチェックが入り、学内食堂で昼食をとる生徒は学年順に整列をしていた。昼休みには、図書室で新聞や雑誌を読む Club Journal の課外教育支援が行われており、一部の登録生徒が活動していた。他の多くの生徒は、校庭で賑やかに遊んでおり、携帯電話を持ち込んで画面を覗き込んだり音楽を聴いたりする生徒も多かった。

　16時35分に午後の授業が終了すると、多くの生徒はロッカーの荷物を取り出して帰宅する一方、宿題支援や文化活動の課外教育支援に参加する者もいた。帰途につく生徒と歓談してみると、今日は1日楽しく勉強できたと皆笑顔で答えていた。ポーランド系の校長先生と対談してみると、観察に入る前の休暇期間明けだった週の初めは生徒に落ち着きがなく、休み時間の5分前に授業を切り上げざるを得ない状況だったが、通常通り授業を行うことができるようになり、生徒の状況がかなり安定・改善してきたと述べていた。社会的に困難な生徒が多数を占めるなかで、優先教育政策のさまざまな公的措置が動員される一方、学校の日常生活においては、生徒たちは問題を抱えつつも自分なりに楽しく過ごそうとし、教師たちは指導・監督に追われつつも与えられた職務に専念

パリ第19区の優先教育地域に開通したトラム
(その後方に低家賃集合住宅が見える).

し、「しんどい学校」ならではの変わり映えのしない毎日が続いているのだと思われた。

7　学力格差是正策の成果と課題

　以上のように、フランスの学力格差是正策においては、単一不可分の「共和国の学校」を理念とし、公私峻別を原則とする公役務によって、すべての児童生徒の学業成功を目標とする施策が打ち出され、社会的に困難な地域の学校においては、優先教育政策が1981年から現在にいたるまで継続されてきた。フランスでは2000年以降、社会党政権によって築かれた教育政策基盤のうえに、右派政権により市場競争にもとづく成果主義と効率化を導入する新自由主義政策が加速し、欧州統合を視野に入れたコンピテンシー評価と個別支援を重視する教育改革が進められていった。2012年以降は社会党政権が復活し、特に初等教育への手厚い予算・人員配置による社会的困難の解消を目指す「共和国の学校再生」が企てられている。

　優先教育政策が動員される地域の学校の多くは、移民や労働者が集住する都市郊外に立地しており、移民の社会的統合をふまえた学力格差是正策が発展し、先進的・実験的取り組みが推進されていった。多大な予算と人員の動員に対する教育効果への疑問視が取りざたされた一方、新自由主義政策に伴う通学区緩和と学校選択の推進は、社会混交と隔離化をめぐる格差是正策の争点となり、優先教育政策にも大きな影響を与えた。結果的に優先教育政策が学力格差是正の成果を上げたとは言い難いものの、地域や学校によって事情に応じた多様な教育方法や学習支援が取り入れられるようになり、より効果的な方策が模索されていると言えるだろう。

　私たちは、現在多様に展開されている優先教育政策の事例を調査してきたわけであるが、ここでフランス人によるエスノグラフィックな先行研究との整合性を確認することができよう。最も初期のものでは、Dubet(1987)が都市郊外で不安定な境遇に置かれて彷徨い生き抜く若者たちの「ガレー船」と呼ばれる困難な経験を調査し、A・トゥレーヌの「行動の社会学」を発展させて、産業社会の危機に呼応した、衝動的でもろく主体的に組織化されない表象、感情、

行動を直視する「経験の社会学」を展開した(Dubet, 1994＝2011)。ブルデューらの研究グループが 1993 年に出版した『世界の悲惨』においては、1980 年代以降に教育拡大と就学長期化が進むなか、より継続的・段階的かつ、よりソフトなやり方で、リセや高等教育の遅い時期まで選別が引き延ばされ、教育システムの「内部から排除された者(exclus de l'intérieur)」を生み出したと指摘された(Bourdieu et Champagne, 1992＝1993)。Balazs et Sayad(1993)は、1990 年に校内暴力による学校荒廃の危機に向き合った ZEP の教師の語りから、手の施しようのない絶望的な状況に置かれながらも、学校の秩序維持に全力を尽くした自らの職務に敬意を払い、かすかな希望を見出そうとする姿を記述した。Beaud (2002)は、1985 年のバカロレア同一年齢取得率 80％目標以降、都市郊外の ZEP 地域で労働者や移民の家庭で育った「学校民主化の子どもたち」を 10 年にわたり追跡し、進級は容易になったが多様に分岐した就学状況下で、常に不安定な境遇をしたたかに生きることを余儀なくされ、矛盾、屈折、苦渋に満ちた経歴をたどっていった様相を描出した。

　学校内部においては、Payet(1992)が都市郊外のコレージュで 2 年間のエスノグラフィー研究を行い、社会構築主義の立場から、学問的無関心にさらされてきた郊外居住者のエスニックな視点と、学校をはじめ公共政策の視点との乖離が、礼儀(civilité)と無礼(insolence)の齟齬に起因する逸脱行為を生み出す面があることを剔出した。同様に、都市郊外の 2 校のコレージュで「舞台裏(coulisse)」の内部過程を描出した著書では、学校での礼儀というもの自体が、現場のローカルな状況に応じた社会的相互作用を通じて新たに構築され、各学校の日常的市民性(citoyenneté ordinaire)によって異なる公共空間(espace public)が出現することを指摘した(Payet, 1995)。

　Marchive(2003)は、ZEP の小学校初年次への移行過程に着目したエスノグラフィー研究を行い、学校からの文化的距離が大きい家庭出身の子どもたちが、家庭から離れて学校世界に適応するうえで重要な時期に遭遇していることを示した。また、教師と子どもの「共同構築(《co-construction》)」によって社会的現実が構築されていくとともに、学校生活の暗黙の規則を学習するためにさまざまな儀礼(rituel)が営まれることを明らかにした(Marchive, 2007)。コレージュへの移行においても、2008 年の 1 年次新学期から数カ月間にわたる参与観察と

教職員へのインタビューを通じて、「そこで何が起こっているのか？」、「教師たちは自ら行っていることについてどう考え語るのか？」という二つの問いから、当事者に察知されない中学校生活の「隠れた次元」に分け入った探究を試みた(Marchive, 2011)。校長は、生徒や保護者の文化多様性への対応に苦慮しつつ、外柔内剛(ビロードの手袋をはめた鉄の手！)の精神で、教職員との連帯を強めながら、学校で一つの共通文化を共有することを重視し、学校内での礼儀の必要性を強調する厳格な教示を行う一方、教員たちが状況に応じて時宜に適った運用を図りながら学校秩序を形成していく様相を描き出した。

これらの知見を鑑みると、一口に「共和国の学校」としての公共性と言っても、それは決して中立普遍のものではなく、学校が置かれた社会的状況に応じて、特にエスニシティや社会階層の混成状況に応じて、学校での礼儀として表出する公共空間のあり方が多彩に変容していくことが第一に挙げられよう。都市郊外に集住する子どもたちのキャリアが不安定でうつろいやすい状況に置かれていると同時に、それが教育拡大政策に伴う就学が長期化した学校教育に依存しているために、葛藤に満ちた学校生活を送らざるを得ないデリケートな心情が強く抱かれる。それに対して、学校教職員が公役務としてどのように向き合い、家庭・地域と学校の文化的距離を縮め、児童生徒を学校生活に適応させ、学校での礼儀を身につけさせるか、そして学校秩序をどうやって維持していくか。そういった諸課題が学校の公共空間のなかで色濃く反映するとすれば、フランスの伝統的な知育重視の教育は必然的に変わらざるを得ないだろう。学力格差是正策にも、学校現場のローカルな日常的市民性に合わせた公的措置を組み込むことが重要になるのであり、優先教育政策の先進的な取り組みは、おそらくそうした点を充分考慮に入れた独自の教育支援体制を構築しているのではないかと考えられる。

その点からみれば、2000年代以降、特に2007～2012年のサルコジ政権期に加速した、競争原理と効率性を重んじる新自由主義教育政策は、学校の置かれた社会的状況によって異なる公役務の多様性・独自性を斟酌できなかった意味で問題ぶくみだったと言えよう。全国学力テストなどによる学習到達評価をもとに、成績優秀者にはエリート教育の門戸を開く一方で、主として社会的困難層の学習困難の児童生徒に対して個別化された学習支援を行い、さらには逸脱

のサンクションを高めて指導強化を図っていった手法は、単一不可分の共和国理念を盾にとった同化主義政策に後退したとみることもでき、学力の二極化をもたらした一つの遠因になったと考えられる。社会党政権の 2012〜2014 年に着任したペイヨン国民教育大臣も、「前共和国大統領、ニコラ・サルコジの側における大きな過ちは、共和国と学校の間の骨肉の深遠な関係を理解しなかったこと、そして知識へのかかわりや良心の自由よりも国家の同一性(identité nationale)を探し求めていったことにあった」(Peillon, 2013, p.11)と述べている。

注
1) PISA 2012 におけるフランスの順位(平均点)は、読解力 21 位(505 点)、数学的リテラシー 25 位(495 点)、科学的リテラシー 26 位(499 点)であり、中位グループに位置している。読解力における高得点群(レベル 5 以上)の比率は、2000 年 8.5％、2009 年 9.6％、2012 年 12.9％ と上昇した一方、低得点群(レベル 1 以下)は、2000 年 15.2％、2009 年 19.7％、2012 年 18.9％ と高比率で推移している。2012 年の重点的調査である数学的リテラシーにおいては、2003 年と比較して高得点群が 15.1％ から 12.9％ へ減少した一方、低得点群は 16.6％ から 22.4％ と上昇した。このことから特に学力困難層の増大が、学力二極化の要因になっていることが問題にされた。
2) 『フランス法律用語辞典』(Guillien et Vincent, 1993=1996: p.274)によれば、公役務の概念は、フランス行政法の適用範囲を決定するために用いられる要素の一つであり、実質的意味においては、「一般的利益の必要を充足することを目的とし、そのようなものとして行政により保障され、また監督されなければならないすべての活動」と定義され、形式的意味においては行政と同義であると述べられる。
3) ただし、イギリスで発達した公人・公序としてのパブリックと、私人・私事としてのプライベートの関係であるよりは、共和制国家と個人(市民)の社会契約的な関係を基礎にしているところにフランスの特色がある。
4) この問題については、日本語でも多くの解説や論評が書かれているが、この法律の制定を提言した大統領諮問委員会(スタジ委員会)の委員を務めた Costa-Lascoux(2005)が、日本人をはじめ外国人向けに寄稿した論文を読むとわかりやすい。そこには、ブローデルの言を借りて「フランスの名は多様性」のもとで、「共和国理想」にもとづく政治的統一を図ろうとしてきたライシテの複雑な歴史的経緯が綴られており、エスニックな共同体主義ではなく法の下での個人的統合による、公的空間における共通の価値への同意にもとづく「共生(《vivre ensemble》)」の意志によって、文化的多様性が発達したと述べられる。
5) 前サルコジ大統領政権は、学区制廃止を掲げて学校選択を推進し、居住地住み分けによる格差を固定化する学区制の廃止こそが、社会混成を促して競争的環境のもとで教育成果向上を期待できると主張した。その論理に対し、専門家サイドからは、学校選択が社会混成を促すどころか、困難な学校の回避による隔離化と不平等拡大をもたらすというエヴィデンスが示され、公共空間の場で活発に繰り広げられた反論から学区制廃止の阻止に至ったことは記憶に新しい(園山編、2012)。

6) 2007年8,500人、2008年11,200人、2009年13,500人、2010年と2011年は各16,000人の教員が削減され、任期中5年間で約8万人の教員削減が行われた。フランスの公立初等中等教育の教員数は、2006年時点で約75万人、2012年は68万人弱となっている。また、特別支援網(réseaux d'aides spécialisées aux élèves en difficulté：RASED)と呼ばれる、教育指導員、生徒指導員、心理カウンセラーからなる専門職員の学校巡回による支援要員数も、2008年より心理カウンセラーを除いて減少が続いた(2007年15,028人、2008年14,844人、2009年12,597人)。
7) また、2008年より国民教育省を含む省庁間共同事業として「エクセレンス寄宿舎(《internat d'excellence》)」を建設し、優先教育政策の学区や地方の過疎地域を優先して、コレージュから高等教育までの成績優秀者を全寮制で入居させる取り組みが始まった。伝統的な名門リセが集まるパリ市とそれに隣接するクレテイユ地域においては、「成功の束(《Cordées de la Réussite》)」という名称で成績優秀者を受け入れる「リセへのトランポリン」プロジェクトが取り入れられた。
8) 後のピケティらの研究は、実際にZEP小学校のCE1の学級規模を5人減らすこと(全国ZEP校の平均は15.9人)で、算数とフランス語の学力テストの結果を改善できるとしている。また学級規模の縮小効果は、高校、中学より小学校段階でより高いとされている。報告書では経済学者らしく、この学級規模縮小は財政負担なしという条件で検討されている(Pikkety, T., Valdenaire, M., 2006)。
9) ZEP政策の初期については、これまでに岩橋(1997)が、園山(2005、2009)も2008年まで考察しているので、ここではその概略を表2に示すのみにしたい。
10) 貧しい家庭に育つ子どものことである。世帯主ないし、共働きの場合は合計の収入を家族構成員数で割ったときの一人あたりの金額が、フランスにおける一人あたりの等価可処分所得の中央値の60%以下となる子どもを指す。詳細は、園山(2013)に詳しい。
11) 2008年の「希望の郊外」政策は、その点で期待されたが、残念ながら次政権に引き継がれなかった。詳細は、園山(2009)に詳しい。
12) この点で成功しているのが、パリ近郊のジュンヌヴィリエ市であろう。パリから地下鉄および市電が延長されたことによる交通網の発達と、集合住宅の新たな建築による社会混成を高めることに成功し、現在REP+からも外れている。

参考文献

ARMAND et GILLE(éd), 2006, *La contribution de l'éducation prioritaire à l'égalité des chances des élèves*, Rapport Igen & Igaenr, no. 2006-076.

BALAZS, G. et SAYAD, A., 1993, 《La violence de l'institution》, Bourdieu, P. (dir.), *La misère du monde*, Seuil, pp. 683-698.

BEAUD, S., 2002, *80% au bac... et après? : Les enfants de la démocratisation scolaire*, La Découverte.

BENABOU, R. et al., 2003, Zones d'éducation prioritaire: quels moyens pour quels résultats?, *documents de travail du CREST*.

BOURDIEU, P. et PASSERON, J.-C., 1970, *La reproduction: Éléments pour une théorie du système d'enseignement*, Minuit. ＝宮島喬訳『再生産――教育・社会・文化』藤原書店、1991年。

BOURDIEU, P. et CHAMPAGNE, P., 1992,《Les exclus de l'intérieur》, Actes de la recherche en sciences sociales, 91/92, pp. 71-75. =1993, Bourdieu, P. (dir.), La misère du monde, Seuil, pp. 597-603.
BOURGAREL, A. et B., 1969, Pour ou contre les《ZEP》, Interéducation, no. 9, mai 1969, pp. 11-13.
CAILLE, J-P., 1992, Les parents d'élèves de collège et les études de leur enfant: attentes et degré d'implication, Education et formation, no. 32, pp. 15-23.
COSTA-LASCOUX, J., 2005,《La laïcité à la française》, 小泉洋一訳「フランス的なライシテ」、『日仏教育学会年報』第11号、53-66頁。
Cour des Comptes, 2006, La politique d'éducation prioritaire, Rapport public annuel, La documentation française.
Cour des Comptes, 2010, Rapport public thématique: L'éducation nationale face à l'objectif de la réussite de tous les élèves, La documentation française.
DUBET, F., 1987, La Galère: Jeunes en survie, Fayard.
DUBET, F., 1994, Sociologie de l'expérience, Seuil. =山下雅之監訳『経験の社会学』新泉社、2011年。
DURU-BELLAT, M., 1990, L'école des filles: Quelle formation pour quels rôles sociaux?, L'Harmattan. =中野知律訳『娘の学校——性差の社会的再生産』藤原書店、1993年。
GUILLIEN, R. et VINCENT, J., 1993, Lexique de termes juridiques (9ᵉ édition), Dalloz. = 中村紘一・新倉修・今関源成監訳『フランス法律用語辞典』三省堂、1996年。
HAGNERELLE M., et al., 2012, Élargissement du programme CLAIR au programme ECLAIR, Rapport Igen & Igaenr, no. 2012-076, juillet 2012.
岩橋恵子(1997):「教育優先地域(ZEP)政策の展開とその意義」、小林順子編『21世紀を展望するフランス教育改革——1989年教育基本法の論理と展開』東信堂、257-277頁。
MAURIN, E., 2004, Le ghetto français, Seuil.
MARCHIVE, A., 2003,《Ethnographie d'une rentrée en classe de cours préparatoire: comment s'instaurent les règles de la vie scolaire?》, Revue française de pédagogie, vol. 142, pp. 21-32.
MARCHIVE, A., 2007,《Le rituel, la règle et les savoirs: Ethnographie de l'ordre scolaire à l'école primaire》, Ethnologie française, vol. 37, pp. 597-604.
MARCHIVE, A., 2011, Un collège Ambition Réussite: Ethnographie d'une rentrée en classe de sixième, L'Harmattan.
MEN, 2010, Bilan national des réseaux《ambition réussite》, juin 2010.
MEN, 2013a, Évaluation de la politique de l'éducation prioritaire Rapport de diagnostic, CIMAP-17, juillet 2013.
MEN, 2013b, Les assises académiques et inter-académiques de l'éducation prioritaire, Novembre et décembre 2013, Synthèse nationale.
MEN, 2014, Refonder l'éducation prioritaire, Dossier de présentation, 16 janvier 2014.
MOISAN, C., SIMON, J., 1997, Les déterminants de la réussite scolaire en zone d'éducation prioritaire, INRP.
大場淳(2009):「高等教育の市場化：平等と卓越の追求の狭間で——フランスにおける公役務

概念の変化に着目して」、『大学論集』第 40 集、49-68 頁。
大前敦巳(2012)：「フランスの学力向上策と個人化された学習支援の多様性」、志水宏吉・鈴木勇編『学力政策の比較社会学(国際編)——PISA は各国に何をもたらしたか』明石書店、79-98 頁。
ONZUS, 2013, Rapport 2013, *Observatoire national des zones urbaines sensibles*, 240p.
PAYET, J.-P., 1992, 《Civilités et ethnicité dans les collèges de banlieue: enjeux, résistances et dérives d'une action scolaire territorialisée》, *Revue française de pédagogie*, 101, pp.59-69.
PAYET, J.-P., 1995, *Collèges de banlieue: Ethnographie d'un monde scolaire*, Méridiens Klincksieck.
PEILLON, V., 2013, *Refondons l'école: Pour l'avenir de nos enfants*, Seuil.
PIKETTY, T., VALDENAIRE, M., 2006, L'impact de la taille des classes sur la réussite scolaire dans les écoles, collèges et lycées française, dans *Les dossiers*, no.173.
Secrétariat général du Gouvernement, 2013, *LOI n° 2013-595 du 8 juillet 2013 d'orientation et de programmation pour la refondation de l'école de la République*, Légifrance. gouv. fr. http://www.legifrance.gouv.fr/ (2015 年 3 月 9 日最終アクセス)
ROBERT, B., 2009, *Les politiques d'éducation prioritaire*, PUF.
志水宏吉(2002)：『学校文化の比較社会学——日本とイギリスの中等教育』東京大学出版会。
園山大祐(2005)：「ZEP 政策の展開と教育の民主化」、『フランス教育学会紀要』第 17 号、59-68 頁。
園山大祐(2009)：「移民の子どもの教育と優先教育」、『フランス教育の伝統と革新』大学教育出版、259-267 頁。
園山大祐編(2012)：『学校選択のパラドックス——フランスの学区制と教育の公正』勁草書房。
園山大祐(2012)：「フランスにおける学力・学業格差是正に向けた取り組み」、『フランス教育学会紀要』第 24 号、39-48 頁。
園山大祐(2013)：「フランスにおける移民教育の転換」、近藤孝弘編『統合ヨーロッパの市民性教育』名古屋大学出版会、178-194 頁。
VAN ZANTEN, A., Fabrication et effets de la ségrégation scolaire, PAUGAM, S., 1996, *L'exclusion, l'état des savoirs*, La découverte, pp.281-291.

執筆分担
1、2 節は大前、3、4、5、6 節前半は園山、6 節後半、7 節は大前が執筆した。

第5章
ドイツ
格差是正に向けた連邦・州・学校における多様な取り組み

†

布川あゆみ・森田英嗣

グループ学習の一風景——教師二人で各グループを見て回る．ベルリン・ファニー・ヘンゼル基礎学校にて．2013年9月12日撮影．

1 はじめに

ドイツでは 2001 年末に公表された PISA 2000 年調査の結果によって、いわゆる「PISA ショック」が生じた(長島、2003)。調査対象 3 分野すべてにおいて OECD 平均 500 点を大きく下回ったことは、「惨憺たる」結果として受け止められた(表 1 参照)。3 分野のなかでも特に読解力においては学力格差が大きいことが明らかとなった。レベル 5 以上からなる高学力層の割合は他諸国と比較して大きな差はみられなかったものの、レベル 2 未満からなる低学力層がしめる割合が高かったからである。その後ドイツではレベル 2 未満の子どもを「リスクグループ」として独自に名付け(Deutsches PISA-Konsortium(Hrsg.), 2002: S. 19)、問題を抱える層として着目がなされていく。そしてこのリスクグループに移民の子どもが集中していたことから、低学力層である移民の子どもの学力向上がドイツ社会にとっても急務であると議論されていく(布川、2009)。さらにドイツにおいては、その後の PISA-E 調査[1]によって 16 ある州間の学力格差も大きいことが示された。

PISA 調査をきっかけに数々の教育的課題を抱えていることが明らかとなったドイツでは、州間での合意形成を進める一方で、州ごとにさまざまな教育改革・教育政策を展開していくこととなる。

近年行われた PISA 調査結果における得点の変化を見ると、3 分野すべてにおいて得点が上昇しており、PISA 2012 年調査でははじめて 3 分野すべてで OECD 平均 500 点を上回る結果となっている(表 1)。またレベル 2 未満である

表 1 PISA 調査における得点の経年的変化(点)
―― ドイツの場合

調査年	2000	2003	2006	2009	2012
読解力	484	491	495	497	508
数学	490	503	504	513	514
科学	487	502	516	520	524

注) OECD 平均 500 点を上回った分野については、下線をひいた.
出典：www.nier.go.jp/kokusai/pisa/より作成.

低学力層の割合が減少していることが確認されており、低学力層の改善傾向がドイツの平均を押し上げたとし、この間の教育改革は学力格差の是正につながったと連邦・州ともに一致した政策評価を下している（Autorengruppe Bildungsberichterstattung(Hrsg.), 2012）。

本稿では「PISA ショック」を契機にドイツにおいて展開してきた学力格差是正策の成果と課題について、特にバイエルンとベルリンの事例を比較検討しながら考察する。

2　ドイツの教育の特色

学力格差是正策の成果と課題について検討を行う前に、本稿ではまずドイツにみられる教育の特色を概観する。ドイツは計16の州から構成される連邦国家であり、学校教育行政ならびに教育政策に関して各州が独自の権限を持ち、個別法を定めて政策を展開させる「文化高権(Kulturhoheit)」と呼ばれる仕組みを持っている。州ごとに多様であることに価値が置かれてきたため、「PISA ショック」以前のドイツにおいては、全州にまたがる拘束力を持ったカリキュラム指針などが示されることはなかった。各州の教育大臣が定期的に会合を持ち、その時々の教育課題について議論する「常設各州文部大臣会議(Kultusministerkonferenz：以下 KMK と略記)」は組織されてきたが、KMK はあくまでも各州の教育政策を「調整する」ことを目的として運営され、各州の教育をめぐる共通化や統一化、標準化は目指されてはこなかった。こうした背景から、ドイツにおいては州ごとの多様な文化的・政治的・社会的・経済的特徴を背景に、各州において多様な教育政策が展開されてきた。

教育制度についても州ごとにさまざまな傾向を見せたが、多くの州において採用されてきたのが「伝統的三分岐型教育制度」として紹介されてきた制度である。その特徴は、初等教育段階を修了する第4学年(おおよそ10歳)の際に、進路が三つの学校種に分岐する点にある。すなわち第5学年以降は、総合大学への進学を目的とするギムナジウム(9年制)、おもに事務や専門職に就くことを目的とする実科学校(6年制)、そして職人の養成を目的とする基幹学校(5年制)のいずれかの学校種に、主に成績によって振り分けられる。

この三分岐型教育制度は早い時点で進路を振り分けることとなり、階層の固定化につながっているとして絶えず批判がなされてきたものの、戦後多くの州において維持されてきた。打開策として分岐のない総合制学校を導入する州も見られたが、大学への進学を目指すためには第11学年になる際にギムナジウムへ転籍しなければならないなどの課題があり、量的普及はごくわずかにとどまっていた。また東西統一以前の東ドイツでは分岐のない単一の教育制度が展開していたが、東西統一の際に旧東ドイツ地域（新5州）においても分岐型の教育制度が導入されるにいたる。実科学校と基幹学校を統一した学校種を導入する州もあれば（たとえばザクセン州の中等学校）、西ドイツと同じ三分岐型の教育制度を導入する州もあるなど（たとえばメクレンブルク・フォアポンメルン州）、新州の教育制度改革はドイツにおける前期中等教育段階における教育制度の多様化をもたらしたと指摘されている（Baumert/Maaz/Neumann/Becker/Dumont, 2013: S. 11）。ただし、いずれの新州においても大学入学資格を取得できる唯一の学校種としてギムナジウムを導入した点が共通していた。
　したがってドイツにおいては、三分岐型教育制度に対する根強い批判を抱えながらも、大学入学資格を取得できるギムナジウムを主軸とした同制度を維持してきたのである。ドイツは三分岐型教育制度にこだわりを持ってきたといえる。したがって、ドイツにおいては各州において多様な教育政策の展開を見せながらも、多くの州において早期からの分岐にもとづいた教育制度を維持してきた点に特色があったのである。
　さらにドイツでは、ヨーロッパ諸国においても例外的に8時から学校が始まり12時頃（遅くとも13時頃）までに終わる半日学校の形態を維持してきた。各家庭の判断にもとづいて、午後の時間を過ごすことが重視されてきたのである（布川、2013）。
　また日本との比較において見た場合、ドイツの多くの州において独特の学力観が持たれてきた。それは一人ひとり能力には違いがあり、だからこそその子どもの能力に見合った学校種に早い段階で振り分け、能力に見合った教育を受けさせることこそが重要であるという捉え方であった。この捉え方が各州において三分岐型教育制度を支持し、また維持させる作用を果たしてきたことが指摘されている（Sliwka, 2010＝2014, Arbeitsgruppe Bildungsbericht am Max-Planck-Institut

für Bildungsforschung, 1994＝2006)。したがって初等教育段階である基礎学校では、授業実践において一人ひとりの習熟度に違いが見られることは、当然のこととして扱われてきた。そのため一定レベルの学力を身につけていない子どもがクラスにいても、それは教師の指導力のなさではなく、その子どもの能力に起因するものとして捉えられる傾向が強かった。低学力の子どもが存在することは、必ずしも教師の責任を問うことにはならなかった。実際、2段階にわたる教員養成制度を維持してきたドイツにおいては、第二次国家試験を修了し、正規の教師としてみなされた者には、高い指導力が備わっていると、その専門性が高く評価されてきたのであった(ケムニッツ、2009)。

　また、大学進学のための接続機関として位置づいてきたギムナジウムの教員は、基幹学校や実科学校の教員に比べて最も長い養成教育を受け、給与や待遇、社会的地位などの点においてもその特権性が付与され、他の学校種の教員が加盟することのできない独自の教員組合を組織している。したがってドイツにおけるギムナジウムとは、在籍する生徒のみならず教師においてもそのエリート性が担保されてきた特別な学校種といえる。

3　ドイツで起きた「PISAショック」とは
　　　──何が問題とされたのか

　ドイツの教育が持つ特色は、日本を始め多くの国において紹介されてきた。また、ドイツ国内においても特色のある教育に対しては強い自負が持たれ、維持されてきたといえる。しかしこれらのドイツの教育の特色は、学力をめぐる国際比較調査によってその評価が揺らいでいくこととなる。その大きなきっかけをつくったのが1995年に実施され、1997年に結果が公表された、国際教育到達度評価学会(IEA)による「第3回国際数学・理科教育調査」(以下、TIMSS調査)であり、OECDによるPISA調査であった。本稿では特にドイツ社会に衝撃を与えたと論じられているPISA調査について着目する。

　2001年末に公表されたOECDによるPISA 2000年調査の結果において、ドイツは読解リテラシー31カ国中21位、数学的リテラシー20位、科学的リテラシー20位という結果に甘んじた。順位そのものに大きな衝撃を受けたドイ

ツであったが、ドイツはOECDが最低限の習熟度レベルと設定しているレベル2に達していない子どもの割合が22.6％とOECD平均18.5％を上回ったこと、そしてその多くを移民の子どもが占めていることにも大きな衝撃を受けることとなる（Deutsches PISA-Konsortium（Hrsg.）, 2002: S. 19）。

またドイツの場合、他諸国に比べてもネイティヴの子どもと移民の子どもの学力差が大きいのみならず、世代が2世、3世と進んでも学力差は縮まらず、むしろネイティヴとの学力差が拡大する傾向にあることが示された。OECDがPISA 2003年調査の数学的リテラシーの結果をもとに、ネイティヴの子どもと移民の子どもとの学力差について詳細な分析を行っている報告書によれば、図1が示す通り、ベルギー、デンマーク、ドイツのOECD加盟3カ国においては移民2世とネイティヴの子どもとの差は、PISAが定めた6段階の習熟度レベルにおける1段階分の差（62点）よりも大きいことが明らかとなった。特にドイツはその差が最も大きく、移民2世はネイティヴの子どもに比べて93点、つまり1.5段階分低いということが明らかにされた（OECD、2006＝2007、46頁）。移民2世が義務教育のすべてをドイツで受けていたことを考えると驚くべき結果だと指摘がなされた（OECD、2006＝2007、46頁）。

数学的リテラシーから移民の子どもとネイティヴの子どもとの学力格差が論じられたが、この傾向は読解リテラシーや科学的リテラシーにおいても同様の傾向が見られた。OECDによって、世代をこえても学力差が縮まらないことはドイツ特有の学力格差をめぐる深刻な課題として指摘されたが（OECD、2006＝2007）、ドイツ国内においても、移民の子どもとネイティヴの子どもとの学力格差は問題視されることとなる。

またもう一つ大きな問題としてドイツ国内で議論されたことは、州間の格差が大きいというドイツ特有の問題であった。PISA 2000年調査で重点的調査対象分野として位置づいていた読解リテラシーを例に見てみると、最も平均得点の高い州（バイエルン510点）と最も平均得点の低い州（ブレーメン448点）とでは62点の差が見られた。ブレーメンにおいては、レベル2未満の子どもが州全体の50％をこえていることも明らかとなった（Deutsches PISA-Konsortium（Hrsg.）, 2002: S. 19）。この学力をめぐる州間の差は、各州の社会的経済的状況が各州に住む子ども一人ひとりの発達のチャンスを大きく左右しているとして危惧され

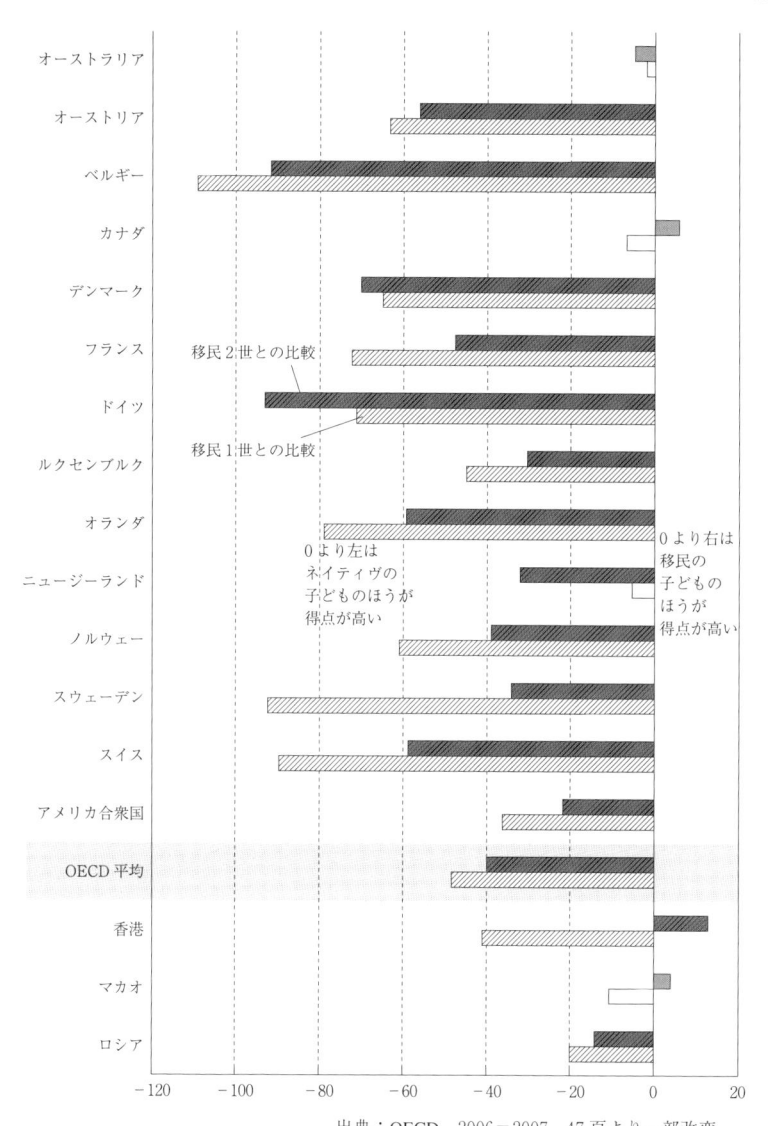

出典：OECD，2006＝2007，47頁より一部改変．
図1 ネイティヴの子どもと移民の子どもとの得点差（数学的リテラシー）
注）・各国とも上段がネイティヴと移民2世の比較，下段がネイティヴと移民1世の比較をあらわす．上段が下段よりも長いということは，教育が効果を奏していないと読みうる．
　　■ ■ ネイティヴの子どもと移民2世との得点差
　　▨ □ ネイティヴの子どもと移民1世との得点差
・統計的に有意な差がみられたところは斜線で示している．

(Autorengruppe Bildungsberichterstattung(Hrsg.), 2006: S.1)、州間格差の問題として論じられるにいたる[2]。

4 学力格差是正に向けて——連邦レベルの対応

「PISAショック」を契機として、ドイツでは2001年にKMKが策定した「7つの行動分野」が各州の教育政策の指針として参照されるにいたる(原田、2007や森田・石原、2012)。これらの「7つの行動分野」を学力格差是正という視点で見たとき、低学力層にどのようなインパクトを与えたのだろうか。

1995年のTIMSS調査の結果をもとに、1997年のKMKのコンスタンツ決議では学校教育の質の確保の必要とそのための国際調査への参加が決定された。その後2000年のブレーマー決議では、KMKと教育関係の労働組合の間で、学校と授業の質改善が共有する課題であることが共同声明として出された。さらに「7つの行動分野」の策定に関しても国内最大の教職員組合であるGEW(Die Gewerkschaft Erziehung und Wissenschaft)の同意を得ている。このように、質保証に関する改革は連邦・州・教員による一体化した取り組みとして始められた。

PISA調査から、読解力を十分に獲得していない子どもを見てみると、特に移民の子どもの割合が高いという結果を踏まえ、「7つの行動分野」(表2参照)では、早期から、かつ終日の形態で(言語)教育を特に移民の子どもを始めとす

表2 2001年にKMK(常設各州文部大臣会議)により策定された「7つの行動分野」

①就学前教育段階において言語能力を改善するための措置
②早期就学を目標として，就学前教育段階および基礎学校とのよりよい接続のための措置
③基礎学校で教育を改善するための措置，および読解力と数学・自然科学関連の基本的理解についての総体的改善
④教育的不利な条件を抱える子ども，特に移民背景を持つ青少年への効果的支援の促進
⑤スタンダードにもとづいた授業と学校の質的改善と質確保のための措置および結果重視の評価
⑥教師の専門性の向上，特に組織的な学校開発の構成要素として教師の診断的・方法的能力を考慮すること
⑦教育・促進可能性の拡充を目的として，学校および学校外での終日プログラムを提供・拡充するための措置，特に教育が不足している生徒と特別な才能を持つ生徒に対する措置

る社会的不利な状況にある子どもを対象として行うことが明記された(①、②、④、⑦)。また州間の学力格差も大きいという結果を受けて、スタンダードを設定し、教育の質を保証するという姿勢も示された(③、⑤)。またこれまで正規の教師は高い指導力を持つとされ、教師に対する継続教育についてもほとんど実施されてこなかったが、教師の専門性の向上も大きな課題として位置づけられた(⑥)。

ドイツでは、「7つの行動分野」を中心とする各州の取り組みについて成果と課題を検証するため、2006年から連邦とKMKが共同して2年に一度「ドイツにおける教育報告書 *Bildung in Deutshland*」を刊行するにいたる。本稿ではこの報告書にもとづきながら、「7つの行動分野」を中心にドイツ全体としてどのような取り組みが行われてきたのか、なかでも就学前段階からの言語能力の育成、教育スタンダードの設定、終日学校の導入に焦点を当てて、その傾向について詳しくとりあげることとする。

(1) 就学前段階からの言語能力育成

まず、「7つの行動分野」で提起された就学前段階からの言語能力育成のために、各州は幼稚園と保育所などを一体化したKITA(Kindertagesstätte：乳幼児学童保育総合施設)を中心に取り組みを進めてきた。KITAへの通園は義務づけられてはいないので、保護者に通園を促すことが課題とされたが、通園率はドイツ全体では3歳未満については2006年の13.6％から2011年には25.4％に上昇、3～6歳については87.6％から94.0％へと上昇している(Autorengruppe Bildungsberichterstattung(Hrsg.), 2012: S.242)。しかし、地域差は大きく、2011年における3歳未満の通園率は、本章で後ほど注目するベルリンでは41.9％であるのに対して、バイエルンでは20.6％である。また、特に言語能力の育成が課題とされている移民の子どもの通園率は2011年時点においてもネイティヴの子ども(約30％)に比べて低く、3歳未満ではわずか約14％にとどまっており、課題とされている(Autorengruppe Bildungsberichterstattung(Hrsg.), 2012: S.242)。

通園率の上昇に向けて取り組まれている一方で、KITAでの言語習得状況を把握し、基礎学校への接続を図るため、ほとんどの州(14州)で4歳から6歳を対象に就学前言語テストが実施されることとなる。その対象や結果に対する措

表3 就学前の家庭での支援と KITA への参加期間による基礎学校
第4学年の読解力

KITA への参加期間＼家庭での支援	たくさんの支援あり	ほどほどの支援あり	ほとんど支援なし
3年以上	561	554	536
2年以上3年未満	555	546	532
2年未満	550	546	507
平均得点	558	551	531

注）家庭での支援については親への聞き取り．得点は IEA, IGLU/PIRLS 2006 にもとづいている．
出典：Autorengruppe Bildungsberichterstattung(Hrsg.), 2012: S.50より作成．

置は州ごとに異なるが、9つの州(ベルリンなど)は就学予定者全員を対象として行っている(Autorengruppe Bildungsberichterstattung(Hrsg.), 2012: S.248)。その一方で外国籍児童に対象を限定している州(バイエルンなど)もある。テストの結果、言語促進の必要ありと判断された場合は、ほとんどの州で追加言語促進プログラムへの参加が義務づけられている。その追加プログラムは週当たり1時間から15時間前後で実施している州が多い。期間は最低3カ月から18カ月をかけて行っている州が多く、ベルリンでは言語習得状況に応じて入学時期を遅らせることも行われている。

就学前言語教育の成果については検証が進められている。読み聞かせなど就学前の家庭での支援の多寡が基礎学校修了時(第4学年)の読解力に差をもたらしているが、KITA への通園年数の長さが、その差を縮小していることが示され(表3参照)、KITA での学びがその後の読解力にポジティブな影響を与えているという評価がなされている(Autorengruppe Bildungsberichterstattung(Hrsg.), 2012: S.51)。

(2) 教育スタンダードの設定

「7つの行動分野」で提起された授業と学校の質保証のための全州共通の教育スタンダードは、KMK により 2003 年 12 月に中等学校修了時第 10 学年のスタンダード(ドイツ語・数学・第一外国語：英語)、2004 年 10 月に基礎学校修了時第 4 学年のスタンダード(ドイツ語・数学)、基幹学校修了時第 9 学年のスタンダード(ドイツ語・数学・第一外国語)、12 月に中等学校修了時第 10 学年のス

タンダード(生物・化学・物理)、2007年にはギムナジウム上級段階3年生(第13学年)のスタンダード(ドイツ語・数学)が作成された。KMKの「教育スタンダード──コンセプトと展開の解説」(2004年12月)によれば、スタンダードが果たす役割は学校を共通の義務的な目標に差し向け、学校生活における学習成果の把握と評価のための基盤を提供することである。このスタンダードをもとに各州が専門性・焦点化・累積性・全員への義務化・多様性・わかりやすさ・実現可能性の特性を持った学習指導要領を作成することを求めている。また、このように学習指導要領の到達基準を決めるスタンダードの設定は決して従来のドイツの学校教育の目標を変更するものではなく、これまでと同様に「人格の発達(Persönlichkeitsentwicklung)」にあるとされる。

そして、教育スタンダードの達成状況を分析するために、ドイツ全州を対象に二つの学力調査が実施されることとなった。一つは州間比較テスト(Ländervergleich)であり、もう一つはVERA(Vergleichsarbeiten)である。州間比較テストは州ごとの教育スタンダード到達度を調査比較し、その結果を州の教育政策に反映し効果を上げることを目的とするもので、2009年には第9学年のドイツ語・外国語、2011年には第4学年のドイツ語・算数、2012年には第9学年の数学・生物・化学について実施された。これはサンプリング調査であり、その結果はベルリン・フンボルト大学内に新たに設置された「教育制度における質向上のための研究所：IQB(Institut zur Qualitätsentwicklung im Bildungswesen)」より州ごとの比較として発表された。また、VERAは子どもたちの教育スタンダード達成状況を見るために毎年実施される悉皆調査である。コブレンツ-ランダウ大学における「教育の実証的研究センター：ZEPF(Zentrum für Empirische Pädagogische Forschung)」によって基礎学校第3学年(VERA 3)の算数・ドイツ語、中等教育段階第8学年(VERA 8)の数学・ドイツ語・第一外国語の問題が作成されている。VERA 8では難易度の異なる三つのバージョンが用意され、それぞれの学校がどのバージョンを実施するかは、各州の教育省が決め、ほぼ同一水準の学校レベルで成果の比較が行えるように配慮されている。学力調査の評価は各学校の教師が行い、調査結果は各州の教育省が分析して学校にフィードバックを行う。結果の公表判断は州ごとに異なり、保護者に伝えられる場合もある。これらのテストの実施はその結果から州ごとの大きな学力格差の存在を示

すとともに、VERA は子どもの学力と社会構造との関連(移民家庭出身であるといった背景のあるなし、居住区など)を明らかにしている。

(3) 終日学校の導入

ドイツにおいては午前 8 時頃に始まり、遅くとも 13 時頃までに終わる半日学校体制が伝統的にとられてきた。しかし、「PISA ショック」を契機に、午後の時間の使い方が各家庭の判断に任されている半日学校は、家庭ごとの経済的・文化的背景による格差を広げているとして、批判を集めることとなる。

連邦政府は、2003 年に終日学校の構築・拡充を目的に総額 40 億ユーロ(当時のレートで 1 ユーロ 135 円計算の場合、約 5400 億円)の投資プログラム「将来の教育と世話(IZBB)」を策定し、2003 年から 2007 年にかけてドイツ各州の初等・中等教育段階の学校、計 7200 校に投資を行った(すべての投資金が利用された 2009 年に、同プログラムは終了した)。特に重点的に投資が行われたのは、初等教育段階にあたる基礎学校である。学校において早期からのドイツ語教育、さまざまなアクティビティーや昼食などの提供を行うことを通じて、貧困層や移民家庭への支援を高めることが目指された。これらの新たな取り組みを支える人員として、ソーシャルワーカーや社会教育の専門家、保育士などが新たに学校に配置されている。

投資プログラムが開始される以前の 2002 年時点では、基礎学校のうち終日学校が占める割合はドイツ平均では 10.3% であったが、2011 年には 47.2% まで増加している(KMK, 2008: S.21, KMK, 2013: S.22)。終日学校の導入・普及によって、学校において多様な教育関連機関や団体によってさまざまなアクティビティーが提供されるようになっており、教育の充実化が図られているとして評価がなされている。今後も終日学校の割合を高めていくことが目指されている。

ドイツにおいては 2005 年 9 月に政権交代が行われ、SPD(社会民主党、シュレーダー)から、保守政党である CDU(キリスト教民主同盟、メルケル)を与党とする政権となり、連邦レベルでは大きな政治的転換が起きた。しかし「PISA ショック」を背景に 2001 年に KMK によって策定された「7 つの行動分野」に派生するすべての事業は、政権交代後も継続された[3]。

「7つの行動分野」が党派を超えて共有されたものであったがゆえに、政権交代の影響を大きく受けることなく、継続されることとなった。就学前教育段階にいたっては、メルケル政権となって以降、むしろ投資額が増えているなど、教育をめぐる政策路線に大きな変更がない点に、この間のドイツの特徴が見られる。逆にいえば、それだけドイツの教育に対する危機感は党派をこえて共有されたことを指摘する必要があると考える。

5 バイエルンとベルリンとの比較に見る教育改革の背景的特徴

　前節においてドイツ全体の傾向を確認したが、続いて本節では、州レベルの動向について整理を行う。ドイツにおいては「7つの行動分野」を軸に、州間での調整が進められている一方で、各州それぞれの政治的、文化的、経済的背景のもとに、さまざまな改革が実施されている。州ごとに設定されている教育課題、またそのアプローチの仕方もさまざまな状況が生まれている。

　5節では、これまでドイツ国内で実施された学力調査から最も対照的な結果を示し、また「格差是正」をめぐっても異なる見方とアプローチを展開しているバイエルンとベルリンの2州の比較を行い、州ごとの違い、多様性について明らかにする。

　「PISAショック」以前から、バイエルンはドイツ国内で学力の高い州の一つとして、一方でベルリンは学力の低い州の一つとして知られてきた。しかし「PISAショック」を契機に、各州の到達状況を把握するために州間比較調査の実施が開始されて以降は、これまで「感覚的に」語られてきた学力をめぐる状況が実証されつつある。州の平均得点という観点から見た場合、両州の間には約50点近くの差があることが示されている。たとえば読解とリスニングからなるドイツ語の最新の州間比較調査結果（第4学年を対象に2011年に実施され、2012年に結果公表）を見ると、読解、リスニング、いずれもバイエルンはドイツ国内で最も平均得点が高かった（第1位）のに対して、ベルリンはドイツ平均（500点）を下回り、最も州平均得点の低い州の一つであることが示された（表4参照）。

表4　バイエルンとベルリンの学力格差をめぐる比較

(2011年州間比較調査結果より)

ドイツ語		バイエルン(州)	ベルリン(都市州)
読解	州平均得点(順位)	515点(第1位)	467点(第15位)
	社会経済的背景指標との関連性(順位)	40点(第2位)	39点(第3位)
リスニング	州平均得点(順位)	513点(第1位)	472点(第15位)
	社会経済的背景指標との関連性(順位)	38点(第5位)	48点(第1位)

出典：Stanat/Pant/Böhme/Richter(Hrsg.)，2012: S.10-11をもとに作成．

　しかし分析結果から、両州はともに社会経済的背景と学力との関連が他州に比べても強いことが示された。ドイツ語読解においてはその関連性はベルリンよりもむしろバイエルンのほうが強いことが示された。すなわち、他州に比べてバイエルンとベルリンは学力をめぐる階層間格差が大きいことが指摘されている。

　この学力をめぐる格差は、ベルリンでは解決すべき課題として州の教育政策全体を方向づけているのに対して、バイエルンでは政策課題の一つとして位置づいている。なぜこのような違いが生まれているのか、以降では両州の社会経済的特徴、教育上の特徴を整理しながら、両州の格差に対するアプローチの違いについて明確にしていく。

　まずバイエルン、ベルリン、それぞれの州の社会経済的特徴について見てみよう(表5参照)。バイエルンはドイツ国内で最も豊かな州の一つとして知られてきた。近年は自動車産業の回復を背景に、州の経済状況は戦後最もよい状況にあるといわれており、2013年には失業率が3.7％(15歳以上25歳未満の若年失業率：2.7％)まで減少している。政治においては保守政権(キリスト教社会同盟：CSU)への支持基盤があつい。

　一方ベルリンは、ドイツの首都が置かれ、政治の中心として位置づく。EUの関連機関が数多く置かれていることやグローバル企業の進出などもあり、ベルリンに居住する人々の移民構成は他州に比べても多様である。一方、主要産業である観光業の伸び悩みや旧東ドイツ地域の衰退もあり、経済状況はきびしく、失業率も高い。ベルリンの失業率は11.2％(若年失業率：10.7％)と、ドイツ

表5 バイエルンとベルリンにおける社会経済的背景の比較

	バイエルン(州)	備　考	ベルリン(都市州)	備　考
州の財政状況	ドイツで最も豊かな州の一つ．	州内にBMWやAudi、シーメンスの本社があり、関連工場も多数．	ドイツのなかでも財政状況がきびしい州の一つ．	東西ドイツの統一以降、ドイツの政治の中心地に．観光業が盛ん．ドイツ鉄道(DB)、シーメンスなどが本社機能を置く．
労働市場	単純労働の機会あり．	州内失業率3.7％、若年失業率2.7％（2013年）．	サービス産業が中心．	州内失業率11.2％、若年失業率10.7％（2013年）．
政治	戦後ほとんどの期間、CSUが政権与党を務める．	CSUはCDU（キリスト教民主同盟）の姉妹政党．CDUは現連邦政権与党．	東西統一以降、SPDの地盤が強い．	2001年からSPD（社会民主党）/左翼党、2011年以降はSPDとCDUの大連立政権．市長はSPDが務める．
人口	約125万人（2011年）	州都はミュンヘン市．	約340万人（2011年）	ドイツ最大の州（都市州）．
移民の割合	15.5％（2011年）		24.8％（2011年）	

平均6.7％（若年：5.3％）より高い。東西統一以後、SPD（社会民主党）単独あるいは左翼党やCDUと連立を組みながらの政治が行われているが、SPDへの支持基盤が相対的にあつい。

続いて、教育上の特徴を現地での調査結果も踏まえながら見てみよう（表6参照）。バイエルンは戦後一貫して三分岐型の教育制度を維持してきた州である。1960年代から70年代にかけて、総合制学校の導入がなされた州もあったが（旧西ドイツ地域に位置するブレーメン、ハンブルグ、ザールランド、ノルトラインヴェストファーレンの計4州）、バイエルンでは総合制学校は強く反対され、現在にいたるまで1校も開校されていない。ドイツ全体が「PISAショック」にあっても、OECD平均をこえて好成績であったバイエルンは、州内で三分岐型教育制度そのものが批判的に検討されることはなかった。むしろ伝統的な三分岐型の教育制度を維持している成果であるとし、同制度への高い評価がなされた。

ドイツ全土で「PISAショック」が起きたとき、バイエルンではどのような

表6 バイエルンとベルリンにおける教育上の特徴

	バイエルン(州)	備考	ベルリン(都市州)	備考
児童一人あたりの教育支出	初等教育段階5700ユーロ(2010年)		初等教育段階6000ユーロ(2010年)	
教育制度	三分岐型	戦後一貫して三分岐型を維持している．近年は，通常実科学校で取得する中等教育修了資格が基幹学校でも取得できるよう，制度が改編された．それに伴い基幹学校は中間学校(Mittelschule)と改称されている．	二分岐型＋実験校	2010/2011年度に大規模な教育制度改革が行われ，三分岐型の教育制度から，協力型中等学校とギムナジウムの二分岐型に改編された．これとは別に，パイロットプロジェクトとして分岐の無い13年制の地域共通学校が数校開校されている．
分岐が行われる学年	第4学年修了時点	2002/2003年度以前は，第5～第7学年が試行期間として設けられていたが，2002/2003年度以降は試行期間が廃止され，第4学年で完全に進学先が固定される．	第6学年修了時点	ギムナジウム進学者のみ，第7学年が試行期間となっており，一定の成績水準に達しなかった場合は中等学校に「下方転籍」する．
主な進路選択基準	生徒の成績	ギムナジウム進学希望者は評定平均2.33以上．	親の意向	教師による進学勧告もなされるが，それが親の希望と一致しなかった場合には，親の意向が尊重される．なおギムナジウム進学希望者には，評定平均2.2が目安とされている．中等学校は27.
政策上のキーワード	Bildungsverlierer(教育喪失者)，均質性重視，Durchlässigkeit(透過性)	就学前教育段階で，ドイツ語の言語能力試験に一定程度で合格しなかった場合，特別支援学校に進学する．	Bildungschance(教育の機会)，多様性重視	この数年で，軽度発達障害の子どもも普通学級に在籍するインクルージョン政策が導入されている．

反応が見られたのかという質問に対して、バイエルン教育省「教育における基礎的課題および統合政策部局」のウルリッヒ・ザイザー(Ulrich Seiser)氏は、「バイエルンでは他州のような『PISA ショック』は起こらなかった。あくまでも特定の層、たとえば移民が抱える課題や男女の間にある学力差が明らかになったにとどまる」と述べている(2013年2月19日インタビュー記録より)。この他、「学校の質および教育研究のための研究所」においても、「学校制度が安定していることが、バイエルン州のよい結果につながっている」、「政治が安定していることが教育の成功において重要である」と政治と教育との関係が繰り返し言及された(2013年2月18日インタビュー記録より)。政権交代による教育政策の路線変更がなく、一貫していることが、教育の質にとって重要な要因であると教育政策関係者の間で捉えられている。

しかし、郊外や農村部での人口減少に伴い基幹学校の統廃合が進んでいることを踏まえ、基幹学校でも実科学校と同じ中等教育段階修了資格が取得できるよう制度が改編された。現在、基幹学校は中間学校と改称されている。しかし、バイエルンでは、依然として子ども一人ひとりの(潜在)能力は異なっているという前提のもと、その能力に応じた学習集団が形成されること、すなわち「均質的」な学習集団であればあるほど、一人ひとりの能力は向上するという教育理念のもと、早期の振り分けが行われている。またこれまでは進路変更が可能な試行期間として第5学年、第6学年がオリエンテーション段階として位置づけられていたが、中間学校の導入以降廃止され、進学先が第5学年で固定化されることとなる。その代わりに学校種間の移動性を高める(透過性を高める)ことが、目下バイエルン州の政策的課題として位置づいているが、そのシステムは依然として複雑であり、階層の固定化を是正するほどには機能していない。

バイエルンの場合、好調な州経済に支えられて単純労働の機会も豊富にあり、基幹学校修了資格取得者あるいは中退者であっても職に就くことが可能な社会経済状況がある。雇用の場が確保されることもあいまって、低学力層の子どもが抱える課題を教育的に解決する気運は生まれにくい状況となっている。

一方ベルリンではきびしい州経済を背景に、在学中に職業訓練先を確保することも難しく、また基幹学校修了では職の機会を得るのが非常に難しい状況を抱えていた。ベルリンにおいては基幹学校に社会的・教育的課題が集中し、一

つの学校種として機能しているとは言い難い状況が生まれていた[4]。そこでベルリンでは基幹学校と実科学校とを統合し、かつ大学入学資格も取得できる協力型中等学校を誕生させるにいたる。バイエルンと大きく異なる点としては、ベルリンにおいては教育成果に社会的出自が与える影響を減少させることに改革の主たる目的をおいている点がある (Baumert/Maaz/Neumann/Becker/Dumont, 2013)。

ここには分岐することなく、多様な学習集団であることこそが格差是正につながるという教育理念が提示されている。その背景には低学力の子どもほど、多様な学習集団であることのメリットを受けるというこれまでの数々の調査結果への依拠がなされている (Baumert/Maaz/Neumann/Becker/Dumont, 2013: S. 21)。これまでの研究成果からは、基幹学校という低学力の子どもが集中する学校種そのものが生徒の学力にとってマイナスに作用する要因であることが示されている。特に、基幹学校への進学率が大幅に減少しているベルリンにおいては、基幹学校への進学率の高いバイエルンとは違って、学校種そのものが成り立たなくなってきていることが強調されている。それゆえに、多様な学習集団を形成することに、今こそ意義が見出されるべきであると、指摘されている (Baumert/Maaz/Neumann/Becker/Dumont, 2013: S. 22)。

多様な学習集団であるために、障害を持つ子どもの普通学級へのインクルージョンも同時に始められている。またこの教育理念により近づけるためにも、ギムナジウムをいずれ廃止することが目指されており、パイロットプロジェクトとして分岐のない単一の学校種(13年制)である「地域共通学校」があわせて導入された。したがって、どの学校種に進学したとしても、大学進学への道が開けているという点が、このベルリンの教育制度改革の大きな特徴といえる。2008/2009年度に11の学校でスタートした地域共通学校は、2013年時点では20校をこえ、今後も増加が見込まれている。初等教育段階から(後期)中等教育段階までをもふくむ単一の学校制度が導入されているのは、全16州でもベルリンだけの試みである。

2012年に第9学年の数学、化学、生物の3分野を対象に実施された州間比較調査結果からは、バイエルンが州平均得点の最上位集団から外れ、またベルリンが最下位集団から抜け出していることが示されている。また分野によって

ベルリンは階層間格差が是正されつつあることが示されている一方で、バイエルンは階層間格差が依然として大きいことが示されている(Pant(Hrsg.), 2013)。

次節では学力格差の是正を政策課題として掲げたベルリンにおいて、この間どのような政策や取り組みがなされてきたのか詳細に検討していくこととする。

6 学力格差是正策の中身——ベルリンの事例に即して

教育制度改革のもと二分岐型教育制度を導入し、階層と学力との関連性をできる限り弱めることが目指されているが、同時に、ベルリンでは格差是正に向けた数々の取り組みがなされている。その多くの指針となっているのが2010年に策定された「保育と学校の質パケット」である(Senatsverwaltung für Bildung, Jugend und Wissenschaft, 2011)。本節では、ベルリンにおける学力格差是正策の展開と学校現場での取り組みに焦点をあてる。

「保育と学校の質パケット」はベルリン教育大臣、教員、市民の代表者らからなるワーキンググループが構成され、最終的に31項目にわたる政策が決定されたものである。この31の政策のなかでは、言語教育の促進、教育の質の保証、説明責任をキーワードに学力格差是正が目指されている。なかでも言語教育を促進させることは、十分な読解力を持たない子どもが多いベルリンにおいては重点的な政策課題として位置づけられている。ベルリンでは4歳以上の子ども(就学約1年前)すべてを対象に就学前言語テストが実施され、言語促進が必要であると判断された場合には、就学前施設において毎日約5時間の言語促進のためのプログラムを受講することが義務づけられた[5]。あわせて親の責任も強化され、プログラムに子どもを受講させない場合には、罰金などの社会的制裁措置がとられることが決定された。

また透明性、説明責任、教育の質保証の観点から、外部評価の公開義務化や質向上のガイドラインを策定し、児童・生徒(第3学年から第13学年)による授業評価の実施、また自己評価ポータルの利用を通じた教師自身による授業評価の実施(2年に一度)を決定した。また教師や学校に対する支援として、課題となっている教科・授業に対して授業改善のための専門講師の派遣や新規採用された教師の支援などについても決定された(Senatsverwaltung für Bildung, Jugend und Wissenschaft, 2011)。

　早期からの言語教育を重視する点、また教育の質保証のための授業評価や外部評価の整備、教師や学校の支援を行うという方向性は、KMK の「7 つの行動分野」と重なる部分が大きい。ベルリンの特徴は、これらの政策を学力格差の是正に向けて行うことを目的としている点にある。

　31 の政策課題はベルリンのすべての学校において適用されるものであるが、州財政が逼迫しているベルリンにおいては困難校に対して重点的に予算配分を行う形で実施している政策もある。その一つに、2014 年から開始された「学校ボーナスプログラム」がある(Senatsverwaltung für Bildung, Jugend und Wissenschaft, 2014)(表 7 参照)。

　ベルリンでは義務教育段階の学校(約 760 校)の約 3 分の 1 において、教材費負担免除家庭が 50% 以上となっている。表 7 は、そうした教材費負担免除家庭が 50% 以上を占める学校に対する財政的支援内容を示している。教材費負担免除家庭が 75% 以上の学校と 50% 以上の学校とを比較してみると、「基本

表 7　ベルリンにおける学校ボーナスプログラム(年間)

	A　教材費負担免除家庭が75%以上の学校	B　社会的困難地域に位置し, 教材費負担免除家庭が50%以上の学校	C　社会的困難地域には位置していないが, 教材費負担免除家庭が50%以上の学校
基本割り当金	75,000 ユーロ	25,000 ユーロ	25,000 ユーロ
協力関係の手当	10,000 ユーロ	10,000 ユーロ	10,000 ユーロ
活動手当	(必要全額)	12,500 ユーロ	0 ユーロ
功績に対する賞与	15,000 ユーロ	15,000 ユーロ	15,000 ユーロ
各学校への配分額(最大)	100,000 ユーロ	62,500 ユーロ	50,000 ユーロ

出典：Senatsverwaltung für Bildung, Jugend und Wissenschaft, 2014 より作成.

割り当金」に3倍の違いが見られる。これは、教材費負担免除家庭の割合が75％以上の学校の困難さが考慮された結果であり、配分される予算はソーシャルワーカーの活動費や芸術・演劇・音楽プロジェクトへの参加費用、教員や保育士の研修などに充てることができる。また「協力関係の手当」は学校が他の学校や保育施設、地域の教育同盟と連携した場合に支給される。「活動手当」とは、住民の生活条件や労働条件のきびしい社会的困難地域に位置する学校の支援を主目的としている。成果に応じて支給される「功績に対する賞与」は、学校によって作成されたボーナスプログラムの実施状況の検討結果に応じて支給額が決定されている。

　ベルリンでは学校ごとにおかれた地域的違い、児童の背景的特徴の違いなどを考慮しながら、各学校が特色を見出すことを重視している。そのため、各家庭が自分の子どもにあった特色を持つ学校を選択できるよう、学校選択制も導入されることとなった。

ファニー・ヘンゼル基礎学校にみる変化

　筆者らが2012年3月1日および2013年9月9日〜13日にフィールドワークを行ったファニー・ヘンゼル基礎学校は、第1学年〜第3学年の異学年混合クラス6つ、第4学年〜第6学年(学年別)のクラス5つ、計11学級(全児童270名)、教職員約30名(うち3名が特別教育を専門とする)、ソーシャルワーカー1名、秘書1名からなる。この他に、当校は児童が参加するかどうかを判断できる「参加自由型」の終日学校体制(放課後支援プロジェクトの一環として位置づく)であることから、保育士も数名配置されている。学校選択制により、学区内から通学している子どもが約78％、学区外からの子どもが約22％を占めており、在籍児童のうち9割近くが移民の子どもという背景的特徴を持つ。また在籍生徒の80％以上が教材費負担免除家庭という背景的特徴を持ち、「教育困難校(Brennpunktschule)」という位置づけがなされている。教員の加配、ソーシャルワーカーの配置が優先的になされてきた学校である。教材費免除家庭の子どもが大半を占めている当校では、学校外活動を行うための子どもたちの交通費や参加費などが一部、もしくは全額免除されてきた。「ベルリンにおける学校ボーナスプログラム」が導入される2014年以降、当校は教材費免除家庭が75％

以上を占めるAに分類されるため、学校裁量によって使える潤沢な予算が複数年(6年)にわたって配分されることとなっており、学校内外における実践の場をより充実化できるとして高い期待が寄せられている。

当校では、2013/2014年度にクロイツベルグ音楽アクションと契約し、「サーカスプロジェクトウィーク」を実施したり、劇団と契約し子どもの芸術的感性を磨くプロジェクトを用意したりする等のプロジェクト型の学習が重点的に行われている。プロジェクト型学習は教科横断型の実践スタイルとして、ドイツにおいて歴史があるが、困難校ほど費用負担や人員配置が検討材料となり、実施が困難な傾向にあった。しかし、社会的・経済的に学校外のさまざまなプログラムを利用する手立てを持ちにくい家庭が多く集まる困難校ほど、学校を通じてプロジェクト型学習を行う必要性、そして意義が強く認識されている。

フィールドワークを行った際に、サーカスプログラムを体験した子どもたちが休憩時間になると次々とサーカスのときの写真を見せに来てくれ、最初できなかった技や芸を習得し、発表会で披露できた達成感を語ってくれた。その様子を目にしていた担任教師は、「子どもたちがたった1週間で見違えるほどに成長し、私たちにとっても大きな驚きだった。ただ保護者があまり教育に関心がないので、サーカスプロジェクト学習発表会のときにも、特に見に来てほしいと思っていた子どもの親は来なかった。親の関心が薄い。子どもは今までで一番楽しかったと語っているのに、(その姿を)見てほしかった……」と語っている(2013年9月12日フィールドノーツ5年生より)。

家庭によっては、子どもにさまざまな体験をさせることへの関心の低さや経済的困難さが伴うことが教師の間では認識されている。そうした特定の層にこそ、こうした学校外のプロジェクト型学習の機会を学校において保障できるようベルリンでは仕組みの体系化が求められており、「ベルリンにおける学校ボーナスプログラム」の策定へとつながっている。学校現場においても特定の層を対象としたプロジェクト型学習の機会の必要性と意義が強く認識されていることが見えてきた。

またフィールドワークからは、ベルリンで実施されている政策を、学校現場が学校の課題や特性を考慮しながらさらにアレンジして実践していることも見えてきた。ベルリンでは、基礎学力の定着を徹底させるために教育制度改革と

同時に第1学年・第2学年から一つのクラスを編成する異学年混合クラスを導入している。当校ではさらに、移民の子どもが多く、言語能力の獲得に十分な時間を要する子どもが多いことから、第1学年から第3学年の計3学年からなる異学年混合クラスを編成している。もともと当校では、ベルリン全体に異学年混合クラス導入の政策方針が示される前の2006/2007年度より、試験的に第1学年と第2学年の異学年混合授業を行ってきた。その後2007/2008年度に第1・2・3学年の異学年混合クラスを導入するにいたる。この取り組みでは、基礎学力の定着、言語能力の獲得と共に、子ども同士の関係性の構築による学び合いの創出と自律性の確保が目指されている。「子どもたちは、年下の子どもたちからも年上の子どもたちからも学んでいる。子どもたちはそれぞれの発達段階においてさまざまな社会的関連性と結びついている」と、学校が主体となって作成した内部評価報告書においてその目的が語られている（Fanny-Hensel-Grundschule, 2011: S.16）。

　第1学年から第3学年の異学年混合クラスにおいて、プロジェクト型学習の授業を観察した際には、学年ごとに与えられている作業課題は異なるものの、「歯によい食べ物を考え出す」という課題については学年をこえて共有されているため、第2学年の子どもは第1学年の子どものプリントにあるイラストをヒントとして教えてもらいながら、作業を進めていた。また第1学年の子どもは、イラストにあるオレンジジュースは歯によいのかどうか第2学年の子どもに質問し、「ジュースは甘いからきっと歯に悪いと思うよ」とアドバイスを受けるなど、子ども同士のやりとりは数多くなされていた。

　能力別の均質的な学級編成ではなく、多様な子どもたちから学級を編成している点は、ベルリンの大きな政策的特徴といえる。当校においては、各クラスに一人から二人程度、障害を持つ子どもが在籍しており、原則として特別支援教育を専門とする教師が各クラスに一人配置されている。特別支援教育を専門とする教師は障害を持つ子どもへの対応を主に行っているが、当校では役割が厳格に区分されてはおらず、特別支援教育を専門とする教師とのティームティーチング方式もよくとられていた。グループ学習においては、特別支援教育を専門とする教師は学習が遅れがちの子どもを頻繁に見て回り、フォローを行っていた（詳細は森田・石原・鍛冶・布川、2014参照）。通常であれば「落ちこぼれて

異学年混合クラスにおける授業風景「歯によい食べ物はなんだろう？」
プリント作業課題について：第1学年(手前右側女の子)は歯によいと考える食べ物のイラストを切り抜く．第2学年(右奥男の子)は歯によい食べ物を歯の吹き出しのなかに書いていく．最初は歯によいと考える食べ物のイラストを記入し，その後食べ物を文字であらわしていた．2013年9月12日撮影．

ゆきがち」な子どもたちが、当校では積極的に教師によってかかわりが持たれていたといえる。

「多様な学習集団」の形成のもとインクルージョンが進められ、養成課程を異にする教師同士が一つのクラスに配置される施策が進んでいるが、当校では日々の授業実践について授業前・授業中・授業後に進め方についての相談や改善点について互いに議論しあうことを通じて、授業実践の質を高める工夫がなされていたといえる(**本章扉写真**)。

当校では、ベルリン全体に適用されている政策、また困難校ゆえに適用される政策、また独自に政策をアレンジして行っている実践が見られた。ただベルリンではさまざまな改革が進んでいる結果、教員の負担感が増していることがベルリン教職員組合役員レンカ・ケスティン(Lenka Kestin)氏へのインタビューでは指摘されている(2013年3月5日インタビュー記録より)。実際に、当校の教員も減免措置の手続きや申請を行うなどの事務負担は確実に増していると語っている[6]。しかし、事務関連の手続きを一手に引き受けている男性教師は「仕事が増えているけど、気にはしていない。新しい多様なことが増えているけれど私たちはこの変化を前向きに評価している」と改革の意義を語る(2013年9月13日男性教師へのインタビューより)。改革が支持されていることは、ベルリン

の教育制度改革について教員を対象にしたアンケート調査の結果からも示されている(Baumert/Maaz/Neumann/Becker/Dumont, 2013)。制度改革に意義を見出し、その改革を教職員が支えるという構図がベルリンには構築されている。改革の必要性を政策立案関係者のみならず、市民、そして教職員の代表者が意見を交わしながら、31の政策課題を決定し、実行に移していったことが、現場のニーズにあった改革として評価をもたらしていると考える。特に政策の重点的対象となっている困難校の教師が改革に意義を見出していることは、大きいと言える。困難校のニーズを丁寧に拾えるよう、予算の使用方法や実践の組み方(たとえば異学年混合クラスなど)を始め、学校裁量の余地を多く残している結果であろう。

　ただしそれは裏を返せば校長を中心とする学校経営の手腕がより問われる状況を生んでおり、内部評価や外部評価を通じて成果と課題を検証するプロセスの重要性が高まることを意味する。ファニー・ヘンゼル基礎学校は、2008年ベルリン教育省のインスペクターによる外部評価を公表しているが、学校の目的の透明性が評価されるとともに、学校内外を通じて実施されているプロジェクト型学習を始めとするさまざまなプログラムも評価されている。その反面、自己解決的な学習機会の提供や保護者との強固な連携等の必要性が指摘されている。内部評価は学校プログラムの策定を通して行われており、学校の特色やカリキュラムについての検証、言語教育の実施方法への工夫の余地などが指摘されている。

7　結論──学力格差是正策の効果の源泉

　以上、「PISAショック」から始まったドイツの格差是正策を、連邦、州、学校の各レベルから見てきた。ここに見た政策の遂行や学校での実践に多少とも効果があったことは、表1に立ち戻り、この間の子どもたちの成績の変化を見れば想像できる。以上の考察にもとづいたとき、そうした効果はどのようにもたらされたとまとめ得るだろうか。最後にそれを試み、見出される課題をいくつか紹介しておきたい。

　第一に、ドイツの学力格差是正策はまず、就学前の子どもたちのドイツ語能

力への注目、半日学校の終日学校化に象徴的に見られるように、従来からの学校教育の枠外への投資の形で遂行されてきた。それらは低学力層の不利な条件を取り除く方向で構想されており、全体の学力の下支えを一定程度果たしてきたと考えられる。

　第二に、学校教育それ自体に対しては、スタンダードと学力調査による結果確認、およびその比較の仕組みの構築等に見られるように、目標の設定と成果確認の仕組みを導入した。それらは、学校や教員が改革の方向性を共有するうえで効果的であったと想像できる。

　第三に、しかし成果を得る方法は、各州の独自の判断に任されており、州の社会的・経済的背景や学力の状況に合わせた施策がさまざまに、ときに実験的に行われていた。本稿ではその状況を成績上位のバイエルンと下位のベルリンで見てきたが、「PISAショック」の程度と目標達成の方向性や考え方は対照的であった。その他の州を加えれば、そのヴァリエーションはさらに広がると想像できる。

　第四に、ベルリンでのフィールドワークによれば、学校が持つそれぞれの課題は自律的に解決されようとしていた。ここには、ニュー・パブリック・マネジメント(以下NPMと略記する。武田、2002)による教育改革の特徴を見ることができる。すなわち、政策目標と達成度合いの確認方法を連邦レベルで共通化し、達成方法は州や学校に任せる形のマネジメントである。

　以上のことを考えればこの間のドイツの教育改革の成果は、低学力層を縮小するという政策目標の意識的設定、VERAや州間比較調査による成果確認の手法の導入、そして州、学校レベルでの自律的目標達成の工夫を引き出していくというNPMによる成果の創出であったと考えられる。

　しかしこうした改革が進められている一方で、検討すべき課題も生じていると考える。第一に、各州で多様な教育改革が実施されているものの、どの州においてもギムナジウムがほぼ「PISAショック」前の形で維持されているということである[7]。バイエルンはもちろんのこと、急進的な制度改革を行っているベルリンにおいてさえ、ギムナジウムは依然としてエリート性の担保された特別な学校種として存続している。

　ベルリンにおいては制度改革後、ギムナジウムへの進学率が上昇したが、そ

れを受けてギムナジウムへの進学要件を厳格化することがほぼ確定している。制度改革の成果としてギムナジウム、ひいては大学進学者の割合を高めたとは単純に評価される状況にはない。むしろ入り口での一定の質管理という論理をギムナジウムに働かせている。一方バイエルンでは伝統的な三分岐型教育制度が維持されており、ギムナジウムへの進学は今日においても容易ではない。しかしながら、そのバイエルンにおいても階層の固定化については政策課題の一つとして位置づいており、学校種間の移動性を高める「透過性」がキーワードとなっている。

　両州のギムナジウムをめぐる議論を比較すると、格差是正に対する少なくとも二つのアプローチがあることが見えてくる。まずベルリンの事例がそうであったように、チャンスに差があるとして学力格差是正が中心的な政策課題として位置づき、理論的・学術レベルにおいてエリート養成が批判的に論じられる場合である。このアプローチでは三分岐型教育制度は廃止され、二分岐型教育制度への改編、および分岐のない単一の学校制度を試験的に導入する取り組みを生じさせる。また学力格差是正に向けて、重点的な政策項目の設定および困難校への重点的な予算配分などが行われ、学校現場のニーズを反映した実践がなされている。しかし学力格差是正を政策課題として掲げていても、現実的にはエリート養成を維持し続けようとする動きとのせめぎあいが起こっており、必ずしも学力格差是正策は一筋縄では展開しないことが見えてくる。その一方でバイエルンがそうであったように、チャンスを平等にすることに関心をよせ、「透過性」を高め、ギムナジウムへの入り口を開くというアプローチによって、階層の固定化問題への対応を政策課題の一つとして位置づけている場合である。このアプローチでは入り口が平等に開かれているという点に依拠し、理論的・学術レベルのみならず、世論においてもエリート養成が批判的に論じられることはない。両州の比較からは、格差是正に対してどのようなアプローチをとり、そのなかで「エリート養成」が矛盾したものとして位置づくのか、あるいはそうではないのか、今後も議論および実践の展開を慎重に検討していく必要があることが見えてくる。

　第二の課題として、ドイツの学力格差是正策は主に移民を対象としたドイツ語の習得が大きな柱とされてきた。早い時期からのドイツ語教育の導入政策は、

移民の子どものドイツ語能力向上へとつながっていることが、各種学力調査結果から示されている。学力格差是正において、ドイツ語の言語習得が重要な要因であることを指摘できる。しかし、この学力格差是正策が移民の子どもの多様な文化的背景を尊重する姿勢を伴っているかといえば、決してそうではない。「PISAショック」以前のドイツにおいては、各地で小規模ながらも母語、あるいは継承語の保持に向けた取り組みが学校現場でなされていた。しかし「PISAショック」を機に、ドイツ語の言語能力の育成が政策的課題とされて以降、その取り組みは学校の場からは消えつつある。関連予算も縮小あるいは廃止されている。

　移民背景を持つ子どもの割合が増加の一途であるにもかかわらず、ドイツ語の強化のみを掲げる傾向は、同化政策の側面が強まっていることを指摘する必要がある。学力格差の是正と多文化を尊重する姿勢とをどのように両立していくのかは、今後のドイツ社会の課題として見えてくる。「多様な学習集団」の形成を目指し実践しているベルリンにおいて、子どもたちの多様な文化的背景がどのように実践のなかで尊重され、また活かされていく可能性があるのか、継続的な調査・研究が必要である。

　第三の課題として、ドイツにおけるこの間のNPMを通した学力調査と施策の立案・実施は、低学力層の縮小に一定の成果を上げていると言える一方で、進み方によっては学校に否定的な影響を与える恐れがあるとも指摘されている。たとえば教員の多忙化、学力調査の対象となる教育内容への過度の重点化等による教育のゆがみ、子どもの生活実態を考慮しない成果主義の横行などが、副作用として生じるのではないかと危惧されている。

　あるいはまた、学校評価の結果の公表と学校選択制は、学校教育の質改善を、本来あるべき教師と親の信頼・協働関係ではなく、市場に委ねる状況をつくりだす。その場合、教師と親の信頼・協働関係は傷つかないか、そしてもしそのような状況が生まれたときに、学校や子どもたちは無用な競争的状況に追い込まれることになるのではないだろうか。こうした危惧は、先行してNPMを導入したイギリスやアメリカの経験を見るならば、なかば必然的に去来する事柄である。

　こうした否定的影響に関する指摘は、同じように「PISAショック」を経験

し、NPM 的手法が導入されてきた日本でも聞かれる。NPM の導入の時期が遅れたこともあってか、両国では今のところ、初期のイギリスやアメリカに典型的に見られたようなあからさまな市場化は避けられ、新自由主義的な傾向は多少とも抑制されているように見える。そうした傾向を持つ両国で低学力層の縮小や平均点の上昇の成果が得られたのは、偶然なのであろうか。偶然でないとすれば、そうした傾向はどのようにして、そしてどの程度、この間の学力向上に貢献してきたと言えるのだろうか。こうした問いは教育社会学的に、今後問われてよいだろう。

　いずれにしても、ドイツにおいてはここで挙げたようないくつかの課題が今後どのように扱われ、教育政策に反映されていくのであろうか。同様の課題を持ち、あるいは近い将来において似た課題を持ち得る日本を考えるとき、ドイツにおける今後の施策の展開は、学力調査の結果の推移とともに、注目していく必要があろう。

注
1) PISA-E 調査とは、PISA 調査に付随して行われた各州間の学力比較調査を指す。
2) この州間格差の問題においては、学力の高い南部諸州(バイエルン、バーデンヴュルテンベルグ)と学力の低い北部諸州(ブレーメン、ハンブルク)の南北格差が大きくとりあげられたが、東西格差についても明らかにされた。旧西ドイツではギムナジウムの選択によって労働者階層と差異化しようとする意識が市民のなかに育っており、不平等を拡大しているが、労働者階層のギムナジウムに対する距離感が小さい旧東ドイツでは不平等が抑えられていることが示された(Deutsches PISA-Konsortium(Hrsg.), 2002: S. 187)。
3) たとえば「PISA ショック」以前においては終日学校の導入に対してとりわけ CDU は批判的なことで知られてきたが、2003 年より始まった終日学校の構築・拡充を目指した連邦による投資プログラムは、政権交代後も打ち切られることはなかった。また 2003 年に開始され、すぐれた取り組みを行っている学校を連邦レベルで表彰する「終日学校コンクール」も継続され、2013 年には第 10 回大会が開催された。
4) 2006 年にベルリン内でもトルコ系、アラブ系移民が集住して暮らすノイケルン地区で、リュトリ基幹学校(Rütli-Schule)の校長がベルリンの教育長あてに、在籍生徒の 80% を超えるムスリム生徒への対応の難しさや深刻化する校内暴力、(それに伴う)教員の病職者数の増加など、学校が立ち行かなくなっている窮状を訴え、学校閉鎖を求める手紙がメディアで公開された。2005 年時点において、リュトリ基幹学校は職業訓練先を 1 名分も確保することができていなかった。この一件はベルリンにとどまらず、ドイツ全土で基幹学校が周辺化されている現状が議論される契機になったと言われている。この学校は 2009 年に廃校となり、現在はいくつかの近隣校と統合して 13 年制の地域共通学校としてパイロットプロジェクトがスタートしている。

5) なおベルリンでは全州に先駆けて、3歳以上の就学前施設の保育料金が無償化されている。
6) ドイツの学校の多くがそうであるように事務職員は配置されておらず、秘書が1名配置されているにとどまるため、事務関連の手続きは必然的に多くを教員が担当することとなっている。
7) なお2000年代に入ってから、ギムナジウムを9年制から8年制へと変更する大規模な制度改革が各州で進められたが、この制度改革はボローニャ・プロセスを契機とするヨーロッパ高等教育改革の流れのなかにあり、「PISAショック」に起因するものではない(詳細は布川、近刊)。

引用文献

Arbeitsgruppe Bildungsbericht am Max-Planck-Institut für Bildungsforschung, *Das Bildungswesen in der Bundesrepublik Deutschland*, Rowohlt Taschenbuch Verlag, 1994=2006：マックス・プランク教育研究所研究者グループ編、天野正治・木戸裕・長島啓記監訳『ドイツの教育のすべて』東信堂。
Autorengruppe Bildungsberichterstattung(Hrsg.), 2012, *Bildung in Deutschland 2012*, BMBF.
Autorengruppe Bildungsberichterstattung(Hrsg.), 2006, *Bildung in Deutschland 2006*, BMBF.
Baumert, Jürgen. Maaz, Kai. Neumann, Marko. Becker, Michael. Dumont, Hanna, 2013, Die Berliner Schulstrukturreform: Hintergründe, Zielstellungen und theoretischer Rahmen, In: Maaz, Kai. Baumert, Jürgen. Neumann, Marko. Becker, Michael. Dumont, Hanna(Hrsg.): *Die Berliner Schulstrukturreform*, Waxmann, S.9-34.
Deutsches PISA-Konsortium(Hrsg.), 2002, *PISA 2000: Die Länder der Bundesrepublik Deutschland im Vergleich*, Opladen: Leske+Budrich.
Fanny-Hensel-Grundschule, 2011. *Schulprogramm*, Fanny-Hensel-Grundschule.
布川あゆみ(近刊)：「ドイツにおけるモビリティー促進のための制度と仕組み――ギムナジウムと大学の接続の観点から」、松塚ゆかり編『グローバル化の中の高等教育』ミネルヴァ書房。
布川あゆみ(2013)：「ドイツにおける学校の役割変容――「全員参加義務づけ型」の終日学校の展開に着目して」、比較教育学会編『比較教育学研究』第47号、東信堂、160-179頁。
布川あゆみ(2009)：「受け入れ社会のまなざしと移民のまなざしの交錯――ドイツにおける移民の子どもの『学力』を媒介に」、一橋大学〈教育と社会〉研究会編『〈教育と社会〉研究』第19号、64-71頁。
ハイデマリー・ケムニッツ著、山名淳訳(2009)：「教員養成のスタンダードと教職の専門性」、『教員養成カリキュラム開発研究センター研究年報』Vol.8、東京学芸大学。
原田信之(2007)：「ドイツの教育改革と学力モデル」、原田信之編著『確かな学力と豊かな学力――各国教育改革の実態と学力モデル』ミネルヴァ書房、77-103頁。
Kultusministerkonferenz (Hrsg.), 2013, *Allgemein bildende Schulen in Ganztagsform in den Ländern in der Bundesrepublik Deutschland: Statistik 2007 bis 2011*. KMK.
Kultusministerkonferenz (Hrsg.), 2008, *Allgemein bildende Schulen in Ganztagsform in den Ländern in der Bundesrepublik Deutschland: Statistik 2002 bis 2006*. KMK.
森田英嗣・石原陽子・鍛冶直紀・布川あゆみ(2014)：「ドイツ――学力格差是正策の光と影」、『学力格差是正政策の国際比較――最終報告書』平成25年度日本学術振興会科学研究費補

助金(基盤研究(A)、課題番号23243084　研究代表者大阪大学志水宏吉教授)、163-202 頁。

森田英嗣・石原陽子(2012)：「ドイツにみる学力政策の転換と公正の確保」、志水宏吉・鈴木勇編『学力政策の比較社会学【国際編】――PISA は各国に何をもたらしたか』明石書店、99-125 頁。

長島啓記 (2003)：「ドイツにおける『PISA ショック』と改革への取組」、比較教育学会編『比較教育学研究』第 29 集、東信堂、65-77 頁。

OECD 編著、斎藤里美監訳(2006＝2007)：『移民の子どもと学力――社会的背景が学習にどんな影響を与えるのか』明石書店。

Pant, Hans Anand. Stanat, Petra. Schroeders, Ulrich. Roppelt, Alexander. Siegle, Thilo. Pöhlmann, Claudia(Hrsg.), 2013, *IQB: Ländervergleich 2012: Mathematische und naturwissenschaftliche Kompetenzen am Ende der Sekundarstufe I Zusammenfassung*, Waxmann.

Senatsverwaltung für Bildung, Jugend und Wissenschaft, 2014, *Handreichung für das Bonus-Programm*, Senatsverwaltung für Bildung, Jugend und Wissenschaft.

Senatsverwaltung für Bildung, Jugend und Wissenschaft, 2011, *Qualitätspaket Kita und Schule*, Senatsverwaltung für Bildung, Jugend und Wissenschaft.

Sliwka, Anne(2010＝2014)：「均質性重視から多様性重視へと変わるドイツの教育」、OECD 教育研究革新センター編著・斉藤里美監訳『多様性を拓く教師教育――多文化時代の各国の取り組み』明石書店。

Stanat, Petra. Pant, Hans Anand. Böhme, Katrin. Richter, Dirk(Hrsg.), 2012, *Kompetenzen von Schülerinnen und Schülern am Ende der vierten Jahrgangsstufe in den Fächern Deutsch und Mathematik-Ergebnisse des IQB-Ländervergleichs 2011 Zusammenfassung*, Waxmann.

武田公子(2002)：「ドイツ自治体における NPM 型改革の状況――『新制御モデル』を中心に」、『都市問題研究』第 54 巻第 4 号、59-72 頁。

参照先サイト

国立教育政策研究所「OECD 生徒の学習到達度調査(PISA)」www.nier.go.jp/kokusai/pisa/ (2014 年 10 月 10 日アクセス時点)

執筆分担

布川が全節の草稿を担当し、森田が全節の確認を行った。

第6章

日　本
「確かな学力向上」政策の実相

†

高田一宏・鈴木　勇

東京都板橋区立D小学校の「フィードバック学習」を行っている部屋．

1 学力政策の概要

　2000年頃を境に日本の教育政策は大きく転換した。それまでの教育政策は「生きる力」を育むという理念のもとで知・徳・体の調和を強調していたが、この頃から「確かな学力」の向上に力点が置かれるようになったのである。この時期は「生きる力」を育むことを理念にうたった新しい学習指導要領をめぐって「学力低下」論争がさかんになった。『分数ができない大学生』といった本がベストセラーになるなか、「学力低下」への不安は経済界や政界から市民に広がっていく。これに応じて文部科学省が、新しい学習指導要領が実施される直前に打ち出したのが「確かな学力向上にむけた2002アピール「学びのすすめ」」である。「確かな学力」という言葉が文科省の文書に登場するのはこれが最初であり、以後、「確かな学力向上」は教育政策のキーワードとなっていく。学力向上重視の政府の姿勢は、2003年と2006年に実施されたPISAの成績で国別順位の「低下」が報じられるや決定的となる。2007年に約半世紀ぶりに再開された悉皆の全国学力調査(全国学力・学習状況調査)は、この政策転換を象徴する出来事だった。

　従来、日本の教育政策においては教育格差の縮小は大きな課題として取り上げられてこなかった。ほとんど唯一の例外が同和対策事業や同和教育における学力・進路保障だが、2001年度に国の同和対策事業が終結してからは、格差是正を掲げる教育政策は事実上消滅した。風向きが変わり始めたのは、最近数年のことである。「定住外国人の子どもの教育等に関する政策懇談会」(2009)、「子ども・若者育成支援推進法」(2010)、全国学力・学習状況調査に連動した「きめ細かい調査」の実施(2013)、「子どもの貧困対策推進法」(2013)と貧困対策の「大綱」(2014)にみられるように、政策当局は教育格差の存在を公に認めるようになった。このことには、格差とその背景にある貧困が社会問題化して政策的対応が迫られるようになったことにくわえ、2009年に民主党中心の連立政権が誕生したことも影響している。もっとも、2012年冬に自民党・公明党が政権を奪還してからは、格差是正をめざす政策は失速しつつある。また、地方教育行政の組織及び運営に関する法律(地教行法)の一部改正(2014)に象徴さ

れるように、教育行政における首長の発言力が大きくなっており、このことは学力格差是正策にも影響していくものと思われる。

以下、2節では学力格差の縮小に関するナショナルレベルの政策を振り返る。続く3節では大阪と東京の現地調査の報告をする。4節は全体のまとめである。日本では他の5カ国(米・英・仏・独・豪)に比肩できる格差是正策は存在しない。子どもの貧困状況も悪化しつづけている。にもかかわらず、近年、学力格差は縮小傾向にある。格差是正策が根づかないのはなぜなのか。格差是正策が貧弱なのに学力格差が小さく抑えられているのはなぜなのか。その謎についても考えたい。

2　政策の動向

(1) 政策課題としての学力格差問題

現在の日本では学力格差の是正は教育政策の中心的課題となっていないが、かつては格差の把握や格差是正のための施策がさかんに行われていたこともある。また、近年は、子どもの貧困や若者の就労の不安定化が社会問題化しており、本格的な格差是正策が打ち出される可能性も生まれている。以下では、政策的な対応がなかったものもふくめて、国内でどのような学力格差問題が存在してきたのかを、時代を追ってみていきたい。

①敗戦直後の混乱と長期欠席・不就学問題

戦前から1950年代まで、貧困のために学校に通えない子どもの長期欠席の解消は、教育行政の大きな課題だった。1948年に全国の15歳から64歳の者に対して行われた「日本人の読み書き能力」調査では、読み書き能力には、学歴差、職業差、男女差(男性より女性の方が低い)、地域差(東北地方の農村部が著しく低い)があることが明らかにされている(読み書き能力調査委員会、1951)。1955年には関東と東北の15歳から24歳の青年を対象に「国民の読み書き能力調査」が実施された(文部省、1961)。この調査の結果も1948年とほぼ同様であった。これらの調査からは、学齢期に教育機会を奪われた人々にとって、再学習の機会がほとんどなかったことがうかがえる。

日本が高度経済成長期をむかえた1960年代には、貧困を背景とする長期欠

席問題は解決したとされる。以降、現在にいたるまで、ナショナルレベルで成人の識字に関する施策はほとんど行われていない。だが、ローカルレベルでは、中学校夜間学級、同和地区の識字教室、外国人むけ日本語教室などで、学齢期を過ぎた成人に教育機会を保障する施策が行われてきた。また、後述する「子供の貧困対策」大綱は、中学校夜間学級の拡充に言及している。

②格差是正策としての同和対策事業・同和教育

高度成長期に日本社会全体が経済的繁栄を享受するなか、同和地区住民はそこから取り残されていた。部落問題の解決のための「国策樹立」運動が全国的にひろがるなか、国としての部落問題解決の基本方針を打ち出したのが1965年の同和対策審議会答申である。これ以降、教育の機会均等の保障と教育達成の向上は、同和地区住民の社会経済的地位の安定にとって極めて重要な課題だとされるようになった(高田、2008)。そして、この考えにもとづき地方自治体や国は、同和地区内外の教育格差是正のための措置を講じてきた。

同和地区および校区に同和地区がある学校に対する特別措置は、同和対策事業特別措置法(1969)制定によって加速した。同和地区出身者向けの奨学金、特別就学奨励費、同和地区を校区にふくむ学校への教職員加配、地域の子ども会活動の拠点整備や指導員の配置などがその例である。1990年頃からは、西日本のいくつかの自治体で同和地区の子どもの学力調査が行われ、学力の実態把握をふまえた格差是正策が推進された。同和対策事業と同和教育は、日本で最も体系的な格差是正策だったといえよう。

特別対策としての同和対策事業は2001年度をもって終結した。同和対策事業で大きな比重を占めていた地域の環境改善事業に終了の目処が立ったと判断されたためである。だが、当時、同和地区の教育状況については、高校や大学への進学率に地区外との格差が存在し、この背景には学力の格差が存在することが指摘されていた。教育格差の是正は、未解決の課題として残されたのである。しかしながら、国の同和対策事業が終わると、同和地区児童・生徒の学力状況を把握する調査はほとんどなくなった。全国で唯一、大阪府(大阪市は除く)では、国の事業がなくなった後も2003年と2006年に大規模な学力実態調査が行われたが、それらの調査によると同和地区と同和地区外の学力格差は拡大傾向にある。また、別の調査では若年層の生活基盤が中高年層よりも不安定

になってきていることも明らかになっている(高田、2008、2013)。

③経済・社会のグローバル化とエスニック(民族的)マイノリティの増加

日本には制度上の「移民」は存在しないが、外国からやって来た人や少数民族が古くから住んでいる。前者について来歴が古い順に挙げれば、朝鮮半島などの旧植民地出身者、インドシナ難民、中国残留孤児とその家族、南米の日系人をはじめとする外国人労働者などである。また、固有の文化と歴史を持つアイヌ民族が北海道を中心に居住している。

これらエスニックマイノリティとマジョリティの日本人の間には、学力面でも大きな格差があると言われているが、国はその実態を把握していない。また、外国籍の児童・生徒は希望すれば日本国籍の児童・生徒と同様に小・中学校に入学できるが、法的には義務教育の対象ではなく、正確な就学状況は不明である。ようやくにして最近、外国籍住民が多いいくつかの自治体で就学状況の調査が行われるようになったところである(文部科学省、2010)。

④子どもの貧困対策の一環としての教育支援

2000年代以降の日本では、子ども・若者の貧困が社会問題化した。これらは先進工業国に共通する社会問題ではあるが、日本の特徴として、税制や社会保障による所得再配分が子どもの貧困削減に寄与していないこと、一人親世帯(その多くは母子世帯)が事実上のワーキングプア状態に置かれていることが指摘されている(阿部、2008、2014)。

2007年度に始まった全国学力・学習状況調査では、学校ごとの就学援助率とテストの正答率の関連が示された。このような結果が公表されること自体、極めて異例なことだといっていい。その後、2010年には「子ども・若者育成支援推進法」と「子ども・若者ビジョン」が制定された。ビジョンでは、社会生活を営むうえで困難を抱えている者(ニート、ひきこもり、不登校)、障害のある者、非行・犯罪に陥った者、貧困状況にある者、その他特に配慮が必要な者(外国人、性同一性障害者、10代の親等)などの「困難を有する子ども・若者やその家族の支援」が課題として取り上げられている。

2013年6月には「子どもの貧困対策推進法」が制定され、2014年8月には「子供の貧困対策に関する大綱」が閣議決定された(内閣府、2014)。貧困対策の主要施策の一つに「教育支援」が挙がり、学校が貧困対策の「プラットホー

ム」(基盤)と位置づけられていることは注目に値する。ただし、大綱には日弁連などが必要性を強く訴えていた貧困削減の数値目標が盛りこまれていない。大綱後に公表された翌年度(2015年度)の子どもの貧困対策関連予算の概算要求では、90%以上が大学等の奨学金関連予算で占められ、初等中等教育・幼児教育や児童・家庭福祉関連の予算は非常に手薄である。

(2) 今日の学力格差是正策
①学力の実態把握――全国学力・学習状況調査
2007年度に始まった「全国学力・学習状況調査」の報告書では、学校の就学援助率と学力水準が相関することが指摘されている。そのポイントは、第一に、就学援助を受けている児童・生徒の割合が高い学校の方が、その割合が低い学校よりも平均正答率が低い傾向が見られること、そして、第二に就学援助を受けている児童・生徒の割合が高い学校は、各学校の平均正答率のばらつきが大きいが、そのなかには、平均正答率が高い学校も存在することである。また、平成22年度文部科学省委託事業「全国学力・学習状況調査の結果を活用した調査分析手法に関する調査研究」では、家庭背景と子どもの学力などの関係や、不利な環境にある子どもの学力の底上げに成功している学校の特徴などの分析がなされている。

文部科学省の平成22年度「確かな学力の育成に係る実践的調査研究(全国学力・学習状況調査の結果を活用した調査研究)」においては、指導方法の開発、評価方法の検討、教員の指導力向上のための取り組み、新学習指導要領の円滑な実施、教育委員会との連携を通して、確かな学力を育成するための継続的な実践・取り組みが検討されている。このなかでは、各教育委員会の実践例が紹介されているが、どちらかというと、実践報告の色彩が濃く、学力格差に対する言及はほとんど見られない。基本的に、教科の学習をどのように向上させるか、という個別の学習の重点化、あるいはそのための学校づくりに主眼が置かれている。

これらの動きを見る限り、「学力向上」に関する実践的な取り組みの報告は見られるが、「学力格差」の把握やその是正を目的としたものは少ない。また、全国学力・学習状況調査では、学力の実態把握が主な目的とされているが、報

告書では、「どのような問題ができていないか」といった課題が検討されるものの、学力格差と子どもの社会経済的背景との関連性に言及しているのは、前述した学校ごとの就学援助率と正答率の関連ぐらいである。

2009年に民主党主導の政権が誕生した後は、既存の施策や制度の効果を学力格差是正の観点から評価しようとする動きが現れた。たとえば、文科省の「公立義務教育諸学校の学級規模及び教職員配置の適正化に関する検討会議」では、「指導方法工夫改善」の加配によって学習行動が改善されたり基礎学力の底上げが図られたりしたとの報告が複数の県教委から行われている。また、「全国的な学力調査の在り方等の検討に関する専門家会議」における「平成23年度以降の全国的な学力調査の在り方に関する検討のまとめ」(2011年3月)においては「経年分析や教育格差の分析など新たな視点に立った調査も必要」という見解が示され、全国学力・学習状況調査の本体調査とは別に「きめ細かい調査」を実施することが決まった(全国的な学力調査に関する専門家会議、2012)。

その後2012年の総選挙を経て自民党が政権に復帰したが、「きめ細かい調査」は当初の予定通り、2013年春に実施された。この調査は「家庭状況と児童生徒の学力等の関係について分析するため」の保護者調査をふくんでおり、調査報告書(国立大学法人お茶の水女子大学、2014)は2014年4月始めに公表された。この調査によると、家庭の経済力と教育力(図1ではSES＝社会経済的背景と表記。Highest SESは経済力や教育力に最も恵まれたグループ、Lowest SESは最も不利なグループである)による学力格差を個人的努力(図では家庭学習時間で代表させている)で乗り越えるのは非常に難しいことが明らかになっている。図で示したのは小学6年生の国語Aの結果であるが、最も恵まれないグループの3時間以上家庭学習をしている子どもの学力(正答率58.9%)は、最も恵まれたグループのまったく家庭学習をしない子ども(正答率60.5%)に劣るのである。

なお、「子供の貧困対策に関する大綱」には数年おきに同種の調査を実施することが盛りこまれた。今後、調査の結果が政策の立案や政策の効果検証にどのように活用されるのか、注視する必要がある。

②家庭への経済的支援——就学援助制度

現在の日本には、エスニックマイノリティ集団や低所得者層など、特定の社会集団に焦点をあてた学力格差是正策は存在しない。他の5カ国との大きな違

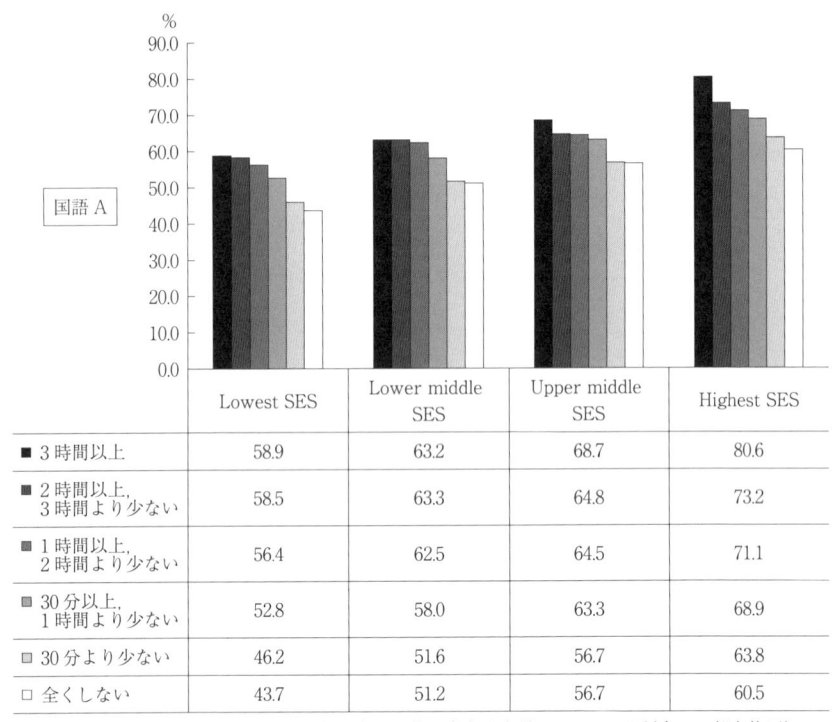

	Lowest SES	Lower middle SES	Upper middle SES	Highest SES
■ 3時間以上	58.9	63.2	68.7	80.6
■ 2時間以上, 3時間より少ない	58.5	63.3	64.8	73.2
■ 1時間以上, 2時間より少ない	56.4	62.5	64.5	71.1
▫ 30分以上, 1時間より少ない	52.8	58.0	63.3	68.9
▫ 30分より少ない	46.2	51.6	56.7	63.8
▫ 全くしない	43.7	51.2	56.7	60.5

出典：国立大学法人お茶の水女子大学，2014，88頁(表の一部を修正)．

図1 社会経済的背景別，学習時間と国語A正答率の平均値(小6)

いである。だが、就学援助制度(鳶、2013)や各校の課題に応じた教職員の加配など、運用の工夫によって学力格差縮小に寄与しうる制度や施策がないわけではない。

学校教育法は、就学援助について「経済的理由によつて、就学困難と認められる学齢児童又は学齢生徒の保護者に対しては、市町村は、必要な援助を与えなければならない」(第19条)と定めている。就学援助の対象は、生活保護世帯(要保護世帯)とそれに準ずる所得水準の世帯(準要保護世帯)である。図2に示すように、経済状況が悪化するなか、要保護・準要保護の児童・生徒の率は増え続けており、文科省児童生徒課の「平成24年度要保護および準要保護児童生徒数について」によると、平成24(2012)年度には過去最高の15.64％に達した。

小泉政権時代の平成17(2005)年には、就学援助制度に大きな転機が訪れた。

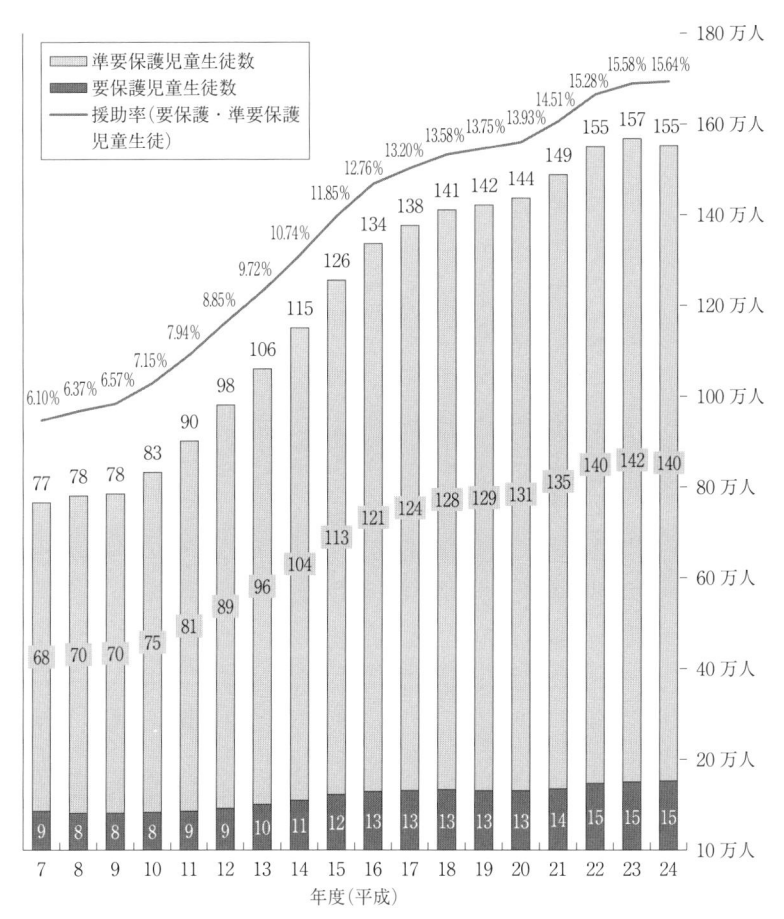

要保護児童生徒数 ＝生活保護法に規定する要保護者の数
準要保護児童生徒数＝要保護児童生徒に準ずるものとして，市町村教育委員会が
　　　　　　　　　　それぞれの基準にもとづき認定した者の数

出典：文部科学省，2014年.

図2　要保護・準要保護児童生徒数の推移

財源と権限を地方に移譲するとの名目で、準要保護世帯の就学援助費に関する国の補助が廃止されたのである。就学援助費に相当する額は地方交付税に組み入れられたとされるが、財政基盤が弱い市町村では準要保護の認定基準となる収入額を引きあげる例が相次いだ。平成17(2005)年度以降、就学援助を受ける児童生徒数の伸びが緩やかになったのはその影響と考えられる。さらに、平成

25(2013)年度には生活保護法が改正されて保護認定の所得基準が上がったため、それに連動して就学援助の所得基準が上がる恐れが生じている。

就学援助制度の課題としては次のことが挙げられる。第一に、市町村が実施主体であるため、市町村の財政状況によって認定基準がまちまちなこと。第二に、保護者に対する周知方法にも自治体によってかなりの違いがあること。第三に、一部の不正受給をことさらに問題視して、生活保護世帯・就学援助世帯に対するバッシングをマスコミ等が煽っていることである。

③学校への人的支援──教職員加配

学校の教職員の人数は基本的には学級数に応じて決まるが、本来の人数に上乗せして措置される教職員を加配教職員という。加配教職員は学校現場のさまざまなニーズに対応するものであるが、そのなかには、少人数指導や児童生徒支援の加配など、運用次第で学力格差の是正につながるものもある。

国が義務教育学校に措置している加配は、表1の通りである。最も人数が多いのは「指導方法工夫改善」の加配で、全体の約3分の2を占めている。これに次ぐのは全体の1割強を占める「児童生徒支援」の加配である。児童生徒支援加配はもともと同和地区を校区に有する学校への加配として設けられたものであり、「地域や学校の状況に応じた教育指導上特別な配慮が必要な児童生徒への対応」という趣旨はそうした歴史的経緯を反映したものである。なお、特別な日本語指導が必要な児童生徒のための加配もこの枠で措置されている。3番目、4番目に多いのは「特別支援教育」と「研修等定数」で、それぞれ全体の1割弱を占める。特別支援教育の加配は、全体に占める割合は少ないが、軽度発達障害や学習障害の子どもの教育の推進が図られていることもあって、近年、急速に増えつつある。なお、この間、特別支援学校や小中学校の特別支援学級の在籍者は増加傾向にある。これに関しては特別支援教育が「障害がある」とされる子どもをメインストリームの教育から構造的に排除しているとの指摘がある(鈴木、2010)。

加配教職員は、特例として年度ごとに措置される。また、学校ごとの配置は市教委や県教委のさじ加減で決まる部分もある。そのため、加配教員を学校づくりの長期的方針に位置づけることは難しい。加配の政策的効果が体系的に検証されたこともない。なお、加配は県単独予算で配置することも可能である。

表1　平成24年度予算における加配教職員定数

加配事項	内容	予算定数	24年度増減数
指導方法工夫改善(法7条2項)	少人数指導，習熟度別指導，ティーム・ティーチングなどのきめ細かな指導や小学校における教科専門的な指導による指導方法改善	41,523人	+2,100人 ※小2の36人以上学級の解消(900人) 中学校学習支援(800人) 小学校専科指導(400人)
	少人数学級を実施するための活用分	9,100人(内数)	※8,200人(23年度振替実績) +900人(24改善案：再掲)
児童生徒支援(法15条2号)	いじめ，不登校や問題行動への対応，地域や学校の状況に応じた教育指導上特別な配慮が必要な児童生徒対応	7,777人	+1,100人 ※外国人児童生徒日本語指導(100人) 震災対応(1,000人)
特別支援教育(法15条3号)	比較的軽度の障害のある児童生徒のためのいわゆる通級指導への対応や特別支援教育コーディネーターの配置等	5,341人	+600人
主幹教諭(法15条4号)	主幹教諭の配置に伴うマネジメント機能の強化への対応	1,448人	
研修等定数(法15条6号)	資質向上のための教員研修，初任者研修，教育指導の改善研究対応	5,083人	※地域連携(100人) 合理化減(▲100人)
養護教諭(法15条2号)	いじめ，保健室登校など心身の健康への対応	282人	
栄養教諭等(法15条2号)	肥満，偏食など食の指導への対応	279人	
事務職員(法15条5号)	事務処理の効率化など事務の共同実施対応	872人	
合計		62,605人	+3,800人

注）表中の「法」とは，「公立義務教育諸学校の学級編制及び教職員定数の標準に関する法律」のことである．

出典：文部科学省，2012a．

2000年代には小学校低学年における少人数学級編成のための加配がふえ，最近では学力向上のための加配を措置する例が多い。また，同和対策事業が特別措置として行われていた頃には，校区に同和地区がある学校に自治体独自の加配が措置され，加配教員は，学級定員の引き下げ，補充学習・促進指導，同和地区の子ども会活動との連携・協力などにあてられていた。

④定数改善をめぐる財務省と文科省の綱引き

2012年9月の「公立義務教育諸学校の学級規模及び教職員配置の適正化に関する検討会議」の報告を受けて，第7次定数改善計画(2001〜2005年度)以来，12年ぶりに定数改善計画が策定された。改善総数は2013年からの5年間で

27,800人であり、その内訳は「学級規模適正化定数」が19,800人、個別の教育課題に対応する「加配定数」が8000人である。「加配定数」には「学力・学習意欲向上支援」1700人がふくまれている。これは「家庭環境等の要因により学力定着等が困難な児童生徒を対象に、補充学習や習熟度別少人数指導等学力・学習意欲向上のための取り組みを行う学校」への加配である。

　定数改善計画のなかに学力の底上げ策が盛りこまれたことは画期的なことではある。だが、財務省は、改善計画の財源に児童生徒数の減少に伴う教職員定数の「自然減」と教職員の若返りに伴う給与費の減少分を充てるとしており、新たな財政措置がとられるわけではない。「学力・学習意欲向上支援」は「加配定数」の枠で行われるものであり、恒常的な格差是正策とは言いがたい。また、2014年10月、財務省は、小学校1年生に導入されている35人の学級編制基準はその教育的効果が明らかではないとして、学級編制基準を他学年と同じ40人に戻す方針を打ち出した。これに関して文科省は激しく反発、編制基準の見直しは、結局、立ち消えとなったが、人件費削減の圧力を象徴するできごとであった。

　そもそも日本では、社会的不利益層の学力実態や階層間あるいは民族間の格差を明らかにするデータがほとんどない。教育政策においては、学力格差是正策は周辺的な位置にとどまり続けている。他の5カ国との決定的な違いである。したがって、以上で述べた施策・制度についても、それらがどの程度学力格差の縮小に寄与しているか、確かめる術はない。

　とはいえ、変化の兆しもある。その一つは、ナショナルレベルで子どもの貧困対策の一環として学力格差の実態把握とそれにもとづく格差是正策が現れようとしていることである。もう一つは、各自治体で学力の底上げにつながる施策が現れていることである。次節ではそうした自治体の例として、大阪（大阪市）と東京（板橋区）を取り上げる。

3　自治体の学力政策と教育現場の対応

　さて、ここでは大阪府と東京都の義務教育課程の学校での取り組みを述べる。東京と大阪はともに今日の新自由主義を背景とする教育改革を推進する東西の

大都市であるが、一方の大阪は、社会経済的・教育的に不利な立場にある集団や学校に優先的な資源配分を行い、学力の格差を是正しようとしてきた伝統を持つ。だが、近年は、競争主義的・成果主義的な教育改革が首長主導で断行されている。他方の東京には大阪のような積極的な格差是正策の伝統はないが、全国学力・学習状況調査の開始以降、学力の底上げにつながるような施策が現れている。

こうした二つの地域の教育改革や学校現場にどのような相違点と共通点があるのか。以下、大阪市と東京都板橋区の教育政策の概要と学校現場での学力向上への取り組みについて報告する。

(1) 大阪——全国学力テストがもたらした波紋
①調査対象地の概要

大阪は子どもの貧困が深刻な自治体の一つである。たとえば就学援助率についてみると、2009年度の時点で、全国都道府県の平均14％、政令指定都市の平均16％に対して、大阪府は28％、大阪市は31％であった。経済状況のきびしさは、全国学力・学習状況調査が始まって間もない2008年の「大阪市検証改善委員会」においても、学力不振の背景要因の一つとして考えられていた。

大阪は、同和教育・人権教育がさかんで、学力の下支えや学力格差の縮小をめざす施策が多かった地域である。今回の共同研究が始まる少し前にも、大阪府教育委員会と大阪市教育委員会は、それぞれ、経済的にきびしい状況にある児童・生徒が多いなかで学力状況が改善されている学校を調査し、その特徴を明らかにしている。また、大阪市は小中学校の設置者であると同時に政令指定都市として大きな権限を有することから、習熟度別少人数授業や放課後の学習支援など、独自の学力関連施策を打ち出していた。ただ、この特色は、この数年来の「政治主導」の教育改革のなかで変質しつつある。

②大阪府・市の学力政策

大阪では府と市を統合した「大阪都」の実現を掲げた「大阪維新の会」が大きな政治勢力となっている。府知事・市長は、それぞれ、維新の会の幹事長と代表であり、維新の会は、府議会・市議会でも大きな勢力を維持している。教育政策においても大阪府と大阪市の基本姿勢は同一といってよく、中学1、2

年生むけの統一テストの実施(2015年1月)など府市一体の施策も現れている。

　全国学力・学習状況調査実施以降、大阪では全国平均に及ばない学力水準の低さが問題視されてきた。大阪府の「「大阪の教育力」向上プラン」(2009年1月)は、2013年度までに全国学力テストの正答率で全国平均を上回ることを目標に掲げていた。一方、政令都市として府と同等の権限を持つ大阪市でも、無答率を全国平均以下にするなどの目標を「大阪市教育振興基本計画」(2011年3月)で掲げていた。

　現状では府市ともに当初の目標は達成できていない。大阪府全体についてみると、小学校では全国平均との差はいったん縮小したものの、再び拡大している(図3の数値は対全国比。全国平均正答率を1としたときの大阪府の正答率を示す)。中学校では一部の教科・問題で全国平均に近づきつつあるが、あまり大きな変化はみられない。市町村別集計によると、2007年度から2014年度にかけて、小学校の学力が「上昇」した市町村は20、「下降」した市町村は22である。また、中学校の学力が「上昇」した市町村は27、「下降」した市町村は10である。一貫して学力が全国平均を上回っている市町村は府の北部に集中しており、小学校で8、中学校で6にとどまる(大阪府教育委員会、2014b)。大阪市の分析でも、無答率は低下する傾向にあるが依然として全国平均とは開きがある(大阪市教育委員会、2014)。

　近年の大阪の学力政策は、学力テストをてこにして市町村間・学校間の切磋琢磨を促し、学力の向上を図ろうとしているのが特徴である。だが、学力テストの成績推移からは、この政策が実を結んだようにはみえない。また、府内の市町村間には大きな学力格差が存在しており、それへの対応策は充分とは言えない。さらに、教育委員会や教職員組合に対する政治家の統制が強くなっており、それが教育行政や教育現場にいろいろな軋轢を生み出している。以下、この間の学力政策の動向を駆け足で振り返ってみよう。

　2011年度には、6月に大阪府独自の学力テストが実施され、8月には市町村別の平均正答率が公表された。翌年3月には大阪府教育行政基本条例・府立学校条例・職員基本条例が制定された。府の職員基本条例には、職務命令違反者処分の厳格化、保護者による「不適格教員」の申し立てなど、教員に対する統制を強化する内容がふくまれている。また、2012年には、大阪市教育行政基

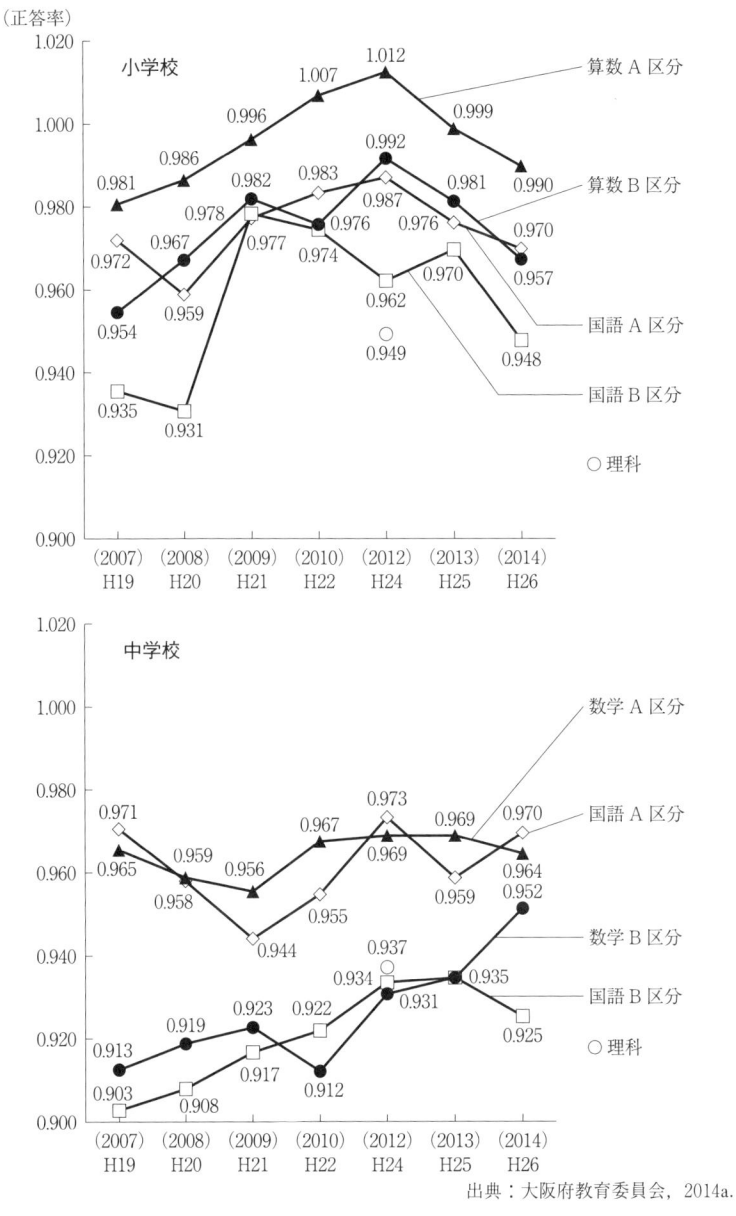

注）2011年度は震災で調査が取り止めになったため，データが存在しない．
図3 全国学力・学習状況調査の結果（大阪府，2007～2014年度）

出典：大阪府教育委員会，2014a.

本条例が5月に、大阪市立学校活性化条例が7月に制定された。府と市の教育行政基本条例では、教育振興基本計画の案の策定は首長が教育委員会と協議して策定するとされ、教育行政への首長の関与がいっそう強化されることになった。

2012年6月には前年度に引き続いて府独自の学力テストが実施された。学校別の結果公表は市町村教委の判断に委ねられたが、各学校の正答率は児童・生徒が受け取る成績表に記載されるので、児童・生徒とその保護者は自分の通っている学校と自分の住んでいる市町村校の平均正答率を大阪府全体の平均正答率と比較することができるようになっていた。さらに、何者かが何らかの方法で児童・生徒から各学校の平均正答率を聞き出して集計しなおせば、調査参加校の平均正答率ランキングをつくることもできるものだった。

2013年度に入ると、現大阪市長がかねてより主張していた小中学校の学校選択制が大阪市内で導入されることが決まった。選択制を導入するかは公募で選ばれた区長が判断するとされ、結局、2014年度から市内24区中12区で学校選択制が導入されることになった。また、学校管理規則が改定され、各校の全国学力・学習状況調査の平均正答率を公表することが学校長に義務づけられた(特別支援学校、児童自立支援施設の学校、単学級の学校は例外的に公表をしなくてもよいとされた)。各学校から公表される結果をインターネット上などで収集して一覧表にすれば、英国の「リーグテーブル」に似たランキング表をつくることも可能である。学校選択と学力テストの結果公表が同時に行われた場合、選ばれる学校と避けられる学校が現れることは想像に難くない。

2015年1月には、大阪府内の中学1年生と2年生全員を対象とする「チャレンジテスト(到達度テスト)」が試行実施された。2016年度から、テストの成績は公立高校入学者選抜の際に調査書に反映されるが、その目的は、調査書における評価を相対評価から目標に準拠した評価(いわゆる絶対評価)に切り替えるのにあたって、学習到達度を客観的に測定して公正な評価をするためだとされている。市町村教育委員会や校長会からは、このテストに対して反対や疑問の声が上がったが、それは調査書に成績を反映させることで受験対策が早期に始まるのを懸念してのことである。調査書自体は全国すべての都道府県で絶対評価になっているが、中学1、2年生段階のテスト成績を調査書に反映させてい

表2 全国および大阪における近年の学力調査

年度		全国			大阪		
		対象	内容	備考	対象	内容	備考
2007	H19	小6, 中3 悉皆	国,算(数), 児童生徒・学校質問紙	「全国学力・学習状況調査」. 約半世紀ぶりの悉皆調査.			
2008	H20	〃	〃		小4〜中3	国,算(数)の「大阪府学力テスト」.	分析は抽出したサンプルで.
2009	H21	〃	〃		〃	〃	〃
2010	H22	小6, 中3 抽出	〃	抽出に変更.	〃	〃	〃
2011	H23	震災のため取りやめ.		多くの自治体が独自に実施・分析.	小6, 中3	国・算(数), 英, 児童生徒・学校質問紙からなる「大阪府学力・学習状況調査」.	国の調査に準ずる. 英語を追加. 市町村別結果を公表. 悉皆を予定するも10市町は不参加.
2012	H24	小6, 中3 抽出	国,算(数), 理科, 児童生徒・学校質問紙	理科を追加.	〃	〃	〃
2013	H25	小6, 中3 悉皆	国,算(数), 児童生徒・学校質問紙	悉皆に戻る. 理科実施せず. 「きめ細かい」調査を実施.			
2014	H26	小6, 中3 悉皆	国,算(数), 児童生徒・学校質問紙		中1, 2 悉皆	中1:国・数・英 中2:国数英理社	成績が調査書に反映される, 府市統一の「チャレンジテスト」.

る都道府県はない。府市の到達度テストは、自治体の学力テストとしては極めて異例である。

　表2にあるように、全国学力・学習状況調査が始まって以降の大阪では、過去の調査との整合性や国の調査との役割分担が充分に検討されないまま、さまざまな学力調査が現れては消えている。学力実態への関心は全国平均からの隔たりに集中し、社会集団間、地域間の格差に関心が向けられることはほとんどなかった。

③調査対象校の実践

C小中一貫校──施設一体型小中一貫教育　C校は大阪市の施設一体型小中一貫校として開校した。同校の校区は、もともと小学校と中学校一校ずつ設置されており、両校は道を隔てて隣接していた。一貫校になる前の小学校・中学校は、同和教育・人権教育がさかんな学校であり、子どもたちの集団づくりと学力・進路の保障に大変力を入れていた。そうした経緯をふまえて、2007年からは小・中連携の「パイロット校」として、異年齢間での交流「遊ビジョン」の活動、小中教員が効果的な指導方法を共に模索するための「小中相互参観」、中学校生活がスムーズにスタートを切るための「中学校体験授業」「中学校部活体験」等を工夫し、効果を上げてきた。

　一貫校化の直前まで、教職員や地域住民の間では、同和教育・人権教育の観点から一貫した教育活動の必要性が認識されており、少子・高齢化に伴う児童生徒数の減少への対応も迫られていた。そうしたなか、施設一体型小中一貫校の構想も検討されてはいたのだが、一貫校化への流れは現市長の強い意向で一挙に加速した。これに伴い、学校現場は、小学校1年生からの外国語(英語)活動、ICT機器の活用、市内全域からの児童生徒募集など、新たな取り組みを進めた。

　C校の教育活動は「確かな学力」「豊かな心」「健やかな体」の育成を柱に定めている。またこれら三つの柱を支えるものとして、「特別支援教育の充実」「ICTの効果的な活用」を推進している。2013年度にはICT活用授業のモデル校の一つとなり、小3以上の児童生徒一人ひとりにタブレット型パソコンが用意され、各教室には電子黒板やプロジェクターが設置された。また、施設一体型小中一貫校の特色を生かした活動として、小中教員の乗り入れ授業(4～9年生の音楽は教科担任制、数学の習熟度別少人数学習、9年生の英語のTT授業、中学校教員の小学校教科への技術的支援)と小・中学生の交流・協働(合同の全校集会・始業式・終業式、児童会・生徒会の合同活動、避難訓練の合同実施、文化祭・作品展・体育祭の合同開催など)に取り組んでいる。

　C校の小中一貫校化は、学力格差の是正策という観点からどのように評価しうるだろうか。まず押さえておきたいのは、小中一貫校化前から同校校区には生活状況・学力状況のきびしい児童・生徒が多く、学力の保障と学力格差の是

正は長年の教育的課題だったことである。また、一貫校化には小規模校の活性化策という側面もあり、その意味でC校の開校は困難に直面している学校の支援策だといえなくもない。ただ、現在のC校で実施されているICT機器の活用、1年生からの外国語活動、全市からの児童・生徒の募集などの新たな取り組みが軌道に乗るまでには、もうしばらく時間がかかるだろう。

(2) 東京都——改革の見直し
①調査対象地の概要

　平成26(2014)年度の全国学力・学習状況調査の結果(図4)をみると、東京都の正答率は小・中学校ともすべての教科で全国平均を上回っており、中学校では学力が上昇傾向にあるが、一部の教科では上位層から下位層までの幅が広く、成績上位県に比べて下位層が多いことが課題とされている(東京都教育委員会、2014)。つまり、東京都の成績は全国平均を上回ってはいるが、上位に位置しているわけではなく、教科によっては学力格差も大きい。また、公立校と私立校の違いに目を向ければ、公立校の弱さが指摘できる。私立中学・高校に通う生徒の割合は全国で東京都が最も高い(文部科学省、2012b)。

　こうした教育状況に対し、東京都では教育改革が実施されてきた。高校に関しては、平成9(1997)年から平成23(2011)年にわたる「都立高校改革推進計画」にもとづく都立高校改革が実施され、「これまで力を発揮できなかった生徒」のための「エンカレッジスクール」や進学指導を重視する高校の設置、高校の学区の撤廃などが行われた。また、義務教育では、都内の公立小学校5年生と中学2年生の全員に「児童・生徒の学力向上を図るための調査」を実施している。小学生の教科は国語、社会、算数、理科、中学生の教科は国語、社会、数学、理科、英語である。さらに、多くの区で学校選択制、学校の外部評価、小中一貫教育の導入などが実施されてきた。ただ、近年、こうした改革に見直しの議論もなされている。たとえば板橋区では平成26年度入学の児童・生徒から、学校選択制が入学予定校変更希望制へと変更になった。これは、住所にもとづく通学区域の学校への入学を原則としている点で、学校選択制実施前の状況に近くなったと言える。以下では板橋区の現地調査をもとに、小学校の学力向上の取り組みを紹介する。

(1) 各教科の正答数分布，平均正答率，下位層の割合

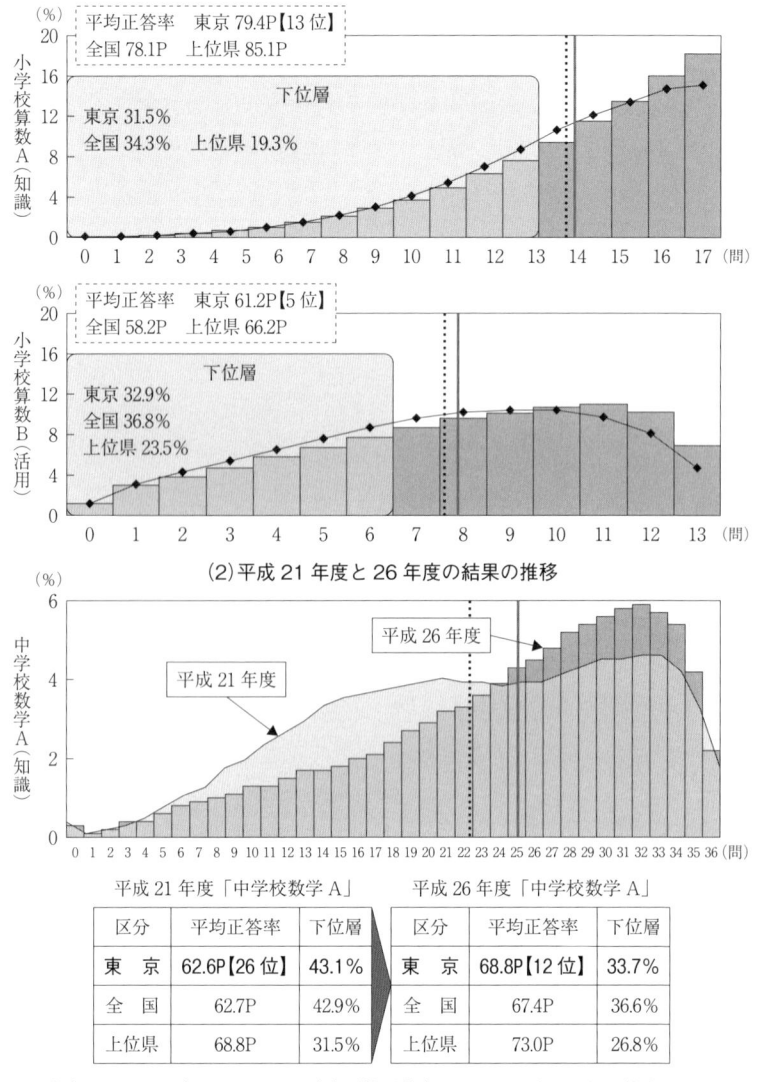

小学校算数A（知識）
平均正答率　東京 79.4P【13位】
全国 78.1P　上位県 85.1P
下位層
東京 31.5%
全国 34.3%　上位県 19.3%

小学校算数B（活用）
平均正答率　東京 61.2P【5位】
全国 58.2P　上位県 66.2P
下位層
東京 32.9%
全国 36.8%
上位県 23.5%

(2) 平成21年度と26年度の結果の推移

中学校数学A（知識）
平成26年度
平成21年度

平成21年度「中学校数学A」		
区分	平均正答率	下位層
東　京	62.6P【26位】	43.1%
全　国	62.7P	42.9%
上位県	68.8P	31.5%

平成26年度「中学校数学A」		
区分	平均正答率	下位層
東　京	68.8P【12位】	33.7%
全　国	67.4P	36.6%
上位県	73.0P	26.8%

東京　　　全国　　　東京平均正答率　　　全国平均正答率
※下位層：全国の平均正答率−5%未満の児童・生徒の割合　　P＝ポイント（点）
出典：東京都教育委員会，2014.

図4　平成26年度「全国学力・学習状況調査」の結果について

②板橋区の学力政策

　東京都23区の北西部に位置する板橋区は、人口は増加傾向にあるものの高齢化が進んでいる。町会や自治会を中心とした地域の結びつきが強く、成人式を18ある地区ごとに実施するという全国でも珍しい取り組みもある。一人当たり年間収入額は23区内では低位に位置づき、生活保護受給世帯割合は3割程度と高い。いわゆる「下町」といった風情のある地域である。

　全国学力調査や東京都で実施されている学力調査に加えて区独自のふりかえり調査も実施されている。国や都の調査は授業改善のために利用し、区の調査は個別のつまずきを把握することで各個人に応じた学習に取り組むための資料として活用するといった特色づけがされている。

　学習ふりかえり調査は、各教科の専門性の高い教員が集まって組織されるフィードバック学習委員会によって作成された問題を用いて、小学校4年から中学校2年までの全児童生徒を対象に、4月と10月に(小学生は国語、算数、中学1年生は国語、数学、中学2年生は国語、数学、英語)実施される。結果は誤答問題に対するふりかえりのポイントが記された個票の形で返却され、対策のための学習教材(フィードバック学習教材(データを区教委から各校に配布))＋フィードバック補助教材(区教委のホームページでダウンロード可)も用意されている。4月調査の結果を10月調査で再度検証するというスタイルをとることによって、基礎基本の確実な定着がねらわれている。

③調査対象校の実践

板橋区立D小学校——三つのフィードバック学習　D小学校の児童数は500人を越え(平成25年4月)、就学援助を受けている子どもの割合は4割程度、外国にルーツを持つ子どもの数も比較的多い。私学受験を目指す層は少なく、多くの子どもたちは地域中学に進学する。地域の支えもあり、「放課後子ども教室」や「いきいき寺子屋教室」といった地域住民主体の活動も実施されている。また、D小をふくむ近隣の複数の小学校と中学校での小中連携の一環として、合同の公開授業や中学校教員による出前授業、中学校の補習への小学校教員の参加などを通して、教職員間や児童生徒間の交流も積極的に図られている。

　D小学校では教職員の足並みをそろえた丁寧な指導の成果もあり、現在は非常に落ち着いた学校生活を子どもたちは送っている。しかしながら、各種学力

調査の結果からは、区の平均をやや下回ること、そして特に低得点層の底上げの必要性が明らかとなった。そのための方策を思案していたところ、同時期に区の施策として実施されることになったのがフィードバック学習であった。低得点層を押し上げたいという学校側の思いと、つまずきを発見しふりかえりを重視するという区の施策が一致するなかで、D小では施策をより具体化していくためにフィードバック学習を三つの形態に分けた。それが「フィードバック30」、「縦型フィードバック」、「高学年フィードバック」の取り組みである。

一つ目の「フィードバック30」は、週に1〜2回、放課後に30分間だけ実施する学習会で、対象は5、6年生。担任教師が気になる子どもに参加を促し、子どもや保護者の理解が得られた場合にのみ参加する。指導には教員免許を持った学習指導講師があたり、各個人に合わせたプリントが作成され、子どもたちはそれぞれの課題に取り組む。学習指導講師は、放課後だけでなく通常授業への入り込みも行っているため子どもの状況も把握している。また、学習会に参加する子どもの数を学習指導講師が見きることのできる人数で絞り込んでいるために、マンツーマンに近い関係で非常にアットホームな雰囲気のなかで学習に取り組んでいる姿が見られた。二つ目の「縦型フィードバック」は、授業のなかで新しい単元を導入する際に、計画的・意図的に既習事項へ戻る指導を行う取り組みのことであり、これは全学年・全学級で実施され、学校が作成している指導案のなかにもフィードバックのポイントやタイミングなどが記載されている。そして三つ目の「高学年フィードバック」は、5、6年生を対象に、ふりかえり調査で正答率の低かった問題について、区が配布しているフィードバック学習教材を用いて朝学習の時間や家庭学習などを通して取り組むというものである。

こうした三つのフィードバックを有機的に連関させることにより、ふりかえり調査の結果が区の平均程度にまで上昇し、特に、下位層の割合が減少した。子どものつまずきを把握しそれに対応するという区調査のねらいを見事に実現しているのがD小である。そこには、学校側のニーズと施策の一致という背景があり、取り組みを具体化していくための資源（学習指導講師の配置とふりかえり教材の配布）的バックアップがあった。そして、朝学習、放課後学習、日常の授業づくりの3側面においてフィードバックを展開するという枠組みのもと全

校一致で取り組むことにより、学力の底上げという効果のみならず、学年や学級を越えた教職員間の共通理解も促進されている。

(3) まとめ

　全国学力・学習状況調査の開始以降、日本の学力政策は変質しつつある。特に大阪は、競争と卓越性を重視する新自由主義的な教育改革が最も先鋭的に打ち出されている自治体の一つとなった。従来の大阪の学力政策は、学力の底上げや学力の格差是正に重きを置いていたが、今では全国平均なみの学力水準の達成が最重要課題となっている。また、大阪ほど極端ではないが、学力テストの結果を「刺激」にして学力向上を図ろうとする自治体も増えており、文科省は、それらの動きを追認するかのごとく、市町村レベルの全国学力・学習状況調査の結果を公表できるものとした。また、学校別の結果公表についても、自校の判断で公表できるとした。

　ただし、政策の変化は学校現場にストレートに影響しているわけではない。大阪のC小中一貫校は、子どもの生活状況や学習状況、地域の教育環境、保護者や地域住民の願いなどをふまえて、各校の実情に即した教育活動を展開している。トップダウンで降りてくる政策とボトムアップで立ち上がってくる教育課題がすり合わされるなかで、各校の教育課程が編成され、日々の実践が展開されているわけである。

　一方の東京のD小学校も、いくつかの課題はあるものの学校の雰囲気は落ち着いている。これは、教職員同士、教職員と児童・生徒、児童・生徒同士が良好な関係を築いているからである。高学年を低中学年のモデルとする教育を推進するなど、つながりを重視した教育方針が学校の成果となって表われてきたと考えられる。

　私たちは、大阪府と東京都の小中学校を訪問するなかで、新自由主義にもとづく教育改革の義務教育への影響、特に現場の変化や戸惑いを知りたいと考えていた。そして、大阪と東京の違いを知りたいと思っていた。しかし、状況の異なる二つの学校調査から、大阪と東京の学力向上策の現状を比較することは困難であった。C小中一貫校では、小学校と中学校の統合やICT機器の導入、学区の再編成など大きな変化が起こり、教職員の戸惑いもあったように思われ

る。これに対してD小学校は、そのような劇的な変化が生じていないこともあり、大きな戸惑いや混乱は見られなかった。このように違いは見られるのだが、それは、両地域の学力政策による違いというよりも、施設一体型小中一貫校の新設という大きな環境変化のただなかにある学校と、それほど変化しなかった学校との違いによるものだと理解すべきであろう。

　ただ、今回訪問した両校の取り組みに関しては共通点を見いだすことができた。それは、第一に、教育委員会から提供される資源（C小中一貫校では施設一体型小中一貫教育やICT機器など、D小学校では学習教材や補助教材）を活用して、学力の向上に向けての取り組みが模索されている点である。そして、第二に、そこで最も力が注がれているのは、学力底辺層への下支えであり、学力格差の拡大を食い止めるための取り組みであった。大阪市のC小中一貫校の場合、教育行政はドラスティックに変化したが、学力のきびしい層への心配り・目配りは消えてはいない。板橋区のD小学校でも、子どもたちがつまずきやすい単元や問題の丁寧な指導が行われていた。そういう意味では、両校の取り組みは学力格差の是正（公正）をめざしたものであった。

4　学力格差是正策の今後

(1)「面の平等」の限界

　今日の学力政策における世界各国の動向は次のように整理することができる（志水・鈴木、2012）。まず第一に、世界の多くの国々が、競争主義と成果主義という要素を持つ新自由主義的改革路線を積極的に取り入れている。つまり、一方では、教育の現場に市場原理が導入され学校間の競争が助長されており、他方では、学力テストの結果に応じて予算や人員の配分が決められるといった成果主義の動きが見てとれる。そして、第二に、そうした教育改革で目標とされるのは、水準向上（卓越性）もさることながら、むしろ格差是正（公正）の方である。各国がめざしているのは、新自由主義的改革の帰結として指摘されることの多い、格差の拡大や社会の分断ではなく、学力格差を縮小することで全体の学力水準を向上させることであった。

　しかし、こうした世界の動きと日本の動きは少し異なる。苅谷（2009）はその

著書のなかで、イギリスの教育社会学者ジュリア・イベッツの教育機会の平等についての三つの考え方に言及している。第一の考え方は、どの子どもにも潜在的な能力にかかわらず、同じだけの教育資源を提供すべきだとする考え方である。第二の考え方は、環境的な要因にかかわらず、同じやり方で測定された能力が同じ子どもたちは、すべて同じ扱いをするという考え方である。能力別学級編成などがこれにあたる。ちなみに日本で広まりつつある「習熟度」別指導では、本人の希望や子ども同士の人間関係にも配慮して学習集団がつくられる。英語でいう mixed ability grouping と ability grouping の混合型・折衷型といえるかもしれない。第三の考え方は、不平等な環境によって教育的に不利益な子どもたちのために、積極的な格差是正措置を行うという、環境の側に働きかける考え方である。アファーマティブ・アクションなどがこれにあたる(前掲書、242頁)。

　アメリカなど世界の多くの国々では第三の考え方にもとづいた教育政策がとられてきた。これに対して、日本の戦後の教育政策は第一の考え方に近いものであり、地域や学校、学級といった集団単位での教育条件の均等化を目的としてきた。こうした日本の特色を苅谷(前掲書)は「面の平等」と呼んでいる。そして、「面の平等」を目的とした日本の学力政策が、個々人の教育条件の差異を目立たなくし、結果の不平等をも際立たせなくする役割を果たしてきたという。そういう意味で日本の学力政策の伝統は(少なくとも公教育においては)、個々人の教育環境や成績の不平等の是正を直接的なターゲットにはしてこなかったが、「面の平等」を達成することでそれらの問題をある程度軽減してきたのである。

　ただ、近年の一連の教育改革によって日本の教育政策にも変化が見えてきている。これまでとの大きな違いは、諸外国の動向と同様に、全国学力テストや学校選択制といった新自由主義的政策が加速していることである。なかでも先頭を走っているのは東京都の教育政策であろう。そして、その影響を強く受けて、次に続くグループのなかに大阪がいるという位置づけになるであろうか。ただ、ここで大阪の伝統的な教育政策の特徴についてもう一度確認しておく必要がある。日本の伝統的な教育政策においては、イベッツの教育機会の平等における第三の考え方、つまり、不利な教育条件を持つ子どもたちを特別に支援

する施策はほぼ見られなかった。そのほとんど唯一の例外は大阪などに見られる同和地区児童・生徒への学力保障政策である。前述したように、大阪では同和地区出身者向けの奨学金や教職員加配、地域の子ども会活動の拠点整備や指導員の配置などの特別措置が実施されてきた（そうした特別対策としての同和対策事業は2001年度をもって廃止されている）。

　戦後日本の教育政策を特徴づける「面の平等」の追求は、1950年代、60年代に顕著に見られた学力の地域間格差（都鄙格差）の是正に貢献したことは間違いないであろう（苅谷、前掲書；志水・高田、2012）。ただし、教育条件における「面の平等」の達成が学力の地域間格差の縮小につながったのは、教育予算の多寡が子どもたちの学力に直接的な影響を与えるという、戦後の一時期に特有な背景を条件としているといえるだろう。ひるがえって考えてみれば、地域や学校の教育条件の平等を目指すことは、機会の平等を担保するものではあれ、結果の平等（学力の集団間・地域間格差の是正）を保証するものではない。すべての子どもたちに同じ教育資源を提供したとしても、家庭の経済力や教育力などの諸条件により学力達成に違いが生じることは、これまでに行われてきた同和地区の子どもたちの学力調査や全国学力・学習状況調査からも明らかである。

　日本の学力政策は、機会の平等と結果の平等の両方を求めていたはずである。そして戦後のある時期まではその両者をある程度達成することは可能であった。しかし、それが難しくなった昨今の状況のなかで、より重視されるようになってきたのは機会の平等である。機会の平等が担保されているならば結果の不平等は容認されるべきだとする考え方が一般的になりつつある。現に、学力にある程度の差がつくことはしかたがないと考える人の割合は増加している（朝日新聞2013年3月21日記事）。こうした考え方は新自由主義や個人化と親和的なものであり、多様な選択肢のなかから自由な選択を実施し、その結果がプラスであれマイナスであれ、それを自分自身で引き受けるという、言うなれば教育の私事化が加速している。これまで見てきたように日本の教育政策も、東京や大阪をはじめとして、新自由主義的な改革路線を進んでいる。そして、こうした学力政策は、行政主導で導入が進められているという側面もあるが、一方では、保護者をふくめた一般の人々がこうした考え方を支持し、肯定している側面もある。新自由主義的な市場原理が我々の生活に浸透している状況下で、教

育の分野にもそうした原理の導入が支持されることはわからないことではない。しかし、私たちはここで我が国の学力政策の方向性を今一度考える必要があるだろう。結果の平等と機会の平等を二項対立として捉え、結果の平等の達成の優先度を下げるようなものではなく、また、結果の責任を個人に帰することのない、そのような方向性を模索すべきである。

(2) 格差縮小の謎

ここまで述べたように、日本国内には教育権を保障されてこなかったマイノリティグループが存在する。また、近年、貧困の世代的連鎖が指摘されるなか、子どもの貧困率は上昇し続けている。最新の統計によると、子どもの貧困率は2012年時点で16.3%と過去最高を更新した(厚生労働省、2014)。2013年6月には「子どもの貧困対策推進法」ができたが、依然として子どもの貧困は深刻で、貧困解消策の具体化はこれからである。

日本の学力格差是正策は、他の5カ国に比べて立ち後れている。国や自治体は学力調査をくり返しているが、格差の実態把握はようやくにして始まったところである。移民・先住民・少数民族などのマイノリティ集団や貧困層に対して、あるいはそれらの人々の集中する地域に対して積極的な格差是正策を講じることもない。先に述べた「面の平等」の考え方が教育政策の基本にあるからである。

ところが、序章でも述べたように、国際的な比較調査からは、日本の学力格差拡大の傾向に歯止めがかかっていることが明らかである。国も、2013年度と2014年度の全国学力・学習状況調査(文部科学省・国立教育政策研究所、2013、2014)について、高知県や沖縄県などの学力向上の事例を取り上げて、平均正答率の地域間格差(都道府県間の格差)が小さくなりつつあるとしている。

社会経済的格差は拡大し、学力格差是正策にもみるべきものがない。にもかかわらず学力格差は拡大していない。それはなぜなのだろうか。

考えられる理由の一つは、教育現場の実情に即した配慮を各自治体の教育委員会事務局が行うことによって、特定の学校や地域に資源を優先的に配分していることである。今回の共同研究に先立って行った全国自治体の調査(志水・高田、2012)によれば、全国学力・学習状況調査の開始以降、成績が振るわなかっ

た自治体では学力の底上げや格差縮小につながる施策がさかんになってきている。これらの施策は、表向き、格差是正を目的に掲げていないが、施策の実施や制度の運用にあたっては、学校現場や地域の事情に明るい教育委員会事務局の判断によって、困難を抱えた学校や地域に予算や人員を手厚く配分することもあるようだ。今回の私たちの調査でも、関係者からはきびしい状況にある学校への配慮に関する証言が得られた。実際、そうした配慮の存在を窺わせる施策もいくつかある。たとえば、大阪府教委の中学への学力向上担当教員の加配（2010〜2012年度。大阪市と堺市を除く中学校259校に配置）や「学力向上重点校支援プロジェクト」（2011〜2012年度。小・中学校147校に対する人的支援やアドバイスなど）とその後継事業「スクールエンパワメント事業」（2013年度〜）は、学力不振や生徒指導上の課題を有する学校の支援に重点をおいた施策である。また、大阪府教育センターは、各学校の校内研修・授業研究を継続的に支援するための「パッケージ研修」を実施し、指導案づくりから研究授業・検討会までの過程を支援している。ただし、これらの施策の実情を明らかにするためには、施策の実施状況や施策の効果・限界に関する情報が必要である。だが、そうした情報は一切公開されていない。したがって、ここでは、状況証拠から「配慮」の存在が推測できるというにとどめたい。

　格差拡大に歯止めがかかっているもう一つの理由として考えられるのは、教師の資質と努力である。どの子にも学力をつけてやりたい、どの子の可能性も伸ばしてやりたいという良心と献身性。校内研修や授業研究を通じた資質の向上。これらが政策の欠陥を補って学力格差の縮小に寄与しているのではないか。政策研究からは離れてしまうが、格差拡大に歯止めをかけるうえで教師が重要な役割を果たしている可能性があることは指摘しておきたい。

　学力格差の縮小において教師の力が重要ではあることは確かであろう。しかし、学力格差の縮小は教師次第というのはいいすぎである。貧困層が集中するなど社会経済的状況が特にきびしい地域にあっては、教師の努力や学校の取り組みだけで学力格差の縮小を図るのは至難である（志水・髙田・西、2014）。学力格差の背景には社会経済的な格差が横たわっている。教師の役割を過度に強調することは、格差の社会経済的要因から人々の目をそらし、教師の過重労働と疲弊につながるおそれがある。たとえば、つい先頃公表された教員の国際比較

調査(国立教育政策研究所、2014)によると、日本では「支援職員の不足」が質の高い指導を行う妨げになっているとする回答が72.4％と調査に参加した34の国・地域のなかで、2番目に多い(参加国平均は46.9％)。1週間の「仕事時間の合計」は参加国・地域のなかで最も長い53.9時間である(参加国平均は38.3時間)。日本の教師は「働きすぎ」といってよい。

(3) 教育委員会制度の改編と格差是正策のゆくえ

　日本では、教育委員会制度の抜本的な見直しが進んでいる。2014年4月、第二次安倍政権は、教育再生実行会議の第二次提言(2013年4月)を受けて、地方教育行政法の改正案を国会に提出した。その主な内容は、教育委員長と教育長の役割を一本化した新しい「教育長」をおくこと、新教育長は首長が任命すること、首長と教育委員会が教育行政について協議する「総合教育会議」をおくこと、首長が自治体の教育に関する「大綱」を策定することなどである。改正案は成立し、2015年4月1日から新しい地方教育行政法が施行されることになった。

　新しい教育委員会制度のもとでは、教育行政に対する首長の関与は格段に強化される。本章でふれた大阪のように政治主導で教育改革を推し進める条件が、全国であまねく整うわけである。大阪の動きは全国の動きの先取りであったともいえる。

　では、先に述べた格差是正への「配慮」は、今後どうなっていくだろうか。これまで教育行政にかかわる意思決定と事務管理・執行の権限は、教育委員長を代表とする合議制の教育委員会(＝狭義の教育委員会)にあるとされてきた。教育委員会制度の理念からすれば、教育行政をコントロールするのは教育の専門家ではない市民である。だが、教育行政を実質的に動かしているのは委員会事務局である。制度の理念と実態が乖離するなか、困難を抱えた学校や地域への配慮は、格差是正を図る知恵として行われてきた。だが、そのことが政策の立案、実施、そして効果の検証を不透明にしていることも事実である。今後、政治主導の改革が進むなか、教育行政におけるアカウンタビリティ(説明責任)はいっそう強調されるようになるだろう。そうなるとこれまでの配慮は「説明」できなくなってしまう。

今、求められているのは、格差の実態を明らかにし、それにもとづいて行政施策を立案・実施・評価するしくみである。2013年6月にできた「子どもの貧困対策推進法」では、主要施策として「教育支援」や「調査研究」があげられた。翌年8月に閣議決定された「子供の貧困対策に関する大綱」では、「子供たちが置かれる貧困の実態や、そのような子供たちが実際に受けている各種の支援の実態を適切に把握し、分析するための調査研究を継続的に実施する」ことが盛りこまれた。教育委員会制度の形骸化を防ぎ、政策立案と政策評価における議論の透明性を確保するために、実証的な調査研究の果たす役割は少なくないと思われる。

参考文献

阿部彩(2008)：『子どもの貧困——日本の不公平を考える』岩波新書。
阿部彩(2014)：『子どもの貧困Ⅱ——解決策を考える』岩波新書。
鳶咲子(2013)：『子どもの貧困と教育機会の不平等——就学援助・学校給食・母子家庭をめぐって』明石書店。
苅谷剛彦(2009)：『教育と平等——大衆教育社会はいかに生成したか』中公新書。
国立教育政策研究所(2014)：『教員環境の国際比較　OECD国際教員指導環境調査(TALIS) 2013年調査結果報告書』明石書店。
国立大学法人お茶の水女子大学(2014)：『平成25年度全国学力・学習状況調査(きめ細かい調査)の結果を活用した学力に影響を与える要因分析に関する調査研究』。
厚生労働省(2014)：「平成25年　国民生活基礎調査の概況」。
文部科学省(2010)：「外国人の子どもの就学状況等に関する調査の結果について」。
文部科学省(2012a)：「子どもと正面から向き合うための新たな教職員定数改善計画案」。
文部科学省(2012b)：「学校基本調査」。
文部科学省(2014)：「平成24年度要保護及び準要保護児童生徒数について」。
文部科学省・国立教育政策研究所編(2013)：『平成25年度全国学力・学習状況調査の結果について』。
文部科学省・国立教育政策研究所編(2014)：『平成26年度全国学力・学習状況調査の結果について』。
文部省(1961)：『国民の読み書き能力』大蔵省印刷局。
内閣府(2014)：「子供の貧困対策に関する大綱」。
志水宏吉・鈴木勇編著(2012)：『学力政策の比較社会学【国際編】——PISAは各国に何をもたらしたか』明石書店。
志水宏吉・高田一宏編著(2012)：『学力政策の比較社会学【国内編】——全国学力テストは都道府県に何をもたらしたか』明石書店。
志水宏吉・高田一宏・西徳宏(2014)：「「効果のある学校」の成立と持続——2013年大阪調査から」『日本教育社会学会第66回大会要旨収録』238-241頁。

鈴木文治(2010):『排除する学校——特別支援学校の児童生徒の急増が意味するもの』明石書店。
高田一宏(2008):「同和地区における低学力問題——教育をめぐる社会的不平等の現実」『教育学研究』第75巻第2号、36-47頁。
高田一宏(2013):「同和地区児童・生徒の学力と進路——特別措置終結後の変化に焦点をあてて」『教育文化学年報』第8号、20-29頁。
東京都教育委員会(2014):「平成26年度「全国学力・学習状況調査」の結果について」。
大阪府教育委員会(2014a):「平成26年度全国学力・学習状況調査の結果概要」。
大阪府教育委員会(2014b):「大阪の学力向上に向けた重点対策について」。
大阪市教育委員会(2014):「平成26年度大阪市「全国学力・学習状況調査」の結果について」。
読み書き能力調査委員会(1951):『日本人の読み書き能力』東京大学出版部。
全国的な学力調査に関する専門家会議(2012):「「きめ細かい調査」の基本的な枠組みの公表について」。

執筆分担
1節〜3節(1)は高田が、3節(2)〜4節は鈴木が担当した。

終　章
学力格差是正策の現状と課題

山田哲也

1　本書をつらぬく五つの問い

　序章で示したように、私たちが進めてきた国際比較調査プロジェクト(第二次プロジェクト)では以下の五つの問いを掲げ、調査対象国の学力格差是正策を検討してきた。

①どのような集団間格差が政策の焦点となっているのか。
②学力格差の実態はどのようなものか。
③格差是正の政策・手段は何か。
④それによりどのような変化が教育現場に生じているのか。
⑤各国の学力格差是正策の成果と課題は、どのように整理できるか。

　次頁の表1は、①～④について各国の調査を通じて明らかになったことをまとめたものである。それぞれの詳細については、各章で示されているのでそちらを参照して欲しい。
　この章では、①～④で掲げた問いについて、各国の検討を通じて明らかになったことがらを整理する。その作業を通じて、⑤について考えてみたい。

2　誰の格差が問題とされているのか？

　容易に予想できることだが、政策の焦点となる集団間格差を捉える枠組みは、

表1　各国の学力格差是正策の

調査対象国	①どのような集団間格差が政策の焦点となっているのか	②学力格差の実態はどのようなものか
アメリカ	NCLBで「すべての子ども」の底上げが目標とされる。そのなかで相対的に学力が低いのは、アフリカ系・ヒスパニック系(＋先住民)かつ昼食費減免措置資格保持者。	全体としての底上げは進むものの、成績の良いアジア系・白人とその他のエスニック集団との差が存続している。中・高所得者と低所得者層を比較すると、一部のカテゴリで人種の差が逆転しているケースもある。
オーストラリア	経済的に不利な状況にある／難民家族の／障害のある子ども・若者。とりわけ、経済的にきびしい状況にあるだけではなく、長年、差別・排除を経験してきた先住民の格差是正が問題になっている。公私間の学校の格差も課題とされている。	さまざまな取り組みがなされているものの、先住民の人びとの「低学力」状況はいまなお続いている。ただし、一部の学年・教科においては、国家が定める最低水準以上の得点を取る先住民の子どもの割合が増加している。
イギリス	性別・エスニシティ・階層・障害の有無が格差を論じる際に取り上げられるが、「不利な子どもたち」として施策の対象になるのは低階層の子どもたちである(また、軍隊に従事する保護者の子どもも特別のニーズを有するとされ、手厚い資源配分の対象になっている)。	全体としての底上げが進むものの、低所得者層(無料給食資格保持者)と障害のある子ども、ロマの子どもにGCSEsの取得状況の課題が見られる。他方で階層間格差の拡大は抑えられており、バングラデイシ、ブラックアフリカンの成績がホワイトブリティッシュを上回るなど、エスニシティ間の成績の差が一部逆転する状況もみられる。
フランス	郊外に居住する移民・外国人・未熟練労働者。ただし、共和国理念を掲げるフランスは、単一不可分な国としての理念を保持するために、マイノリティに対する支援策を前景化することが困難で、特定の地域を対象にした支援策が展開している。	優先教育地域とそれ以外の地域を比較すると、初等教育の一部では学力格差が縮小しているものの中学終了時には拡大している。留年問題と小学校段階における基礎学力が改善する一方で、中学校段階における格差が拡大する傾向にある。他方で、優先教育地域における前期中等水準国家資格(DNB)の取得率にみられる学校間格差は縮小し、高校進学状況も改善している。
ドイツ	移民の子どもたちの低学力問題がPISAなどの国際学力調査で明らかになり、ドイツ社会に衝撃を与えた。移民とネイティヴの子どもの格差は移民第二世代・第三世代においても存続している。州間の格差も課題とされている。	移民の子どもたちはネイティヴの子どもたちよりも学力が低い状況にあり、それが国際比較調査におけるドイツの順位の低さにつながっている。他方で、早期介入による底上げには一定の効果が認められる。就学前の家庭への支援が手厚く、乳幼児学童保育総合施設(KITA)への参加が長いほど基礎学校段階の読解力が高い結果が出ている。
日本	近年までほとんど唯一の例外である同和教育における学力・進路保障論以外に、教育政策上、教育格差の縮小が取り上げられることは無かった。他方で、この数年で定住外国人の子どもや貧困状態にある子どもの教育格差が社会問題化し、政府も格差の存在を公に認めるようになった。	就学援助を受ける児童生徒の割合が高い学校は、他の学校よりも平均正答率が低い傾向がある。2014年には抽出の保護者調査のデータを用いて、家庭の社会経済的背景(SES)が低いグループほど正答率が低くなることが明らかにされた。しかしながら、これらの調査は近年実施されたばかりで、時系列的な変化を追えるだけのデータの蓄積がない。他方で国際比較の学力調査においては、水準の向上と格差の縮小傾向が認められ、全国学力調査でも都道府県間の平均正答率の差が小さくなりつつあるという主張が国からなされている。

背景と現状（概要）

③格差是正の政策・手段は何か	④どのような変化が教育現場に生じているのか
NCLBによる「飴（補助金）」と「鞭（罰則措置）」政策。テストによる目標管理型統制。教員評価とも連動。補助金の使い方：コーチの派遣（個別支援、学業・生活両面にわたる支援）、支援・介入システムの確立、保護者や大学との連携（ニューヨーク市）/「特色ある小規模校」の設置＋学校選択制。	一定程度の底上げ効果が認められた。ただしこれは各州・学区の独自政策による部分的成果で、連邦政府の施策の効果は限定的。州、学区、政府の力量とのバランスによって、比較的影響力が大きい場合（NC州）と極めて限定的な場合（NY市）がある。テストへの対応によって、目的と手段が混同されることが懸念されている。「巨大な情報産業」に向かう動向が認められた。
全国学力テストによる実態把握と不利な状況にある生徒たち（障害のある者、先住民の子ども、経済的に困窮している者）に対する補助金の配分、連邦政府と各州・準州等のパートナーシップにもとづく各種プログラムの導入。チューターの配置などによる個別の支援、教育と福祉の連携、ロール・モデルの提示など。先住民固有の文化に対する理解を深める取り組みも展開。	さまざまなプログラムが導入されているものの、先住民の人びとが経験してきた苛烈な排除による不利を是正するまでにはいたっていない。少数在籍校においては、構造的な問題が不可視化される傾向が認められた。なお、テストによる統制の度合いはそれほど強くない。
疑似市場を温存しつつ、地域に対する重点投資→不利な立場の個人を単位とした追加予算の配分に政策が切り替わる。学校の機能を拡張し、学校を核にさまざまな支援の網の目を拡充する施策を継承。格差是正に成功している自治体は、行政と各校校長との連携強化、きめ細かなモニタリングと迅速な対応・保護者への支援がうまく機能している。	地域単位の支援策から、生徒個人に対する予算配分に切り替わることで、より効率的に資源を活用することが可能になっている。他方で労働党時代の施策が、現場レベルでは政権交代も継承され、効果を上げている。ただし連立政権下の施策は、格差是正の障害となるものが多い（地方行政の財政削減、フリー・スクールの奨励、給付型奨学金の縮小、古典的カリキュラム・評価法への回帰）。
支援する地域を区分し、より深刻な地域（学校）に手厚く支援する仕組みが導入されたことにより、積極的差別＝格差是正政策が地域の領土問題から個別の成功プログラムへと対象が変化。具体的には、就学前教育の充実、加配教員の配置、補習授業体制の拡充、生徒の意欲や興味関心に応じた進路支援、中学校近隣の寄宿舎の建設、教員研修の充実や処遇の改善などがあげられる。	都市事業との関連で、政治、経済、教育、医療などさまざまな分野が協力して貧困地域の諸問題に取り組む対策が展開している。優先教育政策が学力格差是正の成果を上げたとは言い難いものの、それぞれの地域・学校で、実情に応じた多様な教育方法や学習支援が取り入れられるようになり、より効果的な方策が模索されている。そのなかで「共和国の学校」としての公共空間のあり方が問い直されつつある。
就学前教育段階からの早期介入、学校や学校外の終日プログラムの拡充による手厚い支援、州間格差を埋めるためのスタンダードの確立とテストによる達成状況の検証。教育の質保証、教師の専門性の向上。（一部の州で）三分岐制の見直し。困難校に対する追加の予算配分。	学校選択制が導入され、各家庭が自分の子どもにあった特色を持つ学校を選べるようになった。追加予算が配分された困難校では、プロジェクト型学習プログラムが拡充され、学校の守備範囲が拡大している（ベルリンの事例）。NPMのもとで、学校現場では、異学年混合クラスを導入するなどの独自の取り組みが展開していた。学習集団の多様化、学校が提供する教育サービスの拡充が特徴であった。
特定の社会集団に焦点をあてた学力格差是正策は存在しないが、就学援助や各校の課題に応じた教員の加配、低学力層の底上げを意識した学校レベルのボトムアップの取り組みと運用の工夫で、格差の縮小に寄与しうる制度・政策が存在する。日本の場合、特定の集団に焦点化した是正よりも、定数改善など、学級という集団を単位とした資源配分の底上げをめぐる議論が展開する傾向がある。	大阪府・市の事例にみられるように、一部の地域では、全国平均との差を埋めるために、学力テストを通じた学校の統制を強める施策が展開することになった。なお、大阪では生活状況・学力状況のきびしい児童生徒が多い地域に小中一貫校を設立する動きがあり、地域を単位とした格差是正策としての側面をみることができる。他方で東京都の一部の自治体にみられるように、学校選択制に象徴される新自由主義的な政策については、一部見直しの動きが生じている。

それぞれの国のナショナルな文脈に強く規定されていた。安易な比較を行うと問題の核心を捉え損ねるおそれがあるため気をつけねばならないが、それぞれの国で格差を捉える枠組みには、次のような共通点と相違点が認められた。

　第一に、どの国も社会的なマイノリティが教育上の格差という点においても困難な状況にあると把握している点が共通する。これはある意味で当然だが、学力をめぐる格差は教育領域のみに限定される問題ではなく、政治的・経済的・法的・等々のさまざまな社会領域における排除と包摂をめぐる問題であることを改めて確認しておきたい。この点は、後で述べる格差是正策のあり方とも密接に関連している。

　第二に、経済上の困難と文化的な障壁をどれだけ重視するか、どの社会的なカテゴリを特に重視するかについては各国でかなりの違いが見られたものの、階級・階層、エスニシティ、ジェンダー、国を超えた移動の経歴、宗教的背景などの複数の社会的なカテゴリを組み合わせて集団間の学力格差が捉えられている点が共通していた。同和教育における学力・進路保障論以外には、社会集団間の教育上の格差が正面から議論されることがなかった日本ですら、近年は外国人の子どもたちや貧困状態にある子どもの教育格差が社会問題化し、正面から取り組む姿勢はまだ弱いものの、法制度上の対応策が検討されつつある。

　序章で述べたように、今日の社会では人・モノ・カネ・情報が国境を越えて行き交うグローバル化が一層の展開をとげている。そのため、教育をふくむさまざまな格差を論じる際には、社会集団を分割するカテゴリを複数組み合わせなければ、格差の実態を把握することが難しい状況にある。たとえば、農村出身で、結婚後に家族の生計を支えるためにフィリピンからシンガポールに移住してメイドとして家事労働に従事するクリスチャンの女性の事例を想定してみよう。彼女がこれまで受けてきた教育の履歴とその後のライフコースのあり方は、階級・階層×エスニシティ×ジェンダー×移動の経歴×宗教的背景が折り重なる状況によって規定されている。彼女が位置する複合的な社会的ポジションは、その子どもの教育戦略にも強い影響を与えるだろう。「どの集団の格差なのか？」を問う際の枠組みが複雑になっているのは、こうした今日的な状況を反映している。

　相違点の詳細については各章を参照していただきたいが、その差異を概括す

ると、次のように整理できる。まず、アングロサクソン系の国々（イギリス、アメリカ、オーストラリア）では、学校給食が無償で提供されるか否か（Free School Meals：FSM）を判別する経済水準が教育格差を把握する指標としても重視されていた。なかでも階級社会と呼ばれるイギリスは、他の2国と比較すると経済的な要因をより重視して格差を把握しているように思われた。経済的な要因を無視する国は当然ながら存在しないが、学力格差を論じる際にどこまで経済上の要因が前景化するかという程度には、アングロサクソン系とそれ以外の国々で、また、アングロサクソン系の国々のなかでも若干の差異がみられる。

　他方で、EU圏の中核を担うフランス、ドイツでは経済的要因を重視しつつも移民の人びとをどのように社会に統合するかという文化的な承認をめぐる課題が、教育上の格差を論じるうえでの焦点となっていたように思われる。ただし「共和国の学校」という理念を堅持するフランスにおいては、移民の人びとの社会統合をめぐる問題は、かれらが集住する郊外の問題として議論されており、集団を分割する社会的なカテゴリが「地域」を単位としたものになっている点が特徴的である。フランスとは文脈を異にするため、同列に位置づけて良いかどうかはためらいがあるが、社会的な集団間の教育格差を正面から論じることを避け、「面の平等」（苅谷、2009）という観点から標準的な学習環境をいかに整備するかという問いとして格差を論じる日本においても、社会集団を区別するカテゴリを直接用いずに代理的な指標で格差を把握する志向性が見られる点では、同型の議論が展開しているようにも思われる。

　以上、概括的な比較になってしまったが、①複合的な社会的カテゴリのうち、経済的な要因とエスニック・バックグラウンドや宗教などの文化的な要因をどの程度重視するのか、②教育格差を語る際に、社会的な集団を指し示すカテゴリを明示して議論するのか、代替的なカテゴリを用いるのかという点で、教育格差を問題にする際の認識の構図が各国で異なることが確認された。

3　構造変革の難しさと漸進的な改善の可能性

　次に、各国の調査を通じて明らかになった学力格差の実態を振り返ってみよう。ここで言う「実態」は、一時点の状況ではなく格差是正の取り組みを通じ

て生じた変化をふくむものである(したがって、以下の議論は四つめの問いである「現場に生じた変化」への回答を一部先取りしている)。

　教育格差を把握するために用いる指標が各国で異なっており比較が困難であること、国際学力調査における近年の動向はすでに序章で示されているので、ここでは国ごとの違いよりも、共通点とそれを通じて浮かび上がることがらを確認することにしたい。

　第一に指摘できる共通点は、社会集団間の格差を生み出す構造そのものを変えてゆくことの難しさである。各章で明らかにされたように、手厚い就学前教育を受けた移民の子どもたち(ドイツ)、優先教育地域で初等教育を受けている子どもたち(フランス)、ホワイトブリティッシュよりも良好な成績が認められたバングラディシやブラックアフリカンの人びと(イギリス)、中・高所得層に位置するエスニック・マイノリティグループ(アメリカ)など、格差を是正するために手厚い支援を受けた集団の一部には、学力向上の成果がみられる。

　しかしながら、社会経済的な背景が最も有利な人びとが学業達成状況において上位を占める状況には変わりがない。また、オーストラリアの先住民のように苛烈な排除を経験してきた人びとが学力を獲得しづらい状況は今なお存続し、格差是正の取り組みは道半ばにある。こうした状況を踏まえると、一部に改善の兆しはみられるものの、どの国も総体としての教育格差を生み出す社会構造は維持されているとみて良いだろう。

　他方で、先述のように一定の成果をあげている取り組みがあることも事実である。格差を生み出す構造そのものを変えることは難しいが、手厚い支援による底上げを図り、「社会諸集団間の学力格差をできる限り縮小させる」取り組みによって漸進的に状況を改善することは、現行の施策でも充分可能である。

　たとえば、2章で指摘されていたようにさまざまな問題点があるものの、NCLBのようにすべての子どもたちに獲得して欲しい学力水準を定め、そこに到達するための手厚い支援を行う格差是正策が掲げる目的は、人間の尊厳を支える「潜在能力」開発の保障を求めるケイパビリティ・アプローチ論者の発想と接合しうる点がある。イギリス労働党政権が掲げ、今日の英国の教育政策にも影響を与えている「第三の道」路線においても、能力開発を通じた「積極的福祉」が重視されている。就労することの意義の過度な強調には危うさがある

ものの、財の再配分を通じた福祉の限界を指摘し「可能性の再分配」を重視している点で、この構想にもケイパビリティ論と呼応する点がある（ギデンズ、1999、184 頁）。学力のコアとなる能力を定める取り組みや、スタンダードを定めて教育の質を保証する施策も同様である。

　ケイパビリティ・アプローチの立場を支持する論者は、すべての人びとの尊厳を守り、本人の自覚しない選択肢を含めた自由な生き方の幅を保障するためには、一人ひとりの「潜在能力」（ケイパビリティ）の開発を支援しなければならないと主張する。社会正義がどこまで実現されているのかは、潜在能力を獲得する手立てがいかに保障されているのかという基準に則して議論可能だというのがかれらの立場である。ただし、保障すべきケイパビリティの選択と提示方法についてはさまざまな議論があり、ケイパビリティ・アプローチの提唱者であるアマルティア・センはあえて具体的な例示をするだけに留めている（セン、1999、64-65 頁など）。これに対して、万人に保障すべき普遍的なケイパビリティ・リストの提示を試みたマーサ・C・ヌスバウムは、思考力を人間の中心的なケイパビリティの一つに位置づけている（ヌスバウム、2012、90-92 頁）。

　多元主義を尊重した普遍主義の立場ゆえに、ヌスバウムが提示するケイパビリティのリストはあえて抽象度を高くしている。そのため思考力＝学力と捉える議論には危うさがあるが、学力保障を通じた格差の是正は、ケイパビリティを制度的に保障する仕組みの一つに位置づくと言って良いだろう。潜在能力の開発を保障する手立てとして教育上の到達目標を定め、不利な立場にある人びとに優先的に資源を配分する格差是正策は、たとえそれが教育上の格差を生み出す構造そのものを組み替えることにつながらない場合でも、正義や公正という観点からみて、より望ましい状態に社会を変える力を持っている。

　これまで述べてきたように、各国の学力格差の実態の検討からは、格差是正の困難さと改善の芽の双方を見出すことができた。

4　学力格差是正策にみられる特徴と 「効果のある」取り組み

　それでは、結局のところ、どのような格差是正策が漸進的な改善に寄与した

のであろうか。私たちのプロジェクトから得られたデータでは、政策の効果測定を厳密に行うことはできないので、次のように議論を進めてゆく。

まず、以下の(1)で、学力格差の是正策について複数の国で共通する要素を整理する。具体的には、学力テストが格差是正を図るためにどのように活用されているのかを検討する。

そのうえで、政策の背景となる文脈が異なる複数の国で確かな成果をあげている、あるいは現時点では目に見える成果にはなっていないが有効なアプローチと見なされている手立てを、(2)で学力格差を是正する蓋然性が高い「効果のある」取り組みとして選び出した。なお、ここでいう「効果」はあくまでも仮説として提示されていることに留意いただきたい。

(1) 格差是正におけるテストの位置づけの共通点とバリエーション

今回調査を行ったほとんどの国に共通していたのは、学力テストを用いて教育格差の実態を把握し、不利な状況にある人びとに手厚い支援を行う枠組みを基盤に、各種の格差是正策が構想されていた点である。ただし、フランスではオランド政権に移行して後には全国学力テストを見直す動きが生じており、日本については6章でみたように、「きめ細かい調査」による実態把握が試行されている段階に留まっている。

他方で、テストの利用方法とその結果が持つ意味合いにはバリエーションがあった。違いがみられた点の一つは、テストデータの活用法に関するものである。先に述べた「手厚い支援」の対象を選定する役割に加えて、学力テストのデータは、a)教育格差是正策の目標を設定しその有効性を確認する、b)個人の学習達成状況を細かくモニタリングし改善に生かす手段、として利用されていた。この点は各国に共通するが、モニタリングをどの程度重視するのかはアングロサクソン系とその他の国で異なっており、総じて前者がb)を重視する傾向が認められた。たとえば3章のケース・スタディで確認されたように、今日のイギリスでは「テストデータを用いたきめ細かなモニタリング」を徹底することが格差是正の有効な手段として位置づけられており、こうしたテストデータの利用法は、アングロサクソン系の国々に共通する点である。

各国の間でみられたもう一つの差異は、学力テストを通じた統制の度合いの

違い、すなわちテストの結果を公表して学校間の競争を喚起するとともに、その結果をもとに学校に介入する政策をどこまで徹底しているのかという点からみた各国の姿勢の違いである。この点では「飴」と「鞭」によるきびしい統制が際立つ NCLB を導入したアメリカと、「品質保証」の名のもとで Ofsted が学校に優劣をつけるイギリスの両国で、統制の度合いの強さが際立っている。ただし同じアングロサクソン系の国に区分されるオーストラリアはこれらの国と比べると、統制の度合いはゆるやかである。これらの国々に対して、ドイツとフランスではテストを通じた統制は限定的である。なお、近年の日本における学力テスト政策は、アングロサクソン系の国々に近づいているようにみえる。

序章で述べたように、今回のプロジェクトの対象となった国々をふくむ 8 カ国・地域(10 頁参照)では、2000 年以降の教育改革が押しなべて新自由主義的な色彩を強く帯びる方向で展開した。教育格差を是正するツールとして、どの国でも学力テストが重視されているのはこのような背景があるからである。

他方で、テストの利用法やその結果がどの程度の重みを持つものとして学校現場で捉えられているのかについては、アングロサクソン系とその他の国々で違いがみられた。こうしたバリエーションは、各国が新自由主義的な政策を採用する差異の初期条件の違いや、それ以前からの歴史的な諸要因にもとづく経路依存性の一つの現れだとみてよいだろう。「異種同形体」として学力政策が展開していることが、このような学力テストの位置づけの違いに反映されているように思われる。

(2)「効果のある」取り組み──早期からの介入、学校の守備範囲の拡大

それでは、異なる文脈を持つ複数の国々で一定程度の成果をあげた取り組みはどのようなものだったのか。「効果のある取り組み」として整理してみよう。

①早期からの介入

第一に早期からの介入、具体的には就学前段階の手厚い支援が複数の国で重視されていた。たとえばドイツでは就学前教育段階の言語教育の改善が改革の柱の一つに位置づけられ、KITA(Kindertagesstätte：乳幼児学童保育総合施設)への参加が基礎学校四年生の読解力を底上げしている。フランスにおいても、第六次優先教育政策で「3 歳未満の就学前教育の充実」が柱の一つに数えられ、そ

れ以前の改革においても優先地域内に保育学校と小学校とをネットワーク化するなど、就学前からの格差是正策が重視されていた。イギリスの「フルサービス拡張学校」プロジェクトでも保育がサービス提供の一つの柱となっており、周知のようにアメリカでは連邦直轄事業の「ヘッドスタート」が長期間にわたって継続されている。

　教育格差を是正するうえで、乳幼児期(就学前)の教育が果たす役割の重要性は、かねてから多くの研究者に指摘されている。代表的な論者の一人、経済学者のジェームズ・ヘックマンは、幼少期の人的資本がその後の人生に大きく影響することを実証的に明らかにし、早期からの介入が不平等を是正するうえで大きな役割を果たすと主張する(Heckman & Krueger, 2005, Heckman, 2013)。社会学者の立場からは、比較福祉国家論で著名なG・エスピン-アンデルセンが、保育所や就学前の良質な施設を拡充する政策が、家庭的な環境の差異に起因する格差を是正し機会均等を保障する有効な手立てだと主張している(エスピン-アンデルセン、2008、84頁)。OECDも就学前からの格差是正策に関心を持ち、これまでに3冊の報告書を刊行している(OECD、2001、2006、2012)。

　このように、早期からの手厚い支援が教育をふくむさまざまな格差を是正する効果があることは半ば定説であり、私たちが今回実施した調査でもそのことを改めて確認できた。

　なお、乳幼児期のケアや教育は、a)教え手主導で認知能力の育成に焦点化し、初等教育との接続を重視するアカデミック型のカリキュラムと、b)子どもの興味関心に寄り添い、認知能力のみに限定せずに社会性や情動を育成するなど、子どもの総体的な発達を企図した総合型のカリキュラムに区分されることが多い(OECD前掲書、2012、84-85頁)。

　先にみたように、早期介入による教育格差是正策として複数の国々で重視されていたのは、この区分で言えば主に「アカデミック型」の就学前教育の充実であった。なお、「総合型」のカリキュラムは主に北欧諸国で実施されており、今回の調査対象にふくまれていないことも「アカデミック型」を重視する国が多い要因になっているように思われる。OECD報告書によれば、「アカデミック型」の乳幼児教育はIQテストのスコアや読み書き計算能力を押し上げることで就学前の知的な能力にみられるギャップを埋め、その後の学校教育におけ

る格差を緩和するという。他方で、教師主導型の取り組みは短期的には効果を発揮するものの、長期的な便益、たとえば成人後の社会参加の度合いや学習継続の姿勢については子ども中心型(すなわち統合型)のカリキュラムのほうが優れているとされる。

　報告書が述べるように、アカデミック／総合型のアプローチを二項対立で捉えるのではなく、異なる長所を持つ両者を組み合わせてゆくことが重要であり(OECD前掲書、2012、88-89頁)、短期的な下支えだけではなく、より総合的なアプローチを導入することで乳幼児期のケア・教育を充実させることが今後の課題であろう。

②学校の守備範囲を拡大する

　第二に指摘できることは、複数の国で、学校の守備範囲を広げる取り組みが重視されていたことである。この点は、早期の介入を重視する格差是正策とも密接に関連している。必ずしも教師が関与するとは限らないが、補習授業の充実(フランス)や終日学校の導入(ドイツ)のように、学校で学習する時間を拡張する取り組みが複数の国々で導入されていた。日本も制度化されているというよりはむしろ運用レベルの動向ではあるが、近年は放課後や長期休暇の時間に学習指導を行う取り組みが学校現場に定着している(Benesse教育研究開発センター、2011)。当然のことながら、子どもが学校を離れてしまうと教師たちはかれらの生活に関与することが難しくなる。教育上の格差を縮めるためには、かれらがなるべく長い時間を学校で過ごせば良いと考えるのは自然な発想である。もちろん補習の時間を増やすことが、すぐさま格差の是正につながるとは限らないし、人員を手厚くするなど資源面のサポートなしに学校で子どもが過ごす時間を延ばすと、教員の負担が増すことになる。こうした点に留意しなければならないが、不利な立場にある子どもたちが学校で過ごす時間を増やす政策は、一定程度の有効性を持つだろう。

　また学校の守備範囲の拡大は、単にそこで過ごす時間を延長することだけには留まらない。福祉や医療、ヘルスケアなど、教育以外の社会的な支援と学校教育との連携を図ることも学校の「守備範囲」を広げる取り組みの柱である。

　たとえば、労働党時代のイギリスで導入され、逆風を受けながらも今日も格差是正の有効な手立てとして機能している「拡張学校」の取り組みは、貧困削

減に寄与するあらゆる行政サービスを学校に集約し、医療・福祉・教育を横断する包括的な支援体制の構築を企図した政策である。オーストラリアでもチャイルドケア・福祉と教育の連携が積極的に進められており、さまざまな社会的支援をつなぐハブ的な役割が学校教育に期待されていた。先に取り上げたドイツの終日学校の取り組みでも、保育士やソーシャルワーカーが学校に配備されるほか、多様な教育関連機関・団体によって教授学習行為に留まらない多様な活動が放課後に提供されている。政策としては動き出したばかりであるが、日本においても、スクールソーシャルワーカーを配置する動きが拡充し、機能面で学校の守備範囲を拡大することで、子どもの貧困に対処する試みが進行している。

以上述べてきたように、複数の国々で、授業に特化した学校の役割を拡大し、子どもやその保護者を多面的に支援することで格差を是正する取り組みが展開している。学校の守備範囲を広げる取り組みも、教育上の格差を是正する「効果のある」取り組みといえるだろう。こうした政策が各国で採用されているのは、子どもの生活の総体を下支えしなければ学力の差を縮めることは難しいという現状を踏まえているためであろう。医療や福祉、文化活動などの社会サービスを通じて経済的・文化的な資源が不均等に配分されている状況を改善しなければ、教育上の格差を是正することはできないというある意味では当然のことがらを踏まえると、学校が果たす役割においても、その「守備範囲」を広げる取り組みが必要になるのである。

ただし学校の守備範囲の拡大が、必ずしも教師の仕事の拡大を意味するわけではないことに留意する必要がある。教育だけに限定されない社会的な支援を子ども・保護者に提供する場として学校を活用し、そこに多様な資源を集中させる取り組みは、教師以外の専門家や他領域の行政担当者、あるいは民間で活動する団体が学校を新たな活動の拠点にするなかで展開している。

また、営利企業もふくむ学校教育への民間組織の関与はアメリカとイギリスで先行しており、チャーター・スクールやフリー・スクールなどの公設民営型の学校も導入されている。こうした取り組みには、保護者や子どものニーズに合致した教育を提供する、革新的な取り組みを学校現場にいち早く導入するなどの利点がある。一方で、公立学校の弱体化や教員の勤務条件の悪化につなが

りかねない、特色のある学校を的確に選択することができる社会経済的に有利な立場にある保護者を利することになるのではないか、などの懸念もある。学校の守備範囲を広げる取り組みには格差を是正する可能性があるが、学校教育を「巨大な情報産業」に変えてゆこうとする動きをどのように統御するのかということをはじめ、民間との連携については試行を繰り返しながら議論を重ねてゆく、慎重な姿勢が必要であろう。

5 学校現場の自律性をめぐる問題

　学力格差是正の取り組みが教育現場に与えた影響の詳細についてはこれまでの章をご覧いただくことにして、ここでは教育現場に生じた変化がどのような論点を提起しているのかを整理したい。

　まず確認しておきたいのは、格差是正のために構想された政策を実行する際に、学校現場の自発的な取り組みが果たす役割である。この点について示唆的なのは、フランスと日本の事例である。フランスの教育改革を検討した4章のまとめでは、一方で「共和国の学校」の理念を掲げながら、他方ではさまざまな困難が集中する都市郊外で暮らす子どもたちに接する学校現場では、かれらの抱える固有の課題や困難に対処すべく、学校の公共空間のあり方を組み替える取り組みがなされていたことが指摘されていた。フランスの優先教育政策の取り組みを支え一定の成果をもたらしていたのは、困難を抱える子どもたちと日常的に接する教師たちの創意工夫であった。

　また、学力格差是正策が今回の調査対象国と比べて立ち後れている日本で、近年は学力格差が縮小している要因として指摘されていたのは、「教師の資質と努力」(6章4節(2)格差縮小の謎)であり、それを支えるべく教育委員会事務局が現場の実情に応じてきびしい地域・学校に手厚く資源配分を行う姿勢である。学力格差を是正するためには、単にそのための政策を導入するだけでなく、教育行政、学校、そして個々の教師たちに裁量の余地を与えることの重要性がこれらの事例からうかがえる。

　ただし、学校現場の独自の取り組みを重視するあまり「何事も教師次第だ」という議論になってしまうと、学校や教師の働きかけだけではいかんともしが

たい困難から目を背け、格差を是正するために必要な資源が配分されない事態になりかねない。今日的な状況においては、社会的な属性に起因するさまざまな格差を正面から見据え、「しんどい」層により手厚く資源の再配分を行うことが必要であろう。教職の専門性を重視しつつ学校の守備範囲を広げ、教育とそれ以外の社会サービスをつなぐ取り組みが求められている。

　現在進行している学力格差是正策のなかには、結果的に学校に対する統制を強め、現場の自律性を弱めるものがふくまれている。こうした動きが顕著なのは、新自由主義的な改革を推し進めていったアメリカとイギリスである。NCLBの「鞭」は、学力テストの得点を向上させることだけに学校の目標を矮小化し、テストで測定される能力以外に子どもたちに身につけさせるべきことがらが軽視される状況をもたらしているようである。イギリスはテスト結果を活用した成績のモニタリングを徹底することで、学力格差を是正することに成功しているが、疑似市場による統制は学校現場にかなりの負担を強いている。

　新自由主義では、現場の自主裁量権を拡大することと引き換えに、アカウンタビリティを求める。現場の自律性を高めることをねらいとした政策という側面があるにもかかわらず、どちらの国でも過剰なテスト対策や評価のインフレが生じている。目標管理を通じた学校統制の事実上の強化は、現場の創意工夫を阻害するだけでなく、テストを通じた実態把握の形骸化という思わぬ副産物を生み出してしまっている。

　日本のように格差是正の取り組みを制度化せず、教育委員会や学校現場の自助努力によって下支えを行うことが最善の選択とは限らないが、アメリカとイギリスの両国でみられるように、格差是正の名の下に学校に対する統制を強める政策がはらむ問題点を忘れてはならない。

6　「学力」そのものを問い直す必要性

　アメリカとイギリスの格差是正策が抱える課題は、結局のところ「学力」をどのように捉えるのかという問題と密接に関連している。明確な目標を掲げて学校教育の成果を可視化し、一定水準への到達を目指す政策は格差を是正するうえで有効性を持つ。だが、こうした政策には、そこで目指される目標が適切

なのかどうかということが問い直されないまま、目指すべきゴールに邁進してしまうおそれがあった。「テストのためのテスト」という不毛な陥穽におちいることを回避するためには、「是正すべき学力とは何か」を常に問い直す契機が必要である。

この点について今回の調査で取り上げた示唆的なケースの一つは、先住民の伝統的な教授法を経験するプログラムを用意したオーストラリアの事例である。もちろん、オーストラリア以外の国々でもマイノリティの文化的エンパワメントの取り組みがさまざまに展開している。ただし、紙幅の都合で、他の章ではこうした取り組みを充分に紹介できなかったため、ここではオーストラリアの事例に着目したい。苛烈な排除を経験した先住民の学力格差を縮小するには「道半ば」のオーストラリアだが、先住民が有する叡智を伝えることでかれらが保持する固有の文化を内側から理解することを促す取り組みは、今日の社会が求める「学力」だけが唯一ではないことを知らせてくれる契機となるように思われる。

本章の3節で述べたように、各国の学力格差是正策は一定の成果をあげているものの、教育格差を生み出す社会構造そのものを変えるという課題は、どの国にとってもハードルの高い課題であった。ブルデューらが指摘するように、優れた能力の基準は社会経済上の地位が高い有利な人びとが高く評価されるように恣意的に設定されており、この点を無視して学力格差を是正する試みは、有利な立場にある者の地位を保持したままで、不利な状況にある人びとの現状を改善するだけにとどまるという限界がある（ブルデュー＆パスロン、1991）。もちろん、既存の学力を下支えする取り組みは人びとの潜在能力を高め、そのことによってきびしい状況に置かれた人びとの生活を改善する力を持つが、教育格差を生み出す社会構造そのものを変えるためにはさらなる手立てが必要である。

この問いを探求する手がかりとして、ドイツの哲学者アクセル・ホネットの議論に着目したい。フランクフルト学派の第三世代に属し、批判理論の現代的な再構築を目指すホネットは、「承認」をキーワードに、より望ましい社会の姿を構想する。ホネットは「承認をめぐる闘争」こそが、既存の社会のあり方を批判し、より良いものへと変革してゆく原動力になると主張する。必ずしも

言語化されるとは限らない「わたし(たち)の尊厳が毀損されている」という社会的不正義に関する道徳的な感情——承認されていないという経験——は、社会的マイノリティを典型とする不利な立場にある人びとが社会に承認を求める声を誘発する。これらの声が「承認をめぐる闘争」として具現化し、この闘争を通じて私たちの社会は正義にかなう社会へと足を進める可能性を得る。このような認識が、ホネットの議論の基本的な構図である(ホネット、2003)。

「承認をめぐる闘争」は歴史の各段階で展開してきたが、ホネットは現代の資本主義社会を、承認の形式が三つに分化した社会と捉えている。第一の形式は愛、第二の形式は法的関係、第三の形式は連帯である(ホネット前掲書、2003、174頁)。ホネットの議論を詳細に紹介するだけの紙幅がないため、ここでは第三の形式である連帯(価値共同体)について触れることにしたい。

意外に思われるかもしれないが、ホネットは業績主義＝能力主義を承認の形式である「連帯」の一つの現れとして捉えている。というのも、何が業績＝能力とされるのかは、その時々の社会の評価基準によって決まるが、身分制が解体した近代社会においては個体化された主体のあいだで対称的な価値評価がなされるからである。理念上は集団によって等級づけされることなく望ましい能力を承認し合う価値共同体があるからこそ、業績主義＝能力主義が可能になるとホネットは主張する(ホネット前掲書、2003、フレイザー＆ホネット、2012)。

ここでの文脈に即してホネットの議論を読み替えると、「何が有用な能力とされるのかは、理念上は対等な立場にある者同士の社会的な合意によって決定される」と理解できる。別様に言い換えると、今日の社会で「学力」とみなされることがらは普遍的なものではなく、能力の定義をめぐる社会的な合意を変更することで、今とは異なる「学力」を構想できるということになるだろう。ナンシー・フレイザーとの論争において、承認の問題と再配分の問題を分析的に区分する「パースペクティヴ二元論」を掲げて参加の平等を基準に社会正義を構想するフレイザーに対し、ホネットは文化的な承認の問題と経済資源の分配の問題はどちらも「承認をめぐる闘争」として捉えることが可能であると主張する(フレイザー＆ホネット前掲書、2012)。承認一元論を掲げるホネットの視座に即してみると、「何が学力とみなされるのか」という問いかけは、近代以前の身分制に対する業績主義の解放力を肯定しつつ、現状の業績＝能力の定義

によって不利な立場を甘受するマイノリティの格差を是正するラディカルな取り組みの契機になりうる問いとして受け止めることができる。

　先住民の叡智に学ぼうとするオーストラリアの取り組みは、現時点ではささやかなものに過ぎないが、社会のなかで周辺に位置する人びとの声に耳を傾け、能力に関する社会的な評価基準を組み替えることにつながる重要な試みである。教育社会学者の中村高康が指摘するように、今日の社会は、「何が能力なのか」という定義が絶えず問い直され、学力にもとづく選抜を正統化するメリトクラシーの妥当性が常に問われる、「メリトクラシーの再帰性」が徹底した社会である（中村、2011、37-38頁）。このような社会を生きる私たちが、より公正な社会をめざすために学力格差を是正する取り組みを構想する際には、「学力」を固定的なものとして捉えるのではなく、社会の要請に即して可変することを前提にしなければならない。それに加えて、「何が能力なのか」と学力を定義し社会的な合意を形成する際には、今の「学力」の定義では不利な立場にある人びとの声を反映させる手立てを構想する必要がある。ともすれば「知識経済に資する学力」だけが重視されがちな今日的な状況で、真に公正な社会を実現するための学力格差是正策を構想する際には、既存の「学力」を保障するだけでなく、有用と見なされている「学力」そのもののあり方を問い直す回路が必要なのではないだろうか。

　そのように考えると、しんどい状況にある子どもたちと日々接する学校現場や教師の自律性を保持することは、聞き届けられるチャンスの少ないかれらの「小さな声（あるいは声なき声）」に耳を傾け、教育格差を生み出す社会構造そのものを変革する可能性を担保するうえでも不可欠である。また、不利な立場にある人びとが学力政策に関与することは現実には難しい。そうであるからこそマイノリティの人びとが日々直面する困難に向きあい、かれらの「能力」が充分に承認されていないことの問題性を可視化する教師の役割が重要になる。

　ヌスバウムが強調するように、人びとがそれぞれの善き生を追求することを可能にする潜在能力＝ケイパビリティのリストは常に暫定的なものであり、継続的な修正と再考に開かれている（ヌスバウム前掲書、93頁）。ホネットとは文脈を異にするかもしれないが、彼女が提示するケイパビリティのリストに他者とともに生きうる「連帯」がふくまれている点を忘れてはならない。学力格差の

是正は、学力を獲得するうえで不利な立場にある人びととともに「何が能力なのか」を問い直す取り組みと同時に進めてゆかなければならないだろう。

7　おわりに

　以上が各国の調査結果を踏まえた、学力格差是正策の成果と課題である。今回の検討を通じて改めて実感したことは、異なるナショナル・コンテクストを持つ国々を比較することの難しさである。終章では各国の学力格差是正策の共通点と相違点を整理することを試みたが、ここでの議論は各国に固有な状況を捨象し、そのことによって実際に学力格差是正策が効果を発揮した要因を見落としてしまう危険性があるように思われる。今回の検討はあくまでも仮説の提示に留まっていることに改めて留意いただきたい。

　また、今回の私たちのプロジェクトでは特定の学校でインテンシブな参与観察調査を実施したが、基本的には政策レベルに焦点化した調査デザインになっており、政策のねらいと現場の取り組みのギャップや、そのことがもたらす「意図せぬ帰結」についての記述が相対的に手薄になっている。さらに言えば、学校の現状は一定程度明らかになったものの、子どもたちやその保護者が学校の関与を実際のところどのように受け止めているのか、そのことが学力格差是正策の成否にいかなる影響を与えているのかについては充分に解明できていない。これらの点を明らかにすることが、今後の課題である。

　それぞれの国に固有な状況を踏まえたうえで国際比較を行う難しさを考慮すると、子どもの家庭的な背景が学力格差をもたらすメカニズムを解明し、その克服に資する手立てを構想するという研究課題は、一国を対象にした精緻なケース・スタディから出発したほうが良いだろう。今回のプロジェクトが終了した後に、私たちは新たな科研費を獲得し、日本をフィールドにした「学力格差の実態把握と改善・克服に関する臨床教育社会学的研究」に取り組みはじめている。本書が積み残した課題に対しては、この新しいプロジェクトによって応答することにしたい。

参考文献

アクセル・ホネット(2003)：『承認をめぐる闘争』法政大学出版局(Axel Honneth, *Kampf um Anerkennung*, 1992)。

アマルティア・セン(1999)：『不平等の再検討』岩波書店(Amartya Sen, *Inequality Reexamined*, 1992)。

アンソニー・ギデンズ(1999)：『第三の道』日本経済新聞社(Anthony Giddens, *The Third Way*, 1998)。

Benesse 教育研究開発センター(2011)：『第5回学習指導基本調査報告書(小学校・中学校版)』ベネッセコーポレーション。

G・エスピン-アンデルセン(2008)：『アンデルセン、福祉を語る』NTT 出版(Gøsta Esping-Andersen, *Trois Leçons sur l'État-providence*, 2008)。

James J. Heckman & Alan B. Krueger, 2005, *Inequality in America*, The MIT Press.

James J. Heckman, 2013, *Giving Kids a Fair Chance*, The MIT Press.

苅谷剛彦(2009)：『教育と平等』中央公論新社。

マーサ・C・ヌスバウム(2012)：『正義のフロンティア』法政大学出版局(Martha C. Nussbaum, *Frontiers of Justice*, 2006)。

中村高康(2011)：『大衆化とメリトクラシー』東京大学出版会。

ナンシー・フレイザー＆アクセル・ホネット(2012)：『再配分か承認か？』法政大学出版局(Nancy Fraser & Axel Honneth, *Umverteilung oder Anerkennung?*, 2003)。

OECD, 2001, *Starting Strong. Early Childhood Education and Care*.

OECD, 2006, *Starting Strong II: Early Childhood Education and Care*.

OECD, 2012, *Starting Strong III: A Quality Toolbox for Early Childhood Education and Care*.

ピエール・ブルデュー＆ジャン＝クロード・パスロン(1991)：『再生産』藤原書店(Pierre Bourdieu et Jean-Claude Passeron, *La Reproduction*, 1970)。

執筆者一覧

米川英樹(よねかわ・ひでき)
　独立行政法人日本学生支援機構理事。教育社会学。著書に『現代社会と教育の視点』(共編著、ミネルヴァ書房、2000年)、『知識の創造・普及・活用——学習社会のナレッジ・マネジメント』(共訳、明石書店、2012年)など。

深堀聰子(ふかほり・さとこ)
　国立教育政策研究所高等教育研究部副部長。比較教育学。著書に『現代教育改革論——世界の動向と日本のゆくえ』(共著、放送大学教育振興会、2011年)など。論文に「自助主義にもとづく子育て支援のあり方に関する研究——米国の保育事業の特徴と課題に着目して」(『比較教育学研究』第36号、2008年)など。

志田未来(しだ・みらい)
　大阪大学大学院人間科学研究科博士後期課程在学中。日本学術振興会特別研究員。教育社会学。論文に「子どもが語るひとり親家庭——承認をめぐる語りに着目して」(『教育社会学研究』第96集、2015年、近刊)など。

ハヤシザキカズヒコ
　福岡教育大学教育学部准教授。人権教育学、コミュニティ教育論。著書に『「往還する人々」の教育戦略——グローバル社会を生きる家族と公教育の課題』(共著、明石書店、2013年)、『日本の外国人学校——トランスナショナリティをめぐる教育政策の課題』(共著、明石書店、2014年)など。

岩槻知也(いわつき・ともや)
　京都女子大学発達教育学部教授。社会教育学、生涯学習論。著書に『家庭・学校・社会で育む発達資産——新しい視点の生涯学習』(共編著、北大路書房、2007年)、『現代日本の教育課題——21世紀の方向性を探る』(共著、東信堂、2013年)など。

大前敦巳(おおまえ・あつみ)
　上越教育大学大学院学校教育研究科教授。教育社会学。著書に *L'université à l'encan*(『商品化される大学』、共著、Syllepse、2015年、近刊)、『大学界改造要綱』(共著、藤原書店、2003年)など。論文に「フランス教育社会学における経験的研究の展開」(『日仏社会学会年報』第24号、2013年)など。

園山大祐(そのやま・だいすけ)
　大阪大学大学院人間科学研究科准教授。比較教育制度学。著書に『日仏比較　変容する社会と教育』(共編著、明石書店、2009年)、『学校選択のパラドックス——フランス学区制と教育の公正』(編著、勁草書房、2012年)、『統合ヨーロッパの市民性教育』(共著、名古屋大学出版会、2013年)など。

布川あゆみ（ふかわ・あゆみ）
　一橋大学大学院社会学研究科博士後期課程在学中。比較教育学、教育社会学。論文に「受け入れ社会のまなざしと移民のまなざしの交錯――ドイツにおける移民の子どもの『学力』を媒介に」（『〈教育と社会〉研究』第 19 号、2009 年）、「ドイツにおける学校の役割変容――『全員参加義務づけ型』の終日学校の展開に着目して」（『比較教育学研究』第 47 号、2013 年）など。

森田英嗣（もりた・えいじ）
　大阪教育大学大学院連合教職実践研究科教授。教育工学、教育方法学。著書に『学習社会・情報社会における学校図書館』（共著、風間書房、2004 年）、『シティズンシップへの教育』（共著、新曜社、2010 年）など。

高田一宏（たかだ・かずひろ）
　大阪大学大学院人間科学研究科准教授。教育社会学、同和教育論。著書に『学力政策の比較社会学【国内編】――全国学力テストは都道府県に何をもたらしたか』（共編著、明石書店、2012 年）など。論文に「同和地区における低学力問題――教育をめぐる社会的不平等の現実」（『教育学研究』第 75 巻第 2 号、2008 年）など。

鈴木　勇（すずき・いさむ）
　大阪大学人間科学研究科招聘研究員。社会心理学、教育社会学。著書に『教育社会学への招待』（共著、大阪大学出版会、2010 年）、『学力政策の比較社会学【国際編】――PISA は各国に何をもたらしたか』（共編著、明石書店、2012 年）など。

志水宏吉

大阪大学大学院人間科学研究科教授。学校臨床学、教育社会学。著書に『学力を育てる』(岩波新書、2005 年)、『公立学校の底力』(ちくま新書、2008 年)、『グローバル化・社会変動と教育 2 文化と不平等の教育社会学』(共編訳、東京大学出版会、2012 年)、『学力政策の比較社会学【国内編】——全国学力テストは都道府県に何をもたらしたか』(共編著、明石書店、2012 年)、『学力政策の比較社会学【国際編】——PISA は各国に何をもたらしたか』(共編著、明石書店、2012 年)など。

山田哲也

一橋大学大学院社会学研究科准教授。教育社会学。著書に『教育改革の社会学——犬山市の挑戦を検証する』(共著、岩波書店、2011 年)、『ペダゴジーの社会学——バーンスティン理論とその射程』(共編著、学文社、2013 年)など。

学力格差是正策の国際比較

2015 年 4 月 28 日　第 1 刷発行

編　者　志水宏吉　山田哲也
発行者　岡本　厚
発行所　株式会社　岩波書店
　　　　〒101-8002 東京都千代田区一ツ橋 2-5-5
　　　　電話案内　03-5210-4000
　　　　http://www.iwanami.co.jp/

印刷・法令印刷　カバー・半七印刷　製本・牧製本

© Kokichi Shimizu and Tetsuya Yamada 2015
ISBN 978-4-00-061042-1　Printed in Japan

教員評価の社会学	苅谷剛彦／金子真理子 編	A5判 206頁 本体 2900円
教育改革の社会学 ―犬山市の挑戦を検証する	苅谷剛彦／堀健志／内田良 編著	A5判 328頁 本体 3400円
教育は何をなすべきか ―能力・職業・市民	広田照幸	四六判 361頁 本体 2400円
専門家として教師を育てる ―教師教育改革のグランドデザイン	佐藤学	四六判 211頁 本体 1800円

──── 岩波書店刊 ────

定価は表示価格に消費税が加算されます
2015年4月 現在